읽기의 최전선

읽기의 최전선

서울리뷰오브북스 기획

홍성욱 외 지음

알렙

책을 펴내며

나는 《서울리뷰오브북스》의 첫 편집장을 하면서, 서평으로 소개할 만한 좋은 책을 선정하고 가장 적절한 서평자를 선정하는 일을 편집위원들과 함께 진행했다. '팬데믹'부터 '벽돌책'을 거쳐 '인공지능'에 이르기까지 흥미로운 특집 주제를 선정하고, 알찬 서평을 받아서 함께 검토를 거듭했다. 그동안 실린 서평은 서평자 개인의 이름을 달고 있지만, 어느 정도는 편집위원들의 집단 지성이 부분적으로 반영된 것이라고 해도 과언이 아니다. 우리는 그 과정에서 대화하다 논쟁하고, 의견이 틀어졌다가 다시 끌어안는 일을 반복했다.

이렇게 3년이 넘는 세월이 흘렀다. 서평지를 창간할 때 이 잡지를 10년 동안 내면 《서울리뷰오브북스》가 혼자서 설 수 있는 튼튼한 기반을 갖게 될 것이라고 상상했다. 사람으로 따지면 성년이 되는 것이다. 10년이 성년이라면 3년이 지난 지금은 학교에 입학할 나이가 아닐까. 아직 어른들의 손길이 필요하겠지만, 개성이 만들어지고 세상에 대한 자기 주관이 생기는 나이까지 자란 것이다.

이 시점에서 『읽기의 최전선』을 기획한 것은 가히 시의적절하다고 하겠다. 앞만 보고 뛰어왔는데, 이제 《서울리뷰오브북스》

에 실린 좋은 서평을 주제별로 묶어서 세상에 한번 내놓을 때가 되었다는 얘기다. 뒤도 잠깐 돌아보면서 숨을 한번 가다듬고, 새로운 미래를 기획해 보겠다는 약속이다. 여기 실린 서평들은 '인류세', '과학기술', '위험', '21세기 자본주의', '전쟁', '차별과 연대'라는 여섯 가지 주제에 대해 독자들에게 다시 소개해 주고 싶은 글이다. 독자 여러분들은 이 글을 읽으며, 서평의 묘미와 깊이를 감미롭게 즐길 수 있을 것이다.

《서울리뷰오브북스》는 '서평이 세간의 화제가 되는 세상'을 만들기 위해 '서평은 또 하나의 우주'라는 표어를 내세우면서 세상에 나왔다. 지난 3년 동안 비록 백만 독자를 확보하지는 못했지만, '찐팬'이 늘어나고 있음을 느낀다. 여기 내놓는 첫 단행본에 애독자 여러분의 많은 관심과 후원을 바라며,《서울리뷰오브북스》와 여기 실린 서평을 아직 접하지 못한 독자가 이 책을 계기로 서평이라는 또 다른 우주에 풍덩 빠질 수 있다면 더 바랄 나위가 없겠다.

2024년 봄
《서울리뷰오브북스》첫 편집장 홍성욱

차례

일러두기

1 이 책에 수록된 글들은 《서울리뷰오브북스》(0-12호, 2020.12-2023.12)에서 가려 뽑았다.

2 수록된 연도와 시기는 글의 맨 끝에 표기했다. 예를 들어 2020년 12월에 출간된
《서울리뷰오브북스》 0호에 실린 글은 '2020년 겨울'이라 표기했다.

3 단행본, 소설집, 시집, 논문집은 겹낫표 『 』, 신문 및 잡지는 겹화살괄호 《 》, 단편소설, 논문,
신문기사 제목은 홑낫표 「 」, 영화, 음악, 미술 작품은 홑화살괄호 〈 〉로 묶어 표기했다.

4 아직 한국에 번역·출간되지 않은 도서를 다룰 경우에는 한국어로 번역한 가제와 원서 제목을
병기했다.

1부 　　　　　　인류세를 읽다

스스로를 의식하고 자랑스러워하는
녹색 계급의 출현

브뤼노 라투르,
니콜라이 슐츠 지음

이규현 옮김

이음

『녹색 계급의 출현』
브뤼노 라투르·니콜라이 슐츠 지음, 이규현 옮김, 이음, 2022

전 지구적 기후위기와
녹색 계급

『녹색 계급의 출현』은 프랑스 과학기술학자이자 철학자인 브뤼노 라투르(Bruno Latour)와 그의 대학원생 니콜라이 슐츠(Nikolaj Schultz)의 공동 저서이다. 슐츠는 라투르가 타계하기 몇 년 전부터 라투르와 함께 대담이나 인터뷰를 진행했고, 지금은 기후위기 시기의 계급 문제에 대해서 박사논문을 쓰고 있다. 라투르는 2016년경부터 이 책에 나온 아이디어를 논문, 기고문, 인터뷰를 통해 선보이고는 했다. 책에는 두 저자의 생각이 융합되었겠지만, 내가 판단하기에 그 골격은 라투르의 것이다. 책은 2022년 초에 프랑스에서 출판되었고 2022년 말에 영어판이 출간될 예정인데, 안타깝게도 2022년 10월에 라투르는 췌장암으로 유명을 달리했다.『녹색 계급의 출현』*이 그의 유작이 된 셈이다. 그런 이유로 이 서평에서는 라투르의 사상과 세계관을 먼저 살펴보고, 그 뒤에 책에 대해서 논해 보려고 한다.

브뤼노 라투르와 행위자-네트워크 이론

라투르는 1979년에 동료 스티브 울거와 함께 쓴『실험실 생활』로 화려하게 데뷔했다. 미국 캘리포니아에 위치한 소크 연구소에서 수행한 2년 가까운 참여관찰을 기반으로 쓴 이 책은 소크 연구소에 노벨상을 안겨 준 TRF라는 호르몬 조절 인자의 발견 사례를 상세히 분석하면서, TRF가 발견된 것이 아니라 구성된 것이라고 주장했다. 라투르의 이런 주장은 과학의 실재성이나 객관성을 강조하던 과학자나 과학철학자에 의해 얼토당토않다고 평가되었고, 그는 반실재론자로 낙인찍혔다. 그렇지만 그는 반실재론이 아니라, TRF라는 존재가 실험실에서 인간과 관계를 맺음으로써 비로소 물(thing)이 되었다고 보는 관계적 실재론을 주창한 것이었다.

　그가 평생 인간과 비인간(nonhuman)의 대칭성과 인간만이 아니라 비인간도 행위성을 가지고 있다고 주장한 것도 같은 맥락에서 이해할 수 있다. 사회과학자들이 사회라고 부르는 것에도 인간과 관계를 맺는 비인간들이 북적거린다. 자연도 인간과 인간이 동원

---

* 한글 번역본에는 라투르와 슐츠의 책의 번역 외에도 김환석, 이현정, 김지윤, 김홍중의 글이 첨가되어 있다. 녹색 계급에 대한 논의가 한국 사회와 어떤 접합점을 가질 수 있는지를 고민해서 담으려고 했던 시도로 보인다. 이 국내 필자들의 글을 함께 논의해도 흥미롭겠지만, 라투르의 철학 사상에 초점을 맞춘 이번 서평에서는 라투르와 슐츠의 원문만을 서평의 대상으로 삼았다.

하는 비인간에 의해서 끊임없이 변형된다. 이렇게 보면 자연과 사회를, 과학과 정치를 구분하는 것이 무의미해진다. 과학에는 정치가 스며들고 정치는 과학에 의해 복잡해지기 때문이다. 생명체와 비생명체의 경계도 흐려지는데, 인간이라는 생명체의 몸 안에만 해도 수조 개의 바이러스들이 있으며, 지구의 대기와 지표면은 생명체에 의해서 생명이 살기 좋은 상태로 변형되어 지금에 이르렀다.

1970년대에 제임스 러브록(James Lovelock)이 지구를 유기체와 무기물이 사이버네틱 피드백으로 연결된 시스템이라고 주장하면서, 이런 지구를 가이아(Gaia)라고 명명했다. 라투르는 가이아에 대한 새로운 이해에 근거해서 지구가 겪고 있는 위기를 파악하고 이에 대처하기 위한 철학적·과학기술학적 분석을 시도했다. 이 과정에서 그가 제시한 핵심적인 개념이 '신기후체제(New Climatic Regime)'와 '임계 영역(Critical Zone)'이다. 신기후체제는 기후위기의 심화라는 현상과 이를 부정하면서 전 지구적인 협력 체제를 거부하는 트럼프식의 포퓰리즘을 단일한 틀로 이해하는 개념이다. 임계 영역은 지구 표면에서 암석, 흙, 나무, 대기로 구성된, 수 킬로미터에 해당하는 지구의 표피라고 할 수 있는 영역이다. 이곳에서는 인간을 포함한 모든 생명체가 상호작용하면서, 또 생명체와 지구를 구성하는 무기물이 상호작용하면서 요동친다. 문명과 생명이 이어져야 하는 지구는 구(globe)가 아닌 임계 영역이라는 얇디얇은 층이다.

산업혁명 이후에 인간의 산업 활동이 망가뜨려 왔고, 현재 온실가스의 증가로 인해 전 지구적인 위기를 낳고 있는 공간도 바로 이 임계 영역이다. 임계 영역에 사는 우리 인간은 더 많은 에너지를 쓰고, 더 큰 도시를 건설하고, 더 생산하고 더 소비하고, 온실가스를 더 배출하면서 살고 있지만, 임계 영역은 급속하게 죽어가고 있다. 멸종의 속도와 지구온난화의 속도는 선례가 없을 정도로 급격하다. 이 위기를 극복하기 위한 주체가 '녹색 계급'이다.

기후위기는 전쟁이다

그런데 왜 계급인가? 계급은 마르크스가 자본주의 사회를 분석하고 전복하기 위해서 제시했던, 정치적이고 사회주의적인 개념 아니었나? 계급은 잉여 가치, 착취, 소외, 계급 의식, 계급 투쟁, 헤게모니(hegemony), 혁명, 전복 같은 개념과 짝을 이루는 것이 아닌가? 마르크스는 생산양식 속에서 생산수단을 독점한 자본가 계급과 노동력을 팔 수밖에 없는 프롤레타리아 계급이라는 두 계급의 존재를 설파했지만, 사회학자 막스 베버는 100년도 더 이전에 세상에는 이 두 계급 외에 프티부르주아 계급과 전문가(인텔리겐치아) 계급이 존재한다고 주장하면서, 계층(혹은 계층화)이라는 개념을 제시했다. 마르크스를 계승한 포스트 마르크스주의자들조차도 1980년대에 계급의 사망을 선고하면서, 계급 대신 다양한 사회 계층, 젠더, 세대, 사회 그룹 등에 주목했다. 노동 운동의 취지에 공감하는 사람도 민주노총의 파업을 계급 투쟁이라고 부르지는 않는다. 그런데 21세기에 계급이라니!

이 문제를 분석하기 위해서 우선 라투르와 슐츠가 지금의 위기를 어떻게 보고 있는가를 따라가 볼 필요가 있다. 기후과학이 예측하는 미래 지구의 온도에 불확실성이 없지 않지만, IPCC(기

2015년 3월, 프랑스에서 인류세 관련 강연을 하고 있는 브뤼노 라투르.(출처: 위키피디아)

후변화에 관한 정부 간 패널) 같은 권위 있는 과학자 단체가 제시한 시나리오에 따르면 인류가 지금처럼 살 경우에 몇십 년 내에 돌이킬 수 없는 심각한 위기가 오는 것이 분명하다. 지구의 기온은 산업혁명 대비 섭씨 3도 이상 올라가고, 육지와 바다의 생물 다양성은 파괴되고, 그 결과 농업과 수산업의 상당 부분도 피해를 보고, 식량이 절대적으로 부족해지고, 폭염과 산불이 일상적인 것이 되며, 해수면은 상승하고, 내륙의 빙하가 녹으면서 식수난이 가속화될 것이다. 지금 각국은 SDGs(Sustainable Development Goals)다, ESG(Environment, Social, Governance)다, 탄소중립이다 하면서 이런 위기에 대응하고 있지만, 그럼에도 온실가스의 배출은 (팬데믹 첫해인

2020년을 제외하고는) 증가세를 멈추지 않고 있으며, 지구의 온도는 계속 오르고 있다.

이런 미래 예측이 어느 정도 옳다면 지금의 인류 전체는 생존인가 멸종인가라는 기로에 서 있고, 역사학자 디페쉬 차크라바티(Dipesh Chakrabarty)가 마지못해 인정했듯이 지금 우리가 고민하는 여러 가지 문제들, 예를 들면 평등, 공정, 인권, 분배, 진실, 민주주의, 성평등, 복지, 건강, 국제 관계, 성장 동력, 혁신적 발견과 발명 같은 문제는 전 지구적인 기후위기 앞에서 빛을 잃어버린다. 가뭄과 폭염으로 식량이 사라지고, 사람들은 죽어가거나 폭동을 일으키고, 식수를 놓고 벌어진 국경 분쟁이 전쟁으로 이어지는 세상에서, 이런 위기가 일시적인 것이 아니라 끝없이 가속화되는 상황에서, 정의와 복지가 무슨 의미를 지니겠는가? 기후과학자들은 이런 종말론적인 디스토피아가 눈앞에 와 있으며, 이미 여기저기서 징후가 나타나고 있음을 목이 쉬어라 외치고 있다.

위기는 심원하지만 이를 해결하기 위한 실천은 얄팍하다. 파리협약 같은 국제 협약이 지속가능한 발전을 위해 목표치를 제시하지만, 이를 달성하기 위해 열심인 나라나 정부는 찾아보기 힘들다. 트럼프에서 바이든으로 정권이 바뀌었지만, 미국은 끊임없이 생산하고 끊임없이 소비한다. 그 외의 나라는 책임을 다른 나라에 떠넘기기에 열중이며, 선진국들은 자국의 산업을 축소하는 것보다 저개발국의 경제성장을 돕는 방식으로 탄소 절감의 목표치를 달성하려고 한다. 시민들은 쓰레기를 분리수거하고, 빨대를 매립용 쓰레기에 넣어 버리고, 1회용 컵 대신 텀블러를 사용하는 데 위안을 얻고 있다. SDGs나 ESG 같은 목표는 기업이 돈을 버는 '녹색 산업'을 육성하는 개념으로 변하고 있다.

왜 이렇게 무력한가? 왜 아무것도 안 하는가? 세상 사람들은 서로 다른 이유를 들면서 자신이 아무것도 하지 않고 있음을 정당화한다. 우선, 기후위기가 과장되어 있다고 생각하는 사람들이 있다. 이들은 IPCC가 말하는 위기가 1인당 온실가스 배출률과 석유 의존도가 높은 선진국이나 중국과 인도처럼 빠르게 발전하는 나라의 발목을 잡기 위해 과장되었거나 조작되었다고 본다. 다른 이들은 기후위기를 예측하는 기후과학자들이 사용하는 모델에 불확실성이 존재하며, 탄소 포집 기술이나 지구공학 같은 과학기술의 발전이 재앙이 오기 전에 기후위기를 완화하거나 해결해 줄 수 있다고 믿는다. 또 다른 소수는 화성으로 탈출을 꿈꾸거나, 기후위기에도 장기간 살아남을 수 있는 값비싼 도피처를 뉴질랜드 같은 청정 지역에 건설하고 있다.

기후위기의 심각성은 알지만, 아무것도 할 수 없다는 무력감에 젖어 있는 사람들도 많다. 이들은 자신의 개인적인 실천이 가속화되는 생산과 발전이라는 세상의 큰 흐름을 바꾸기에는 미약하다는 것을 잘 알고 있다. 플라스틱을 덜 쓰고, 고기를 덜 먹고, 비행기를 덜 타고, 쓰레기를 분리수거하고, 동물 보호 단체와 환경 보호 단체에 기부금을 내도 전 지구적인 이산화탄소 배출량에는 변화가 없다는 사실을 목격하면서 무력해진다. 청년 세대는 결혼하지 않거나 아이를 낳지 않음으로써 위기에 적응하고 대항한다. 저개발국과 적도 지역의 섬나라에서 폭염과 해수면 상승으로 지금 이 시각에 삶의 터전을 잃고 있는 사람들, 배를 타고 바다를 떠도는 난민도 이 그룹에 속한다.

기후위기를 겪으면서 모두가 공멸하는 것 같지만, 사실은 아니다. 삶의 터전을 잃고 쫓겨나며, 굶주리고 목말라서 사망에 이르는 피해자들이 있는 반면에, 엄청난 온실가스를 방출하면서 호화로운 의식주를 만끽하는 사람들도 있다. 빠르게 소멸되는 동식물종도 큰 피해자이며, 미래 세대도 피해자이다. 본인들은 모르고 있지만, 기후위기에서 극심한 피해를 당하는 사람들과 혜택을 누리는 사람들은 전선(戰線)을 사이에 두고 서로 싸우는 중이다.

다시 계급으로: 녹색 계급

결국 핵심은 지금의 기후위기가 환경을 보호하거나, 멸종 동물 사냥을 금지하는 식으로 생물 다양성을 보존하거나, 육식을 조금 덜해서 해결되는 문제가 아니라는 것이다. 문제의 근원은, 산업혁명 이후 가속화되어 발전한 자본주의적 생산 체계가 모든 생명체의 생존을 위협하는 방식으로 지구를 망가뜨렸고, 이제 지구가 이런 인간의 분탕질에 대해 반격하는 데에 있다. 계급을 얘기했을 때, 마르크스는 자본가가 생산수단을 독점하고 있는 것이 가장 근본적인 문제라고 생각했다. 이로부터 계급의 갈등과 (고도로 발전한 생산력의 공공적 성격과 생산수단의 사적 소유 사이의) 자본주의의 모순이 동시에 발생했다. 생산수단을 사적 소유에서 해방하는 것은 더 효율적인 생산을 위해서도 필수적이었다. 마르크스주의 사회주의자나 자본주의 옹호론자 모두에게 생산은 멈춰서는 안 되는 것이었다.

그런데 지금의 위기, 모순, 갈등은 생산의 속도를 줄이는 것만이 해결책이다. 진보 대신 퇴보, 성장 대신 탈성장, 발전(development) 대신 감싸기(envelopment)를 해야 하는 시점이다. 성장을 멈추고 후퇴해야 함을 외치는 지금의 투쟁은 19세기에 자본주의가 등장했을 때의 계급 투쟁보다 더 급진적이다. 19세기의 투쟁이 생산을 그 본래 의미로 이어 가기 위한 투쟁이었다면, 지금의 투쟁은 생산을 쇠퇴시키고 우리 존재의 생성(engendering)을 가능케 하는 조건들을 유지하기 위한 것이다. 19세기 노동 계급이 생산수단을 탈취해서 제대로 된 생산 체계를 확보하기 위해 싸웠다면, 지금의 투쟁을 주도하는 녹색 계급은 생성 체계를 지탱하기 위해서 싸워야 한다.

라투르가 개념화한 녹색 계급은 각성한 그룹이다. 이들은 기후위기가 불평등의 문제, 정의의 문제임을 알고 있는 사람들이다. 기후위기 속에서도 이익을 얻는 사람들이 있고, 피해가 집중되는 사람들이 있음을 인지하고 있다. 이들은 마술 같은 지구공학 기술이 등장해서가 아니라 자본주의적인 생산을 축소하고, 발전이 아니라 인간과 지구가 공생하는 방식으로 후퇴하는 일만이 문명을 이어나가는 것임을 알고 있다. 이들이 녹색 계급의 중핵, 혹은 전위 (라투르와 슐츠는 전위라는 말을 아끼고 있지만)다.

녹색 계급이 힘을 갖는 데에는 오랜 시간이 필요하고 여러 어려움을 극복해야 한다. 이들은 생산 체계를 옹호하거나 그 리듬에 맞춰 살아오지 않기 때문에, 사회에서 소외된 자, 혹은 주변인으로 간주된다. 이들은 국가나 제도에 도움을 청하지도 않았고, 무엇보다 스스로를 정치화하지도 않았다. 게다가 녹색 계급의 정치화는 국민국가(nation state)의 국경 내에 머물지 않는다. 신기후체제의 위기를 극복하는 데 국경의 범주에 안주하는 국민국가는 효과적이지 못하기 때문이다. 라투르는 이들이 자신들을 하나로 묶어 주는 계급 의식을 획득하고, 각국의 민중(서민), 난민, 원주민을 후위

(rearguard, 사회주의 운동에서 전위(vanguard)에 대비되는 개념)로 끌어들이는 것이 중요하다고 강조한다.

지금 당장 녹색 계급은 무엇을 할 수 있고, 무엇을 해야 할까? 마르크스와 엥겔스는 국제노동자협회(제1인터내셔널)를 만들기에 앞서 자본주의를 철학적·경제학적으로 분석했고, 자본주의를 분석하기에 앞서 자본주의 사회에서 공장 노동자들이 얼마나 비참하게 살고 있는지 두텁게 묘사했다. 라투르와 슐츠는 지금도 마찬가지여서, 녹색 계급은 무엇보다 자신들이 처한 상황을 두텁게 묘사하는 일부터 시작해야 한다고 주장한다. 녹색 계급은 자신의 존재를 유지하게 해주는 조건들이 무엇인지 알아내야 하고, 이 조건에 얽힌 인간과 비인간들의 네트워크를 그려야 한다. 이렇게 계급의 생성 조건을 묘사하는 일은 자신의 존재에 대한 묘사이기도 하며, 비슷한 상황에 놓인 사람들에게 그들의 위치와 방향을 알려 주는 일이기도 하다. 이런 묘사가 모이면 역사 전개의 지평을 확장할 수 있고, 정치 상황을 바꿀 수도 있다. 한마디로 녹색 계급을 하나의 계급 의식으로 묶을 수 있고, 계급의 수를 확장할 수 있다. 정당 건설을 통한 정치화나 권력의 쟁취, 그리고 모범적으로 퇴보나 탈성장의 희생을 감수하는 것 등은 이런 단계 이후에 하나씩 확보해 나가면 된다.

이 책에 대해서는 여러 각도에서, 여러 층위의 비판이 가능하다. 녹색 계급은 1840년대에 공장과 도시에 몰려 있던 노동자 계급 같은 형태로 눈에 띄지 않는다. 개인, 공동체, 국가, 국제기구 등의 노력이 결국 성공하지 못할 것이기 때문에, 계급 투쟁을 통해 위기를 해결해야 한다는 주장의 근거 역시 분명치 않다. 라투르와 슐츠가 희망을 놓지 않았던 유럽이라는 공동체의 상황과 한국의 실정이 비슷하지 않은 것도 우리에게는 책의 한계로 여겨진다. 비판할 거리를 뽑자면 그 외에도 많이 있다.

그렇지만 이 서평에서는 이런 비판이 적절치 않아 보인다. 책 중에서는 비판해서는 안 되는 책이 있는데, 나는 이 책이 이런 범주에 속한다고 본다. 책이 묘사하는 가이아와 인류를 포함한 지구 공동체가 직면한 위기가 너무 크고 근본적이어서, 비판보다 한 가지 실천이라도 더 보태는 것이 시급하다. 진정한 비판은 칼로 베어서 피를 보는 것이 아니라, 얘기 한 구절, 몸짓 하나를 얹는 작업이다.

무엇보다 이 책에는 브뤼노 라투르라는 걸출한 사상가의 40년이 넘는 기간의 철학적 고민과 그가 연구소, 아마존, 알프스산맥 등의 현장을 돌아다니면서 얻은 절박한 외침이 (조금은 거칠게) 응축되어 있다. 그는 인간은, 가이아는, 세균은 이미 모두 콜렉티브(collective)라고 외친다. 가이아는 그저 환경이 아니라 내 존재를 생성하는 땅, 나의 일부이다. 그래서 가이아를 침범하고 훼손하는 것은 나를, 내 육신과 정신을, 내 가족을 훼손하고 침범하는 것이다. 이렇게 비인간을 생각지 않는 인간의 존엄이란 허상이며, 마찬가지로 인간과 비인간의 개입을 고려하지 않은 자연도 허상이다. 라투르의 이런 생각은 소화하기 힘들다. 그렇기에 이 책은 잘게 씹어 먹어 소화할 책이지 토를 달 책이 아니다.

다만 원제 '새로운 생태 계급에 관한 메모(*Mémo sur la nouvelle classe écologique*)'에 있는 'classe écologique'를 생태 계급이 아니라 녹색 계급으로 번역한 것이 끝내 걸린다. 라투르가 유럽의 녹색당에 대해서 오랫동안 비판해 왔음을 생각하면, 그리고 4대강 사업으로 환경을 개악한 이명박 정권이 녹색 기술을 국정 목표로 삼았음을 생각하면 더 그렇다. 2022년 겨울

『지구와 충돌하지 않고 착륙하는 방법』

브뤼노 라투르 지음, 박범순 옮김, 이음, 2021

미국의 트럼프와 영국의 브렉시트로 상징되는 보수 반동적인 정치와 기후위기를 하나의 프레임에서 이해하는 '신기후체제', 그리고 지구가 구(globe)가 아니라 얇은 '임계 영역'이라는 라투르의 중요한 사상이 압축적으로 표현된 저서.

『나는 어디에 있는가?』

브뤼노 라투르 지음, 김예령 옮김, 이음, 2021

코로나 팬데믹이 터지고 많은 나라들이 도시와 지역을 봉쇄하는 락다운(lockdown) 정책을 실시했다. 전 세계를 바쁘게 오가던 비행기는 모두 멈추었고, 공장의 가동도 중단되었다. 사람들은 집에서 공포스러운 나날을 보내야 했다. 그렇지만 이 절망적인 순간에 라투르는 새로운 희망을 보았다. 자본주의 세계 경제가 중지해도 우리의 삶은 이어질 수 있다는 것이었다. 코로나 팬데믹은 기후위기의 '예행연습'이었지만, 또 한편으로 이를 극복할 수 있는 실낱 같은 희망의 빛이기도 했다.

『느린 폭력과 빈자의 환경주의』

롭 닉슨 지음, 김홍옥 옮김, 에코리브르, 2020

『이것이 모든 것을 바꾼다』

나오미 클라인 지음, 이순희 옮김, 열린책들, 2016

기후위기와 환경 재난의 자본주의

이두갑

좋은 위기를 놓치고 허비하지 말라는 격언이 있다. 나오미 클라인 (Naomi Klein)과 롭 닉슨(Rob Nixon)의 커다란 두 책은 모두 자연의 생태계와 인간의 경제가 큰 위기 상황에 처해 있으며, 이를 극복하기 위해 급진적이고 대담한 변화가 필요한 시점이라는 주장을 펼친다. 우선 클라인의 책부터 살펴보자. 클라인은 세계화 시대의 자본가들이야말로 전 세계적 금융 위기의 순간마다 이를 전략적으로 이용해 왔다고 고발해 온 저널리스트이다. 그녀는 『쇼크 독트린』이라는 책을 통해 위기의 순간마다 자본가와 정치 엘리트들이 연합하여 사회와 경제 전반을 충격과 "쇼크"에 몰아넣어 분별 있는 논의와 비판들을 무력화하는 과정을 상세히 분석했다. 이를 통해 세계화 엘리트들이 어떻게 시민들이 받아들이기 어려운 신자유주의적 경제, 사회 정책들을 "위로부터" 강제하는 데 성공했는지 보였다. 일례로 자유 무역과 세계화를 추구하는 경제 및 정치 엘리트들은 1980년대 말 이후 전 세계적 경제 위기의 순간마다 국제통화기금(IMF), 미 연방은행을 통해 수조 달러를 조직적으로 동원하며 전 세계적 차원에서 급진적 신자유주의 이데올로기를 관철시켰다는 것이다.

또 다른 전 세계적 차원의 위기를 다룬 클라인의 저서 『이것이 모든 것을 바꾼다』는 21세기 현재 기후위기의 가속화가 미국식 자본주의, 보다 정확하게는 1980-1990년대를 거치며 등장한 신자유주의에 기인하고 있다고 진단한다. 이 시기 다국적 기업들과 금융 자본은 경제 위기의 확대와 재생산 과정에서 위기 극복이라는 미명하에 국제 무역 및 노동 관련 규제들을 철폐시키고, 각종 공적 기관과 서비스들을 사유화하는 데 성공했다. 특히 세계화 엘리트들은 이 과정에서 광범위한 규모의 자원 채취와 경제 개발을 추진하며 개발도상국들과 후진국들을 신자유주의 경제 체제 내에 편입시켰다. 그 결과 전 세계적으로 자유 무역이 확대되었고 무분별한 자연 자원의 장악과 채취, 시장의 확대로 인해 기후변화가 가속화되었다는 것이다.

살아 움직이는 자본과 화석화된 자연

클라인은 자본주의와 화석 연료가 맺어 온 역사적 관계를 분석하며 보다 구체적으로 21세기 지구온난화 가스 배출의 증대와 기후변화의 가속화를 보여 준다. 산업혁명기 발전된 증기 기관과 화석 연료의 사용은 풍력과 수력과는 달리 인간을 자연의 변덕스러운 영향으로부터 해방시켜 주었다. 수십억 년간 지구 생태계가 저장해 온 태양에너지를 인간이 자연을 완전히 지배하는 기반으로 사용하게 된 것이다. 인간은 화석 연료를 사용하면서 365일 24시간 공장을 가동하고 대량 생산된 상품을 유통하며 시장을 확대시킬 수 있게 되었다. 이 과정에서 자본과 시장은 마치 살아 있는 유기체처럼 쉬지 않고 작동, 이동, 순환, 성장, 진보하는 존재로 신비화되었지만, 이를 가능하게 했던 화석 연료의 채취는 광부들의 폐와 대기와 자연을 황폐화시키며 죽음으로 이끌었다.

21세기 화석 연료를 채취하는 석유 화학 에너지 회사들은 경제 활동의 활력인 에너지와 자본을 공급해 주며 전 세계적 시장 확대와 성장을 가속화하고 있다. 클라인의 책이 출간된 무렵 다국적 석유 기업 엑슨모빌은 자신의 신기록을 또다시 갱신하며 인류 역사상 한 해 동안 가장 큰 수익을 벌어들인 회사가 되었다. 클라인은 이들 화석 연료 회사들이 자본주의하에서 이윤을 추구하는 기업으로서 앞으로도 기후위기의 가속화를 가져올 수밖에 없을 것이라 지적한다. 일례로 엑슨모빌, BP, 셸과 같은 다국적 석유 회사들은 한 지역에서 20-30년에 이르는 오랜 기간 거대한 자본을 투자하며 화석 연료를 채취, 생산한다. 이들은 회사의 투자금을 회수하고 이윤을 극대화하기 위해서 신규 화석 연료 매장량을 기존보다 100퍼센트 이상 확보해야, 즉 지속적 화석 연료 증산을 필수적으로 해야 한다. 그렇지 않으면 회사의 석유 생산량은 점차 감소할 것이고, 이는 더 이상 기업의 성장 가능성을 담보해 주지 못하기 때문이다. 예컨대 2009년 셸이 화석 연료 대신에 풍력과 태양광에 대한 새로운 투자로 신규 확보 매장량 비율이 100퍼센트 이하로 떨어지자 수익률 하락을 우려한 수많은 주주들이 주식을 투매했고, 결과적으로 셸의 주가가 크게 하락했다.

　　클라인은 이처럼 지구온난화를 유발하는 화석 연료의 사용을 감소시키고자 하는 기업의 노력은 성장하지 않으면 죽는다는 자본주의 논리 앞에 무력하다고 지적한다. 탄소 배출권 거래와 같은 시장 메커니즘을 통해 이산화탄소 배출을 감소시키려는 환경 정책은 나무나 초원과 같이 탄소를 저감하는 자연을 하나의 거래 가능한 자산으로 만들며, 이러한 "유동성 자연(liquid nature)"(317쪽)은 결국 화력 발전의 확대를 가능하게 해줄 뿐이라는 것이다. 마찬가지로 클라인은 기술 혁신에 기반하여 대기 중의 탄소를 포획하거나 태양 복사 관리 기술을 통해 태양열을 차단하려는 각종 지구 공학적 시도에 비판적이다. 탄소를 포획하려는 기술 혁신들은 결국 자본주의적 경제 성장을 위해 훨씬 더 많은 이산화탄소를 배출하려는 수단에 불과하다는 것이다. 이 때문에 경제에 대한 논의 없이 기술 혁신을 통해 "우리가 창조한 괴물"인 기후위기에 처한 지구를 돌보자는 과학기술학자 브뤼노 라투르(Bruno Latour)와 같은 이의 주장은 공허하다고 비판한다. 대규모 위험과 불확실성을 안고 있는 지구 공학으로 지구는 진정한 괴물이 될 수 있으며, 파괴적 혁신을 통해 자본주의하에서 이윤과 성장을 추구하는 "우리 자신을 개조"하지 않고서는 기후위기를 해결할 수 없다는 것이다.(393쪽)

　　클라인의 책은 이처럼 기술 혁신과 동시에 지속가능하고 사회적으로 책임감 있는 투명한 경영(Environmental, Social and Governance, ESG)을 표방하는 기업, 그리고 지구 공학적 해결을 추구하는 사업가들과 환경 보호 기금과 같은 시장 친화적인 환경 단체들에 대해 매우 비판적이다. 그녀는 오히려 지구온난화에 관한 한 "우파가 옳다"라는 도발적인 선언을 하기까지 한다. 지구온난화에 대한 대처를 촉구하는 환경 운동가들을 "겉으로는 환경을 내세우지만 뱃속에는 마르크스 사회 경제 이론을 가득 품은"(59쪽) 녹색 공산주의자들이라고 비판하는 우파들의 편집증적 반응의 기저에는, 궁극적으로 지구온난화에 대한 해결책이 자본주의의 유지 및 성장과 양립하기 힘들 것이라는 그들의 진단이 있기 때문이다. 그리고 이런 의미에서 기후 과학은 "자본주의의 전진을 가로막을 수 있는 강력한 이론적 무기"(230쪽)가 될 수도 있다는 것이다.

재난 자본주의와 아래로부터의 충격

클라인은 21세기 자본가들에 의해 가속화되고 있는 기후위기를 극복하기 위해서, 신자유주의자들의 쇼크 독트린에 대응하는 "아래로부터의 충격"(29쪽)이 필요하다고 주장한다. 그녀는 특히 노천 채광이나 새로운 유전, 프래킹 가스 채취, 타르 샌드 등 대규모 자원 채취를 통해 전진하고 있는 자본주의를 막고 대안적 삶의 가능성을 꿈꾸는 이상적 공동체, 즉 "블로카디아(blockadia)"가 나타나고 있음에 주목한다. 이 새로운 환경 운동의 주체는 전 세계적으로 극단적 에너지 채취를 통해 광범위하게 오염된 지역, 즉 삶의 터전을 잃은 희생 지대의 주민들이다. 미국의 프래킹 가스 채취 지역부터 아프리카의 유전에 이르기까지 걸쳐 있는 이들의 활동은 전 세계적인 네트워크를 형성하며 연대하고 있다. 이들은 나아가 탄소 채취 반대를 기반으로 경제성장을 우선시하는 자본주의를 비판하고 자원 채취에 수반되는 환경 오염과 싸우고 있으며, 이러한 채취를 가능하게 한 부와 책임의 불평등한 구조와 독재 정치 체제를 비판하고 있다. 현실 정치가 가능성의 예술이라면, 사회 운동은 무엇이 가능한지를 바꾸는 것이라고 했던 클라인은 이러한 블로카디아의 실천이 기후위기를 극복할 대안을 만들어 낼 단서를 제공해 준다고 주장한다.

그렇다면 "아래로부터의 충격"이 자본주의하에서 우리가 가진 "모든 것을 바꾸는" 새로운 경제적 비전과 세계관을 가져다줄 수 있는가? 성장을 멈추고 에너지 전환을 이루어 내어 지속가능한 경제로 탈바꿈하기 위한 노력과 희생은 어떻게 이루어져야 하는가? 부유한 국가의 시민들이 사회 복지 서비스의 삭감과 투자 회수 운동, 그리고 자원 공유와 같은 실천들을 통해 정치적 이니셔티브를 제안할 수 있겠는가? 기후위기를 극복하려는 시민들의 전 세계적 네트워크가 기업이 아니라 오히려 글로벌 사우스의 정부와 시민에게 기후 재앙을 막기 위한 부담과 희생을 강요하는 상황을 타개하고, 기후 정의를 실현할 수 있는가? 클라인의 책은 아래로부터의 변화를 강조하지만 그 강점은 기후변화와 신자유주의와의 관계에 대한 대담한 분석과 이에 기반한 혁신, 시장-기반의 기후위기 해결책에 대한 강한 비판에 있다고 할 수 있다.

롭 닉슨의 『느린 폭력과 빈자의 환경주의』는 신자유주의의 확대와 자원 채취, 환경 오염을 경험하고 있는 최하층의 사람들, 즉 글로벌 사우스의 빈자들의 경험과 실천들을 분석하고 있다는 점에서 클라인의 책을 잘 보완해 준다. 닉슨은 민주주의 세력이 취약하고 엘리트 지식인층이 얇은 글로벌 사우스에서 참여적 집필을 수행하는 작가들의 역할을 강조하며, 환경인문학(environmental humanities)이라는 새로운 영역을 선도적으로 개척한 학자이다. 닉슨은 글로벌 사우스의 작가-행동가들의 작품을 분석하고, 이들이 논픽션 형식을 통해 각자가 자리한 지역에서 경험한 세계화와 신자유주의의 환경 파괴와 오염, 그리고 폭력을 작가적 상상력을 통해 새롭게 재현하며, 이를 기반으로 새로운 공동체를 전망하고 정치적 힘을 결집해 내는 데 성공적이었다고 평가한다.

닉슨은 무엇보다 글로벌 사우스의 경험을 바탕으로 작가-행동가들이 창출해 낸 새로운 환경 위기에 대한 관점이 신자유주의를 비판하는 데 중요한 역할을 하고 있다고 본다. 특히 글로벌 사우스의 빈민들이 기후위기와 환경 오염을 경험하는 방식을 포착할 수 있는 첫 특징으로 "느린 폭력"이라는 새로운 개념을 제시하고, 글로벌 사우스의 작가-행동가들의 작품에 느린 폭력이 어떻게 나타나고 있는지 비평하고 있다. 무엇보다 기후변화 및 환경 위기가 보여 준 규모와 속도 때문에 시간적 차원의 고려가 필요하다는 것이다. 이에 따르면 지구와 우리 몸에 지속적으로 작용하는 다양한 느린 폭력이 존재한다. 대표적으로 인간이 일으킨 생태계의 여러 변화들이—그것이 지구를 온난화시키는 탄소이든 혹은 아직 그 위험이 알려지지 않은 화학 물질이든 간에—서서히 오랫동안 지구와 우리 몸에 작용하여 상상할 수 없을 만큼 커다란 변화와 파괴를 일으키는 것이 이러한 예이다. 느린 폭력은 점진적이고 분산된 방식으로 우리의 시야와 관심 밖에서 작동한다는 점에서, 즉각적 폭발력을 지닌 스펙터클을 보여 주는 가시적인 폭력과 재난과는 달리 위기를 인식하고 이에 대응하는 것을 어렵게 만든다.

또 다른 차원에서 21세기에 진행되고 있는 신속한 뉴스 사이클과 순간적인 정보 전달을 강조하는 담론의 디지털화 때문에 느린 폭력은 우리의 사회적 관심으로부터 점차 사라져 간다. 그 충격과 피해가 즉각적으로 나타나는 스펙터클 재난에 대해서는 사회적 관심이 순식간에 집중되지만, 사실상 그 기저에 감추어져 있는, 수백 년에서 수십 년에 걸쳐 진행되어 온 지구와 우리 몸의 파괴에 대해서는 지속적 관심을 가지지 못한다는 것이다. 닉슨은 현재 이러한 느린 폭력을 감지하고 이를 재현할 뿐만 아니라 이에 대응할 수 있는 우리의 사회적 상상력과 실천들을 보여 주는 작가-행동가들의 작품을 분석한다. 그리고 그들의 실천적 글쓰기가 기후위기와 환경 파괴의 원인과 그 해결을 새로운 관점에서 제시해 주고 있음에 주목한다.

미래를 먹는 자들과 기후 및 환경 정의

닉슨은 세계화 시대, 새로운 글쓰기를 통해 "느린 폭력"을 비판적으로 재현하고 이에 대항하며 새로운 비전을 이끌어 내는 서사를 제시하고 있는 작가-행동가들을 차례로 분석한다. 이들은 인도의 환경 참사를 그린 인드라 신하, 나이지리아의 석유 개발 과정에서의 소수민 학살을 다룬 켄 사로위와, 케냐에서의 숲 회복 운동을 다룬 왕가리 마타이, 인도의 메가 댐 건설을 비판한 아룬다티 로이와 같은 작가-행동가들이다. 이들의 작품은 각기 세계화 시대 글로벌 사우스의 빈자들이 어떻게 무분별한 자원 채취와 환경 오염, 그리고 이에 수반된 공동체 파괴로 인해 삶의 터전으로부터 쫓겨나고 있는지를 가시화해 주고 있다. 이들 후기-식민주의 작가들은 신자유주의의 부상으로 자유로운 이동을 보장받은 다국적 기업들이 규제 완화를 무기로 삼아 개발 도상국이나 후진국에서 파괴적 자원 채취나 위험한 공장을 운영하며 "미래를 먹는 자(future eaters)"(169쪽)의 역할을 수행하면서 주민들의 삶을 황폐화하는 과정을 그려 낸다.

세계화의 빛이 너무 밝아서 보이지 않게 된 그림자처럼 글로벌 사우스에서 무분별한 자원 채취와 환경 오염으로 인한 위기는 비극적인 형태로 나타난다. 이미 기후변화로 인해 심한 경제적 압력에 시달리고 있는 지역의 주민들은 다국적 기업들의 유전 개발과 목재 채취 같은 파괴적 자원 채취 과정에서의 오염과 파괴로 생존에 더욱 압박을 느낀다. 즉 다국적 석유 회사들이 불러일으키는 환경 오염과 파괴는 단순히 개발의 부작용(외부효과)이 아니다. 오히려 이러한 파괴는 지역 주민들의 생존을 위협하며 이들을 사면초가 상태로 몰아넣어 경제적으로 압박하고 기업에 의존하도록 하여, 결국 이들이 원유 개발에 동참할 수밖에 없도록 한다는 것이다.

다국적 기업과 군부의 연합으로 작가-행동가들의 삶은 종종 비극적 최후를 맞기도 한다. 1995년 나이지리아 정부는 앞서 언급한 켄 사로위와를 사형에 처했다. 나이저강의 원유 생산지는 미래의 부를 약속하는 듯했지만, 그 지역은 결국 독성 물질로 점철되고 소수 민족의 학살과 파괴가 반복되는 "죽음의 삼각주"로 변해 갔다. 사로위와가 고발했듯이, "원유의 바다가 범람하는 강처럼 빠르게 흘러내려 (……) 모든 것을 가뿐히 집어삼켰다. (……) 굶주림에 지친 사람들은 석유 속으로 깊이 다이빙해 들어가 진즉에 썩은 얌이나 카사비를 뽑아 올려야 했다."(186쪽) 셸과 같은 다국적 기업과 나이지리아 군부 세력은 그 지역의 원주민들로부터 석유 자원에 대한 자치권을 빼앗고, 채취로 인한 이익을 그들과 공유하지도, 파괴된 환경에 대해 보상하지도 않았다. 작가-행동가들은 이처럼 무분별한 자원 채취에 수반되는 생태계 파괴와 오염이 주민들의 삶의 터전을 파괴하며 기업과 개발에 의존하도록 만들고, 이러한 다국적 기업의 환경 파괴가 경제적 외부 효과가 아니라 오히려 지역 주민들의 저항을 원천 봉쇄하는 신자유주의의 한 전략이라고 고발한다. 재난의 자본주의가 지역 공동체와 민주주의를 파괴하는 방식으로 작동한다는 것이다.

글로벌 사우스에서 다국적 기업들이 "아래로부터의 저항"을 막기 위해 모든 방법을 동원하고 있는 현장을 재현한 작가-행동가들은 ESG를 외치는 다국적 기업의 노력 기저에 있는 신자유주의 이데올로기의 허상을 폭로한다. 그리고 이 과정에서 이들은 기후변화와 환경 파괴를 부정하는 세계화 엘리트들의 거리두기(distancing)와 의혹의 문화(culture of doubt)에 대항한다. 이들의 주장에 의하면 후진국의 독재가 자원의 독점과 주민의 삶의 황폐화를 가져오는 것이 아니다. 오히려 자유로운 자본의 이동을 통해 자원을 채취하고 에너지 및 관광 자원 개발을 주도하는 다국적 기업들이 이 지역의 몇몇 권력자들과 협력하여 독재 체제를 양산한다. 그리고 그들의 전략적 협력은 기름과 각종 독성 물질의 유출을 낳으며 땅을 황폐화하고, 숲과 경작지를 사파리 관광지로 만들어 주민들을 소외시키고 삶의 터전을 빼앗는다는 것이다. 이 과정에서 나타나는 오염과 소외는 주민들의 몸과 마음을 서서히 파괴한다. 결국 이 빈민들은 단순히 사라지거나 개발의 뒷전에 남겨진 자들이 아니다. 이들은 사라지고, 추방당하고, 전치된 자들이다.

글로벌 사우스의 작가-행동가들은 무분별한 자원 채취와 메가 댐 건설, 관광 사파리와 같은 개발을 경험하고 이에 저항했던 가난한 자들의 현실에 대한 진단과 보다 나은 미래에 대한 전망을 제시하려 했다는 점에서 세계화와 신자유주의에 대항하는 새로운 사회-경제 질서를 상상할 가능성을 발견해 내고 있다고 말한다. 닉슨은 숲 회복 운동을 주도하며 노벨상을 수상하기도 했던 마타이의 사례나, 셸에 대항해 전 세계적 연대를 이끌어 낸 사로위와의 사례를 통해, 이들 지역의 빈자들이 어떻게 신자유주의적 개발에 저항하며 정치적으로 성장하고, 그 과정에서 작가-행동가들이 빈민들의 공동체를 새롭게 상상하며 지역에 뿌리내리는 동시에, 세계적 환경 운동 네트워크를 형성했는지를 희망차게 그려 내고 있다.

극단적 자본주의 시대의 기후 및 환경 정의를 위하여

클라인과 닉슨의 책은 기후위기와 환경 오염이라는 거대한 주제를 신자유주의와 세계화라는 역사적 맥락에 위치시키며 그 해결책을 강구한다. 그런 의미에서 이 두 책을 읽은 후에 이전과 같은 방식으로 기후위기와 환경 오염에 대해서 생각할 수 없다. 두 책은 무엇보다 극단적 자본주의의 한 형태인 신자유주의가 어떻게 무분별한 자원 채취와 오염을 통해 지구와 우리 몸에 느린, 그렇지만 거대한 폭력을 행사하고 있는지 보여 주고 있다. 클라인의 책은 세계화의 엘리트들과 다국적 기업의 시각에서 역사적으로 신자유주의가 어떻게 경제성장과 독점을 목적으로 기후위기를 가속화해 왔는지, 그리고 그 과정에서 이들이 환경 단체와 협력하여 지구 공학적 해결책에 대한 허황된 약속과 기후 과학에 대한 의혹을 생산하며 자본주의 논리에 따라 자신들의 이익을 극대화했는지 고발한다. 모두를 위한 해결책과 승리는 없었으며, 다자간 국제 기후 협력조차 결국 더 많은 탄소 배출이라는 비극을 낳았다는 것이다. 이는 궁극적으로 기후위기의 기저에 있는 신자유주의 경제 체제와 이데올로기를 보지 못했기 때문이다.

닉슨의 책은 기후 및 환경 위기에 대한 혼란스러운 진단과 헛된 희망을 걷어 버리고 세계화의 중심부를 벗어난 서술을 통해 새로운 현실 인식과 전망이 필요함을 역설한다. 무엇보다 전 지구적 차원의 기후 및 환경 정의 운동이 중요한 해결책일 수 있다는 것이다. 세계화의 가장 어두운 지역들에서 닉슨은 신자유주의하에서 작가-행동가들이 무엇이 폭력이고, 무엇이 삶의 파괴인지, 나아가 빈자가 어떻게 삶과 존재의 차원에서 수탈과 파괴, 사라짐과 전치를 경험하고 있는지를 문학적으로 재구성한다. 이 과정에서 닉슨은 빈자들을 위한 정의란 무엇인지 묻고 있다. 글로벌 사우스에서 기업과 독재 정권이 이윤과 경제성장을 위해 자원 채취와 개발을 수행할 때, 삶의 터전을 파괴당하고 생존을 위해 채취와 오염 생산에 동원되는 빈자들을 위해 어떻게 정의를 구현할 것인가? 사라져 가는 이들의 경험과 목소리를 복원하고 이에 기반하여 어떠한 실천들이 필요하고 가능한지 상상하는 글쓰기가 절실하다. 자본가들의 찬란한 미래에 대한 전망보다는 이들이 경험한 파괴와 상실을 제대로 인식할 때에, 그리고 이들이 그리는 미약한 희망의 서사에 귀를 기울일 때, 기후 및 환경 정의를 논의할 수 있을 것이다.

2022년 봄

『코로나, 기후, 오래된 비상사태』

안드레아스 말름 지음, 우석영·장석준 옮김, 마농지, 2021

팬데믹은 전 세계 자본주의의 운행을 단숨에 정지시켰다. 그렇다면 기후위기와 팬데믹의 차이는 무엇인가? 세계보건기구는 기후변화로 인해 매년 15만 명 이상이 사망하고 있다고 경고했으며, 지구의 이상 고온은 인류의 삶의 토대를 위협하고 있다. 그렇지만 왜 기후위기는 코로나 팬데믹과 같은 정부의 과감한 정책과 행동을 가져오지 못하는가? 자본주의의 역사와 기후위기의 관계를 연구해 온 안드레아스 말름의 책은 이러한 질문에 흥미 있는 답을 제시한다.

『자연 기계』

리처드 화이트 지음, 이두갑·김주희 옮김, 이음, 2018

자연과 인간 사이의 관계를 재고찰할 것을 촉구하며 환경 문제를 다학제적으로 접근한 혁신적인 환경사 연구서이다. 리처드 화이트는 이 책에서 자연과 인간, 경제와 생태, 과학기술과 사회, 정치를 다루는 우리의 환원주의적 언어와 사고를 극복하고 이들 사이의 관계 맺기와 그 과정에서 나타나는 혼종들에 관심을 기울일 때에만 현재 환경 문제의 여러 이슈들을 해결할 수 있다고 주장한다. 다학제적 사고를 교육하는 방법론 세미나의 교재로 자리잡은 환경사의 고전이다.

자 치 와   공 동 성 의   세 계   디 자 인 하 기

PLURIVERSE

플루리버스

아르투로 에스코바르 지음 | 박정원 · 엄경용 옮김

대안공동체
인문학총서 5
경희대 비교문화연구소

알렙

『플루리버스』

아르투로 에스코바르 지음, 박정원·엄경용 옮김, 알렙, 2022

다른 세계를 디자인하고
선언하는 인류학자

조문영

발전 담론 비판에서 플루리버스의 존재론으로

인류학자는 구체성을 소중히 여긴다. 추상적인 개념이나 이념으로 성급하게 건너뛰기보다, 작고 세세한 일들에 주의를 기울이면서 현상을 이해하고 모순을 발견한다. 샹뱌오*는 이런 인류학자를 중국의 '향신(鄕紳)'에 비유했다. 일상의 질감을 중시하면서 디테일을 관찰하며 기록하는 사람, 중심에 동화되기보다 일정한 거리를 유지할 줄 아는 사람이 향신이다. 역사에 존재했던 개개의 인물이라기보다 세계를 대하는 방법, 기질, 태도에 가깝다.** 특정 지역에서의 장기 현지 조사는 인류학자를 향신으로 만드는 주된

---

* 샹뱌오(項飆)는 이주 연구로 널리 알려진 중국 출신의 인류학자로, 현재 독일 막스 플랑크 사회인류학 연구소 소장을 맡고 있다.
** 샹뱌오, 우치 대담, 김유익·김명준·우자한 옮김, 『주변의 상실: 방법으로서의 자기』(글항아리, 2022) 참조.

연구 방법이다.

하지만 역사상의 향신처럼, 인류학자도 제 주변에 몰입하다 바깥을 내다보지 못할 때가 허다했다. 19-20세기 비서구 원주민 사회가 유럽인과 접촉을 거치며 동요하던 때에도, 자신이 연구하는 부족과 지역을 유럽의 과거로, 인류 문화의 원형으로 취급하면서 현미경적 관찰에 몰두했다. 인류학자뿐 아니라 많은 연구자가 문화와 사회를 유기체로 바라보면서 오장육부의 기능을 논하듯 (유기체의 존속에 기여하는) 제도들의 역할을 탐구하던 시절이었다.

이러한 연구는 20세기 중반이 지나면서 쇠락의 길을 걸었다. 비서구 지역을 화석처럼 다루는 접근은 식민 지배를 벗어나 독립 국가의 성원이 된 지역민한테도, 전쟁을 거치면서 유럽 중심 근대성에 깃든 폭력을 절감한 서구 지식인한테도 용인되기 어려웠다. 인류학 연구도 이 시기에 폭발적으로 등장한 여러 사조와 만나면서 비판과 성찰의 폭을 넓혔다. 마르크스주의, 종속 이론, 페미니즘, 포스트 식민 연구, 실천 이론, 포스트 구조주의 등 다양한 이론과 대화하면서, 학자들은 인류학의 현지(field)를 서구 백인 남성 중심의 세계 질서가 공고해지거나 균열을 일으키는 구체적인 장소로 재발견했다.

이 책의 저자인 아르투로 에스코바르(Arturo Escobar)는 인류학의 비판적 전회(turn)를 선도한 대표적 인물이다. 미국 대학의 교수로 남았지만, 연구자이자 활동가로서 (자연은 물론) 지식의 '채굴주의'에 반대하면서 고국인 콜롬비아와 교류를 지속했다. 콜롬비아의 땅, 광산, 선주민, 저항 운동, 아니 이 모든 것의 얽힘을 서구 이론의 가공을 거쳐야 할 원료(자료)로 남겨 두지 않고 새로운 개념과

사파티스타 지역의 표지판. "당신은 사파티스타 반란군 영토에 있습니다. 이곳에서 인민은 명령을 내리고, 정부는 이에 복종합니다.(위쪽) 북부 지역. 좋은 정부 위원회, 무기 거래, 마약 재배, 마약 사용, 알코올 음료, 목재 불법 판매는 엄금. 아무도 자연을 파괴해서는 안 됩니다.(아래쪽)"
(출처: 위키피디아)

논의가 분출하는 장으로 등장시켰다. 그가 특히 주목한 주제는 '발전(development)', 즉 서구와 비서구, 글로벌 북반구와 남반구를 가르면서 후자에 대한 전방위적 착취, 수탈, 채굴, 낙인, 억압을 용인한 지배 담론이자 장치다. 북아메리카와 유럽의 산업화된 국가들은 어째서 제2차 세계대전 이후 아시아, 아프리카, 라틴아메리카의 나라들이 반드시 좇아야 할 모델이 되었을까? 첫 책『발전과 조우하기(_Encountering Development_)』에서 에스코바르는 전후의 발전 담론이 이른바 '제3세계'를 발굴해 낸 과정을 세밀하게 분석하면서 이 질문에 답하고자 했다. 이제 인류학자가 세심하게 관찰해야 할 대상은 특정 지역에 국한되지 않고 발전을 당연한 공리로, 유일한 미래로 만들어 낸 제도, 담론, 국제기구, 원조 기구 등으로 늘어났다. 비판적 발전인류학의 동반자였던 제임스 퍼거슨(James Ferguson)이 이 책의 추천사에 썼듯, 발전은 "보편적 문제를 해결하기 위한 상식적 시도가 아니라 (그 등장 자체를 낯설게 봐야 할) 역사적·문화적으로 특수한 프로젝트"가 됐다.*

　　『발전과 조우하기』는 인류학 안팎에서 널리 읽히면서 발전연구의 고전으로 남았지만, 에스코바르는 (그 자신에게 깊은 영향을 끼친 미셸 푸코의 통치 이론을 포함하여) 담론 비판이 다른 세계의 가능성을 외려 닫아 버리는 문제를 오랫동안 고민한 것으로 보인다. "어떻게 단순한 비판을 넘어 '가능한 것의 이론가'로서 우리를 배양할 수 있을까요? 비판 이론에서 중요한 지배의 순간을 통해서뿐 아니라, 차이와 그로 인한 가능성의 순간을 통해 사회적 텍스트를 읽어 낼 수 있을까요?"(437쪽)『플루리버스』에 부록으로 실린 인터뷰에서 그가 던진 질문이다. 비슷한 딜레마와 대면했던 퍼거슨이 아프리카에서 활발히 전개되는 분배, 기본소득, 몫(share)의 정치에서 가능성을 포착했다면,** 에스코바르는 그가『발전과 조우하기』후반부

---

* Arturo Escobar, _Encountering Development: The Making and Unmaking of the Third World_(Princeton University Press, 1995).

** 제임스 퍼거슨, 조문영 옮김,『분배정치의 시대: 기본소득과 현금지급이라는 혁명

에서 언급했던 라틴아메리카의 저항 운동을 새롭게 해석했다. 예컨대 "우리는 수많은 세계를 담아낼 수 있는 세계를 원한다"라는 사파티스타(멕시코 치아파스주에 기반을 둔 혁명 단체)의 선언은 자본주의 제국주의 비판을 넘어 다중의 우주와 세계—'플루리버스'—가 존재하는 지구를 상상하도록 돕는다. 이 상상은 헛짓거리가 아니다. 무수한 존재들이 살아가는 지구에서 미래의 전망을 앗아간 인간들이 더 늦기 전에 고려해야 할 심각한 제안이다.

새로운 위기, 새로운 대안, 새로운 이론

『플루리버스』에서 에스코바르는 지구 거주자인 우리가 오늘날 직면한 위기가 과거와 다르다는 점을 강조한다. 신자유주의 흐름과 자본주의 경제 모델, 개인주의와 소비주의, 생명에 적대적인 문화, 기후변화에 대응하지 못하는 국제 정치, 세계의 재서구화·탈서구화를 위한 지정학적 투쟁, 군산복합체까지, 그가 열거한 문제들은 사실 꽤 익숙하고 진부하기까지 하다. 하지만 위기는 "이 모든 것이 연결되어 있다는 사실"(7쪽)에서 비롯된다. 문제들이 서로 연쇄적으로 얽히면서 지속 불가능성이 구조화되고, 가능한 미래의 선택지가 줄어들고 있다. 토니 프라이가 우리 앞의 위기를 "탈미래화(defuturing)"로 부른 이유다.

새로운 위기는 새로운 대안을 요구한다. 에스코바르가 보기에 파국으로 치닫는 현재의 전 지구적 자본주의는 전술한 문제들의 조합으로서, 존 로(John Law)가 '오직 하나의 세계로 구성된 세계

적 실험』(여문책, 2017); James Ferguson, *Presence and Social Obligation: An Essay on the Share*(Prickly Paradigm Press, 2021).

(One-World World)'라 명명한 근대의 존재론을 견지하고 있다. 이 세계만이 유일한 실재이고, 나머지 세계들은 "이 유일한 세계('the' world)로 환원되거나 아예 존재하지 않는 것으로 취급된다."* 약탈을 통한 축적을 섭리로 만든 자본주의에 맞서려면 누구든 '오직 하나의 세계'를 강요하는 움직임을 거부하고, "복수의 세계가 서로 얽히는 상황을 장려하고 직조"(380쪽)할 수 있어야 한다.

에스코바르는 이 작업을 '전환'이라 묵직하게 명명했으나, 이 전까지 없었던 움직임을 새롭게 등장시켜야 한다는 의미는 아니다. 자본주의의 파괴력이 가장 끔찍했던 순간에도 지구상의 존재들은 발전이 유일한 규범, 가치, 꿈, 미래가 되는 세계를 거부하면서 다른 세계를 출현시키기 위해 애서 왔다. 특히 그는 지난 삼십여 년 동안 라틴아메리카에서 펼쳐진 전환의 움직임을 들여다보라고 자신 있게 말한다. "수많은 선주민, 농민, 그리고 흑인 운동가들이 주도하는 세계의 변화와 문명의 전환이 유럽 중심 이론의 관점에서는 생각할 수 없는 경로를 따라 일어날 수 있고, 실제로 일어나고 있다!"(133-134쪽) 안데스 원주민들의 전통적 우주론이자 삶의 양식인 '부엔 비비르(Buen Vivir)'**는 서구 문명과 발전 개념에

---

* 김은중, 「문명의 전환과 존재론적 전회: 『중용』의 재해석과 부엔 비비르를 중심으로」, 《라틴아메리카연구》 31(3), 2018, 22쪽.
** '좋은 삶', '조화로운 삶', '충만한 삶'을 의미하는 케추아어 수막 카우사이(Sumak Kawsay)를 스페인어로 번역한 것이다. 남미에서 '부엔 비비르'가 통치와 저항의 담론으로 본격적으로 부상하면서, 정치인과 활동가 집단은 불평등 해소에 방점을 둔 사회주의, 기존 발전주의로부터의 탈피를 주장하는 포스트 발전주의, 정체성과 고유문화를 강조한 원주민주의 등 저마다 다양한 방식으로 이 담론을 전유하고 있다. 조영현, 「'부엔 비비르' 담론 내부의 이념 노선에 대한 연구」, 《라틴아메리카연구》 32(1), 2019, 33쪽 참조.

대한 비판은 물론 관계성의 윤리, 공동체적 삶, 지속가능한 환경에 대한 비전으로 너른 공감을 얻고, 볼리비아와 에콰도르 헌법과 각종 개혁 정책에 반영되기까지 했다.

새롭게 등장한 대안은 새로운 이론을 요구한다. 에스코바르는 오늘날 실제로 세계(특히 비서구)에서 진행되는 전환 실천의 사례들이 기존 서구 이론의 인식론적 자장 안에서 온전히 독해될 수 없다는 점을 강조한다. 주체와 객체, 마음과 몸, 이성과 감성, 삶과 죽음, 인간과 비인간 등을 나누는 이분법이 현대 진리 체계의 근간이 되어 왔음을 인식하고, 이러한 이분법이 차이를 위계적으로 범주화함으로써 무수한 차별과 폭력을 초래했음을 깨닫는 과정, 기존의 규범적 분리에서 벗어나 이질적 요소들을 한데 엮어 내고, 삶이 언제나 연결 속에서 존재한다는 감각을 회복하는 일련의 작업에서 이론, 정치, 윤리, 실천의 경계는 사실상 허물어진다. 에스코바르는 이 작업을 '존재론적 전회(the ontological turn)'라 불렀다. 그가 언급한 대로 인류학, 지리학 등 여러 학문에서 지난 십여 년 동안 가장 다채롭게 펼쳐진 흐름이다. "감정, 느낌, 영성, 사건, 비과학적 지식, 몸과 장소, 비인간 존재들, 비유기체적 생명, 죽음 등"(166쪽) 우리 '현실'의 일부임에도 정작 학계에서 홀대받아 온 주제들에 관한 연구가 급증했다. 일상에서 존재론적 전회를 실천하는 연구자는 무심한 관찰자로 남지 않고 상호작용하는 드라마의 적극적인 행위자가 된다. "행위를 한다는 것은 자신을 변화시키는 것이며, 동시에 우주를 여는 것이다."(155쪽)

플루리버스를 디자인하기

사실 '존재론적 전회'는 곳곳에서 유행하는 흐름이어서 이를 주장하는 것만으로 책의 고유성을 논하기는 어렵다. 인간이 다른 부류의 존재들과 맺는 관계에 주목하고, 나아가 존재들의 얽힘에서 인간의 특권보다 그 책임을 강조하는 경향은 신유물론, 행위자-네트워크 이론, 어셈블리지 이론, 사변적 실재론, 정동 이론, 에코 페미니즘 등 다양한 이론에서 분출하며, 애초부터 타자에 관한 연구를 출발점으로 삼았던 인류학에서는 인간과 다른 생명의 관계성을 탐색하는 다종(multi-species) 에스노그라피가 묵직한 흐름을 형성하고 있다. 어디 학계뿐인가. 인류세, 기후변화, 동물권에 대한 대중적 관심이 확산하면서 근대성, 가부장제, 자본주의를 겨냥한 종래의 사회 운동도 행성적 차원의 연대를 모색한다. 노동 해방, 여성 해방도 궁극적으로는 "어머니 지구의 해방"(360쪽)과 접속해야 한다.

이 책의 독특함은 다른 세계를 상상하고 복원하기 위한 도구, 전환을 위한 행위 방식과 존재 형태를 만드는 기술로서 디자인에 주목하고, 디자인의 관점에서 라틴아메리카에서 만개한 전환의 움직임을 탐구한다는 점이다. 에스코바르는 묻는다. "시장에 종속된 디자인이 형태와 개념, 영토와 물질을 지닌 창조적 실험을 향해 나아갈 수 있을까? 특히 지구와 함께 호흡하는 삶을 기획하기 위해 투쟁하는 서발턴* 공동체에 적합한 디자인을 설계할 수 있을까?"(19쪽)

기능적 합리주의적 전통에 깊이 뿌리 박힌, 저자 스스로 근대

---

* '서발턴(subaltern)'은 식민 통치에서 종속적 위치에 놓였던 하층민 집단으로, 한 사회에서 스스로를 대변하지 못하고 배제된 사람들을 가리키는 용어로 두루 쓰인다.

성의 기초적인 기술 정치라 명명한 디자인이 어떻게 문명의 전환을 이끌 수 있는지 의심이 앞선다. 더구나 "우리는 도구를 디자인하며, 이 도구는 다시 우리를 디자인한다"(197쪽)라는 주장에서는 디자인을 (저자의 첫 책을 관통하는) '통치'로 바꿔도 무리가 없어 보인다.* 하지만 에스코바르는 디자인의 구속성보다 잠재력에 무게를 둔다. 우선 디자인은 그 자체로 존재론적이다. "각각의 사물, 도구, 서비스, 서사 속에서 특정하게 존재하고, 생각하며, 행동하는 방식을 창조"하면서(9쪽) 가능성에 관한 대화를 촉발한다. 디자인은 또한 어디에나 있다. 거대한 시스템에서 사소한 일상에 이르기까지 편재한다. 무엇보다도, 디자인은 민주성을 지향한다. 전문가 중심의 디자인은 지난 십여 년 동안 상호적·협력적·참여적 디자인을 강조하는 방향으로 변해 왔다. 이탈리아의 디자이너이자 활동가인 에치오 만치니(Ezio Manzini)의 간명한 주장—'모두가 디자인한다'—이 책에서 거듭 소환되는 이유다.**

"근대적 비지속성과 탈미래적인 관행의 뿌리에서 벗어나 다른 존재론적 약속, 관행, 서사, 존재론적 행동을 향한 디자인"(47쪽)은 정말 가능할까? 에스코바르는 다양한 존재들이 디자인의 잠재력을 발견하고 배양하고 확산하는 현장들을 살핀다. 콜롬비아 소

---

* 푸코는 '통치성'을 주권 너머 "지극히 복잡하지만 아주 특수한 형태의 권력을 행사케 해주는 제도, 절차, 분석, 성찰, 계산, 전술의 총체"로 봤다. 콜린 고든·그래엄 버첼·피터 밀러 엮음, 심성보 외 옮김, 『푸코 효과: 통치성에 관한 연구』(난장, 2014), 154쪽.
** 만치니의 『모두가 디자인하는 시대』를 비롯해 저자가 통찰을 빚진 사상가들(이반 일리치, 움베르토 마투라나, 프란시스코 바렐라, 반다나 시바, 조에나 메이시 등)의 책이 국내에 다수 번역되어 있다. 참고문헌에 국역본이 병기되었다면 독자가 이 책의 지형도(topography)를 그리는 작업이 더 흥미롭지 않았을까.

도시에서 연구자와 활동가가 공동으로 부엔 비비르 협력을 논의하는 행사, 콜롬비아 카우카 계곡의 전환 실천 프로젝트, 미국 카네기멜런대학교의 전환 디자인 교육 프로그램 등 다채로운 현장을 집요하게 연결하고 조합하면서 독자들에게 호소한다. 지속가능한 복수의 미래를 향한 '전환' 디자인, 공동체 저항의 오랜 경험을 되살리면서 공동적인 것을 추구하는 '자치' 디자인에 그들도 동참하기를, 궁극적으로 우리가 모두 독자적 인간으로, 관계의 네트워크 속에서 연결된 존재로, 이 네트워크의 적극적인 직조자로 공생하고 번영하는 플루리버스에서 살아갈 수 있기를.

선언이 관찰을 압도할 때

한국어판 서문에서 에스코바르는 이 책이 "한국의 독자들에게 다른 한국의 가능성을 위한 디자인 실천과 사회 운동을 비판적으로, 동시에 건설적으로 사고하는 데 유용한 성찰"(5-6쪽)이 되길 바란다고 썼다. 다른 세계의 가능성을 바라는 동료 인류학자이자 지구 거주자로서, (첫 페이지를 넘기기 전부터) 나는 이 책의 논지에 거의 동의할 준비가 되어 있던 독자다. 그런데 대부분의 한국 독자가 이 책을 "라틴아메리카에서 날아온 반가운 편지"(김만권의 추천사)로 받아들일까? 옮긴이 해제를 보면 역자들은 걱정이 앞섰던 듯하다. 초고속 성장을 거쳐 선진국으로 도약한 나라의 국민한테 발전 담론에 대한 급진적 비판이 낯설고 어색할지 모르겠다고 운을 띄우더니, 눈부신 발전에도 불구하고 다수가 불행하다고 느낀다면 위기를 돌아봐야 하지 않겠냐고 신중하게 동의를 구한다. 하지만 저자의 비판이 독자들에게 생경할까? 한국에 별반 알려지지 않은 인류학자가 낯선 대륙에서 길어 올린 통찰을 500페이지에 걸쳐 전달하는 학술서를 집어 든 독자라면 발전 담론에 이미 충분히 냉소적이지 않을까? 오히려 고민할 점은 나처럼 '거의' 동의할 채비를 갖춘 독자들이 이 책을 완독하고 나서 "반가운 편지"였다고 자신 있게 감응할 수 있는가다.

나는 머뭇거렸다. 저자는 다른 세계의 가능성을 찾아 여러 현장을 종횡무진하는데 정작 개개의 현장을 구체적으로 등장시키지 못하다 보니 '자치', '전환', '공동적(communal)인 것', '존재론', '플루리버스' 같은 단어들이 망망대해의 선박처럼 떠다녔다. 인류학자가 견지하는 구체성이란 연구 질문과 맥락, 현지에서 만난 사람·사물·담론·제도, 인류학자 자신, 다양한 존재들 사이의 마주침 등 다양한 갈래로 뻗어 나가며, 이 모든 관계의 얽힘에 산소를 공급하는 것과도 같다. 그것은 단순히 시시콜콜함을 뜻하는 게 아니다. 추상적인 이념으로 쉽게 건너뛰는 대신 구체적인 사회 관계를 자세히 들여다보고 따라가다 보면 성급한 선언으로 내뱉을 수 없는 모순과 역동이 주름처럼 펼쳐진다. 많은 인류학자는 이 주름 사이를 헤매다 곧잘 '현실 참여적이지 못하다'라는 핀잔을 듣지만, 이 굼뜬 과정을 거쳐 등장한 질문, 해석, 통찰이 더 단단한 비판과 생성의 계기를 열어 주기도 한다.

이 책에서는 아쉽게도 에스코바르의 조급함이 엿보인다. 그는 이원론에 깊숙이 박힌 식민성을 제거하려면 "(순수하게) 이론적인 공간으로부터 나와, (정치적·성찰적·정책적 디자인, 혹은 그 무엇이든 간에) 경험의 공간으로 들어가는 것이 필요"하다고(183쪽) 역설하나, "경험의 공간"을 세세히 살피기도 전에 플루리버스 선언문을 쓸 채비를 한다. 저자의 시선이 닿은 모든 현장이 플루리버스의 잠재력을 갖는 공간으로, 선언문에 등장할 만한 가능성의 사례로 '맞춤화'된 채 등장한다.

특히 에스코바르는 아메리카 대륙의 선주민들을 전환의 선봉대로 일찌감치 점지해 버렸다. 그들 모두 저자가 자신 있게 강조하듯 "시장과 기업의 세계화라는 문명의 연금술이 가져온 덫을 넘어 어머니 대지의 해방에 헌신"(45-46쪽)할까? "자신들이 바라보는 대로 세계가 존재"한다고 생각하면서 서로의 차이를 인정하고, "특권층만이 인정하지 않는 삶의 풍요를 누리며 일상을 살아"갈까?(18쪽) 그런 선주민이 물론 많을 테다. 극우 세력이 득세하는 유럽과 달리, 중남미는 분배를 중시하는 좌파 진영의 약진이 최근에도 두드러지지 않았나. 발전이 유일한 미래인 나라에서 살다 보니 나 또한 다른 세계를 상상할 역량이 핍진할 수도 있다. 하지만 '공동체'를 구상하고 조직해 온 역사가 누적된 땅이라 해도 근대의 시간을 거치면서 견고히 자리 잡은 발전 담론, 인류세의 파국을 이끈 전 지구적 자본주의에서 예외 지대로만 남았을까?

이 질문에 대한 에스코바르의 좀 더 솔직한 대답은 콜롬비아 카우카 계곡 지역을 전환 기획의 주요 실험장으로 제안하는 대목에서 짧게나마 등장한다. 그는 20세기 중반 해외 원조로 시작된 발전 프로젝트가 이 지역 농민과 흑인 공동체의 터전을 빼앗고 환경 파괴를 초래한 상황을 서술한다. 이 지역이 생태 농업의 근거지, 중소규모 생산자들의 다문화 지대, 탈중심화된 네트워크로 새롭게 디자인될 가능성을 내비치지만, 동시에 이 같은 미래를 "현재에는 생각하는 것은 불가능하다"(338쪽)라고 덤덤히 말한다.

"발전주의적 상상력"이 엘리트는 물론 지역민 대부분에게 상당한 영향력을 행사하며, 이들의 소비주의적 라이프스타일도 발전주의 모델과 깊숙이 연결되어 있다고 언급한다. 338페이지에 이르러서야 '다른' 선주민, 한국 사회의 범속한 시민들과 크게 '다르지 않은' 사람들이 등장했다. 에스코바르는 발전주의의 위력을 잠시 보여 주고는 곧바로 전환 디자인을 상상하는 작업으로 이동했으나, 나는 그가 떠난 자리에서 한참을 머물렀다. 저 라틴아메리카 대륙의 선주민 중에도 내가 한국과 중국의 여러 현장에서 마주쳤듯 발전의 꿈에 가닿기 위해 땅, 전통, 생명을 등진 사람들이 있겠구나, 영토와 권리를 인정받기 위한 투쟁이 국가의 통치술과 얽히면서 보상을 둘러싼 아귀다툼으로 전락한 사례도 있겠구나, 사회 혁신을 위한 디자인이 다국적 기업은 물론 기업화된 정부나 대학의 프로그램으로 안착하면서 전환이 도구화될 위험도 많겠구나…….* 하지만 저자는 이런 '불온한' 우려를 하느라 시간을 허비하고 싶지 않은 듯하다. 마르크스 사상의 선험적 계급주의에 대한 앙드레 고르(Andre Gorz)의 비판—"프롤레타리아는 혁명적으로 될 것이 틀림없다"**—이 재차 떠오른다. 선주민은 전환적으로 될 것이 틀림없다.

전환 디자이너로서 선주민들의 진정한 힘은 "고통스러운 지배 과정에서도 문화적 자치를 유지해 온 오랜 역사적 경험"(288쪽)

---

* 사회 혁신을 혼종적 거버넌스 공간의 등장으로 바라본 논의로는, 이승철·조문영, 「한국 '사회혁신'의 지형도: 새로운 통치합리성과 거버넌스 공간의 등장」, 《경제와 사회》 120, 2018, 268-312쪽을 참조하기 바란다.
** 앙드레 고르, 이현웅 옮김, 『프롤레타리아여 안녕』(생각의 나무, 2011), 23쪽.

에서 나온다고 저자는 말한다. 하지만 지구 곳곳의 억압받은 자들이 모두 고통을 딛고 다른 세계를 상상하고 만들어 내기 위해 서로 협력하는 게 아니라면, 선주민의 역사적 경험과 전환의 기획 사이에 어떤 일들이 있었는지, 가령 어떤 문제가 생겼고 이를 해결하기 위해 어떤 시도가 등장했는지, 이 시도가 어떤 난관에 부딪혔으며 어떤 대안이 새롭게 제기됐는지 좀 더 구체적으로 소개할 수 있지 않았을까? 그래야 라틴아메리카의 경험이 지금의 한국 사회, 특히 무수한 폭력에 대한 대응이 공동적인 것의 확산은커녕 사적 방공호의 난립 내지 '저들'에 대한 도덕적 응징과 '손절'로 곧잘 귀결되는 이곳에 묵직한 울림을 주지 않았을까?

존재론적 전회라는 주제 아래 다양한 이론적 참조물을 엮어 내는 솜씨로 보나, 인류학자-활동가-지구 거주자로서의 오랜 고민과 경험을 살려 디자인의 잠재력을 발굴해 내는 혜안으로 보나, 『플루리버스』는 충분히 곱씹을 가치가 있는 책이다. 하지만 존재론을 "세상은 실천을 통해 만들어진다"(162쪽)는 저항적 비전에 서둘러 정박시키려는 조급함을 내려놓고 '굼뜬' 인류학자로 돌아가 현상의 주름들을 찬찬히 살폈다면, 이 책이 세 가지 축으로 삼은 존재론, 디자인, 정치의 관계를 둘러싸고 더 풍성한 질문, 비판, 논쟁, 제안이 오갔을 것이다. 사족이지만, 다른 세계를 출현시키겠다는 의지와 바람이 농밀한 분석보다 앞서는 상황도 이해는 된다. 기후 재난과 핵전쟁의 위험이 편재하는 시대, 일상 속 사람들이 일하다, 타다, 걷다, 서 있다, 숨 쉬다 별안간 참사를 맞는 시대에 연구자의 소명이란 무엇일까? 2022년 겨울

『**식인의 형이상학**』
에두아르두 비베이루스 지 카스트루 지음, 박이대승·박수경 옮김,
후마니타스, 2018

『**인디오의 변덕스러운 혼**』
에두아르두 비베이루스 지 카스트루 지음, 존재론의 자루 옮김,
포도밭, 2022

'부엔 비비르' 개념의 전 지구적 유통에서 보듯, 에스코바르는 발
전 중심의 공론장에서 실패작으로 간주되어 온 라틴아메리카가
최근 들어 플루리버스를 담아내는 존재론적 디자인의 실험장으
로 만개했다는 점을 강조한다. 확실히 인류학의 '존재론적 전회'
를 이끌고 있는 학자들은 라틴아메리카, 특히 아마존 원주민에
관한 연구를 바탕으로 서구적 근대의 인간중심주의를 비판하고
(인간이 그 일부일 뿐인) '다른 세계'의 가능성을 탐색하고 있다.
'다자연주의(multinaturalism)'를 주창하면서 문화 대 자연, 영혼
대 물질의 이분법을 뒤흔든 브라질 출신의 인류학자 에두아르두
비베이루스 지 카스트루가 대표적이다. 그가 주목하는 원주민의
세계는 서구적 근대를 극복할 지혜의 보고라기보다 사유를 영속
적으로 탈식민화시키기 위한 급진적 인류학의 출발점이다.

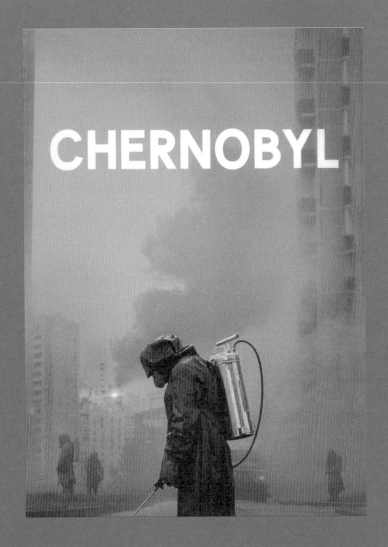

〈체르노빌〉

크레이그 메이진 각본, 요한 렌크 연출, HBO, 2019

방사능 폐기물에도
불성(佛性)이 있는가?

김홍중

2012년 6월 12일, 연세대 국학연구원에서 포럼이 하나 열렸다. 일본의 철학자 나카지마 다카히로 선생이 「후쿠시마를 껴안기: 공존 철학의 방향」이라는 글을 발표했다. 그 지정토론을 내가 맡았다. 선생은 후쿠시마 참사에 대한 사상적 검토를 시도했는데, 그가 가져온 질문은 "방사능에 오염된 기와와 조약돌에도 불성이 있는가"였다. 사실 2011년 3월 11일 후쿠시마 원전 사태 이후 나는 꽤나 오랫동안 혼란에 휩싸여 있었다. 일상적 감각이 흔들렸고, 세상이 과거와 달리 보이기 시작했다. 참사와 관련된 뉴스를 강박적으로 따라갔고, 원자력 발전에 대한 논쟁과 연구를 읽어 가기 시작했다. 원래 거기 있었으나 알아채지 못했던 어떤 카오스를 힐끗 바라본 자의 동요하는 눈동자가 내 안에서 떠진 듯하다. 그 시선에 포착되는 것들은 하나같이 괴물성을 띠고 있었다. 그날 내가 했던 토론의 내용은 대략 다음과 같다.

세 이야기

(……) 선생님의 발표를 잘 들었습니다. 오늘 우리가 하는 이야기는 전문가들의 토론이라기보다는 원초적 안전감이 흔들린 자들이 나누는 허심탄회한 고민이라는 의미가 있지 않나, 하는 생각이 듭니다. 후쿠시마는 앎이 아니라 앎의 파괴를 야기하고 있습니다. 우리가 이미 아는 것을 미지의 관점에서 다시 보게 하는 폭력적 힘을 발휘하고 있습니다. 그런 점에서 저는 저의 무지와 혼돈을 감추지 않은 채, 선생님이 이미 수행하신 고민에 대한 제 응답을 세 가지 이야기를 통해서 제시하고 싶습니다.

선생님은 물으셨습니다. "3·11은 시대의 문턱인가, 그 이후 새로운 시대가 시작되었는가?" 제가 느끼는 후쿠시마는 전환점이라기보다는 무언가의 끝에 더 가깝습니다. 다른 시대를 새롭게 여는 생산적인 끝이 아니라 영영 닫혀 버려 폐색감을 안겨 주는, 그런 광활한 끝으로 느껴집니다. 우리는 20세기 후반에 수많은 '종언'에 관한 이야기를 들었습니다. 하지만, 3·11 참사보다 더 강력한 실감으로 다가온 '끝'의 체험은 저에게 없었습니다. 후쿠시마 이후 제가 읽기 시작한 귄터 안더스(1902-1992)*의 영향일까요? 안더

---

* 발터 벤야민의 사촌동생이며 한나 아렌트의 첫 남편이다. 에드문트 후설에게 현상학을 배웠고, 후일 테크놀로지와 20세기 핵 문명에 대한 비관적 색채가 아주 강한, 철학적 인간학을 펼쳐 간다. 주요 저서로 『인간의 골동품성(*Die Antiquiertheit des Menschen*)』이 있다.

스는 핵 문명을 어둡게 응시했습니다. 인간이 '끝의 시간'에 이르렀다고 보았습니다. 자연적 재난이나 우주적 격변이 아닌 인간의 손에 스스로의 절멸 가능성이 놓여 있기 때문입니다. 가령, 벤야민과 같은 철학자의 메시아주의적 비관주의에 섬뜩한 차가움이 있다면, 안더스의 종말론에는 뜨거운 울분 같은 것이 있습니다. 후쿠시마 이후에 만난 그의 사유는 전율을 불러일으키는 예언처럼 들려옵니다.

둘째로 저는 후쿠시마 참사가 (20세기 후반 사회과학의 핵심 개념인) '리스크'의 의미를 결정적으로 퇴색시켰다고 생각합니다. '리스크(risk)'는 '위험(danger)'과 다른 뜻을 갖습니다. 물리적으로 실재하는 위험과 달리, 리스크는 그런 위험이 발생할 수 있는 미래의 가능성에 대한 사전 계산과 사후 보상 시스템을 지칭합니다. 울리히 벡이 말하는 '위험 사회'는 '위험한 사회'가 아닙니다. 그것은 위해에 대비하는 감수성이 고도로 발전되어 위험을 합리적으로 관리하기에 이른 사회를 지칭합니다. 그 대표적 장치가 보험입니다. 리스크는 예상된 손실(잘린 팔, 실명한 눈, 암에 걸린 장기, 혹은 생명 그 자체)이 화폐로 환산될 때 성립합니다. 피폭자와 연관해 말하자면, 이것은 하나의 그로테스크한 농담이 아닐 수 없습니다. 방사성 물질이 야기하는, 긴 연쇄 작용 이후에 나타나는 발병, 고통, 죽음의 '가격'을 누가 어떻게 계산하고 보상할 수 있을까요? 인간뿐 아닌 비인간 생명체, 그리고 환경에 가해진 총체적 피해가 과연 보상 가능한 것일까요? 원자로가 녹아 원전 바닥을 뚫고 내려가는 멜트다운(meltdown, 노심용융) 같은 상황은 '리스크'라는 한가한 단어로는 결코 표상될 수 없는 가공할 사태입니다. 누구도 지반을 뚫고 들어가는 노심이 어떤 결과를 가져올지 알지 못합니다. 그것은 리스크가 아니라 문자 그대로 파국(catastrophe)입니다. 회복될 수 없고, 화폐로 환산될 수도 없는 무언가의 결정적 상실입니다.

"방사능에 오염된 산천초목에도 불성이 있는가?"라는 선생님의 마지막 질문은 제 능력을 한참 벗어나는 놀라운 물음입니다. 그것은 제가 일본 불교의 본각(本覺) 사상이나 가마쿠라 신불교에 대해서 문외한이기 때문만은 아닙니다. (사실 불성이 초월적 실체가 아니라 담벼락, 벽, 기왓장, 조약돌에 존재한다는 대승불교 특유의 사고방식은 비교적 익숙하게 다가옵니다.) 이유는 다른 곳에 있습니다. 선생님의 질문이 후쿠시마를 배경으로 던져지는 순간, 제가 세상을 바라보는 시선이 세 갈래로 분열되기 때문일 것입니다. 인간의 시각, 생명의 시각, 그리고 물질의 시각이 그것입니다. 지구의 역사는 45억 년이지만 생명이 출현한 것은 약 37억 년 전이라고 합니다. 지구는 약 수억 년 동안 강렬한 물질적 상호작용들이 이루어지는 (단테의 지옥 같은) 화학적 살풍경으로 존재했습니다. 방사성 물질은 그 다양한 요소 중의 하나입니다. 부처의 차별 없는 눈이라면 방사능을 악으로 보는 일은 없을 겁니다. 방사능의 자성(自性)도 인간과 지구의 자성도 모두 공(空)한 것이니까요. 다만, 그것이 인간과의 파괴적 관계(인연)에 묶여 들어왔을 때 (그것도 인간의 작위에 의해) 방사능은 '악'으로 출현합니다. 반(反)-생명으로 작용합니다. 피폭자들의 신체 상태에 대한 리포트를 읽다 보면 저같이 평범한 사람은 책장을 더 넘기기조차 어려운, 참혹하게 녹아 무너지는 육신에 대한 묘사를 접하게 됩니다. 우리는 과연 누구의 관점에서 이 세계를, 후쿠시마를, 피폭자의 신체를 바라보아야 할까요? 다시 묻자면, 방사능 폐기물에도 불성이 있는 것일까요? 대개 선문답이 그렇듯, 섣부른 긍정이나 부정으로 이에 응답하려 하는 것은 바보의 자세일 것입니다. 몇 세기에 걸쳐 풀어가야 할지도 모르는 이 문명사적 화두는 '답'을 요청하는 것이 아니라 '고뇌'를 명령하는 것이겠지요. 현실은 암담합니다. 21세기의 인간은 무(無)와 가까워지고 있습니다. 인간은 종(種)으로서의 멸종 가능성마저도 배제할 수 없는 상황에 접근해 가고 있다고 합니다. 이 시점에서 우리가 물어야 하는 것은 '방사능 폐기물에도 불성이 있는가?'를 넘어서 '나 자신에게도 불성이 있는가?'라는 질문이 아닐까, 그런 생각이 듭니다. 물질과 뭇 생명에 얽혀 생존해 가는 인간으로 태어난 '나'의 삶이 세상의 저 이름 없는 부처들을 살리고 있는가 아니면 그들을 죽음으로 몰아넣는 파괴자인가? 부서진 채 방사능을 내뿜고 있는 후쿠시마 원전 1, 2, 3, 4호기는 지옥에서 기어 나와 불타며 웃고 있는 끔찍한 조사(祖師)들처럼 보입니다. 이 화두를 풀어내면 살고, 풀지 못하면 너희들은 죽는다! 우리가 오늘 나누는 이 이야기마저 저에게는 생존을 위한 몸부림처럼 느껴집니다. (……)

체르노빌

오랫동안 잊고 있던 그날의 토론을 떠올린 것은 코로나19로 갇힌 채 우연히 시청하게 된 미니시리즈 〈체르노빌〉 때문이었다. HBO에서 총 다섯 편 분량으로 만들어 2019년 5월에서 6월 사이에 방영한 이 드라마는 그해 에미상 열 개 부문을 수상한 수작이다. 철저한 고증과 연구를 거쳐, 체르노빌 참사가 어떤 과정을 통해 발생했는지를 차분하고 집요하게 추적하고 있다. 나는 쉬지 않고 다섯

폭발 직후의 체르노빌 원자력 발전소.(출처: 위키피디아)

편을 이어서 봤다. 굉장한 흡인력이 있었다. 재난의 리얼리티에 대한 감수성을 예리하게 깨우는 드라마였다.

　　1986년 4월 26일 새벽 1시경, 우크라이나 북부의 체르노빌 원자로 제4호기가 폭발했다. 아이러니하게도 폭발 당시 제어실에서는 안전 검사가 진행되고 있었다. 정전 상태에서 1분 정도 원자로에 전력을 공급할 수 있는 장치의 작동에 대한 시험이었다. 원래 이 검사는 발전소 준공 이전에 이루어졌어야 했지만, 공사 기간 단축을 위해 한참 연기되어 있었던 것이다. 설상가상으로, 과정을 지휘한 책임자(댜틀로프)는 승진 욕심으로 안전 수칙을 위반하며 무리한 시험을 강행한다. 현장에서는 원자로 제어 경력이 일천한 두 젊은 엔지니어(톱투노프와 아키모프)가 허둥대며 그가 내린 불합리한 지시를 수행하고 있었다. 무리한 조작의 결과 상황이 급격히 악화되자 이들은 당황했다. 그리고 원전 가동 중단이라는 운명적 결정을 내리고 이를 실행한다. 새벽 1시 23분 42초, 젊은 엔지니어 아키모프가 비상 안전 버튼을 누른다. 정확히 18초가 지난 후, 원자로 4호기는 처참하게 폭발했다. 역사상 최악의 원전 사태는 이렇게 발생했다. 안전 버튼을 눌렀는데 오히려 폭발이 일어난 이유는 당시 소련에서 널리 사용되던 RBMK(흑연감속비등경수로) 원자로의 결함 때문이었다. 당국 역시 기술적 문제를 알고 있었지만, 국제적 위신의 추락에 대한 염려로, 심지어 발전소를 직접 운영하는 엔지니어들에게조차 은폐되고 있었다. 체르노빌 원전은 소비에트 사회의 총체적 문제들을 모두 함축하고 있던 재난의 '모나드(monad)'였던 것이다.

드라마는 참사의 여러 차원을 하나씩 벗겨 낸다. 원전 폭발 이후 현장에 투입된 소방관의 사투, 피폭자들을 수용한 병원의 위급 상황, 소련 지도부의 안이한 인식, 주민들의 삶의 총체적 뿌리 뽑힘, 버려지고 결국 사살되는 애완동물들, 광부들과 군인들의 영웅적 희생, 콘크리트를 부어 시신을 매장하는 초현실적 장례식, 오염된 숲을 흙으로 파묻어 버리는 참담한 청산 작전들, 그리고 원전 참사 책임자들에 대한 재판 등의 에피소드가 모자이크 조각처럼 조립되며 서사된다. 스토리를 관통하는 의미론적 코드는 일관적이고 선명하다. 그것은 '가해자/피해자'의 대립이다. 가해자는 거짓을 은폐한 소비에트 시스템 전체이다. 피해자는 피폭된 인간과 생명체, 그리고 우크라이나의 대지(大地)이다. 양자 사이에 발레리 레가소프*가 상징하는 과학자의 지식과 양심이 자리 잡고 있다. (체제나 이념을 초월한 것으로 표상되는) 과학은 시스템의 정치 논리와 선전 논리의 위선을 폭로하고, 재난에 의해 파괴되는 피해자의 생명을 인도주의적으로 대변한다. 레가소프의 무기는 진실/진리이다. 그는 물리학적 지식으로 정치적 거짓과 맞서지만, 그 힘을 이기지 못하고 한계 지점에서 자살을 선택한다. 드라마는 말한다. 체르노빌 원전 사고는 어느 한 인간의 실수가 야기한 우연한 사고가 아니다. 아키모프가 버튼을 누른 1986년 4월 26일 새벽 1시 23분 42초의 그 순간은 그의 '의식', '뇌', '의지', '합리적 선택', 'DNA', '성격', '호르몬', '무의식', '욕망'과 같은 것으로 설명될 수 없다. 아키모프의 손가락의 움직임은 그를 하나의 요소로 작동하는 소비에트 시스템 전체의 움직임이었다. 원자력 발전소는 사회의 모든 것들을 그 안에 결집한 채 작동되는 하나의 거대한 어셈블리지(assemblage)였던 것이다.

물성(物性)
이처럼 사회학적 설명의 그물을 촘촘히 드리웠음에도 불구하고

---

* 드라마의 핵심 인물은 모두 세 명이다. 참사 원인을 파헤치는 핵물리학 전문가인 호뮤크(허구적 인물이다). 사고 당시 소련 각료회의 부의장을 맡고 있던 보리스 셰르비나. 국립 과학 아카데미 회원으로서, I. V. 쿠르차토프 원자력연구소 제1차장을 역임하고 있던 발레리 레가소프. 특히 레가소프는 〈체르노빌〉 서사의 중심을 이룬다. 그는 체르노빌 사태의 초기 비상 대응부터 민간인 소개 작전, 그리고 여러 형태로 닥쳐온 위급 상황에 대처하는 과업에 자신을 던진다. 그 결과 암이 발병했고, 정치적 탄압을 받았고, 급기야 자신의 체험을 녹음해 놓고 (체르노빌 사태가 발생한 이후 정확히 2년이 되던 시각에) 자살을 선택한다.

〈체르노빌〉에는 모종의 불길하고, 무시무시하고, 초인간적인 '힘'이 넘실거리며 범람한다. 보이지 않는 무언가가 참사 영역을 전면적으로 지배하고 있다. 공기에도 물에도 사물에도 그것은 묻어 있고 흐르고 있고 번져 있다. 바람에 일렁이는 우크라이나의 숲, 평화로운 농가, 뒤뜰에 널어놓은 빨래, 아무 일도 없었다는 듯이 흔들거리는 놀이터의 빈 그네, 심지어 하늘에 떠가는 무심한 구름도 귀신에 들린 듯, 물성에 들려 있다. 그것 밖으로 나갈 수 없을 듯한 압도적 편재성. 보이지 않고 잡히지 않으며 지각되지도 않지만, 그것이 거기 현존한다는 사실을 느끼지 않을 수 없는 이 방사능의 물성. 〈체르노빌〉은 원전 참사의 정치·사회적 원인을 탐구하는 이야기인 동시에 물성이 인성(人性)의 세계를 허물어 가는 문명적 균열과 고통에 대한 이야기이기도 하다.

사고 직후 모스크바에서 열린 각료회의에 참석한 발레리 레가소프는 미하일 고르바초프와 고위 관료들에게, 이 모든 사태의 근본에 존재하는 우라늄-235의 힘에 대해 다음과 같은 인상적인 설명을 해준다. "RBMK 원자로는 우라늄-235를 연료로 씁니다. 우라늄-235 원자는 총알과 비슷합니다. 거의 빛의 속도로 이동하면서 모든 물질을 관통해요. 나무, 금속, 콘크리트, 피부까지요. 우라늄-235 1그램 안에는 그런 총알이 100억조 개씩 들어 있어요. 단 1그램 안에 말이에요. 체르노빌의 우라늄 보유량은 300만 그램 이상인데, 거기에 불이 났습니다. 방사성 입자가 바람을 타고 전 대륙으로 퍼질 것이고 비에 섞여 내릴 겁니다. 300만 그램에 들어 있는 무수히 많은 10의 27제곱 하고도 3을 곱한 만큼의 총알이 우리가 마시는 공기와 물, 음식에 들어가겠죠. 대부분의 총알은 100년이

지나도 (활동을) 멈추지 않을 것입니다. 일부는 5만 년 동안 멈추지 않을 것입니다."(〈체르노빌〉 2회)

이 물성의 힘(agency)에 대한 인식은 삶과 죽음에 대한 인간학적 근본 구도를 뒤틀어 휘게 한다. 우선, 그것은 살아 있는 정신과 죽은 물질이라는 이분법의 허구성을 꿰뚫어 보게 한다. 근대 문명은 '정신은 살아 있고 물질은 죽어 있다'는 이념 위에 구축되어 있었다. 물질은 수동적이고, 비활성적이며, 정신의 권능에 종속된 무언가로 상정되었다. 사유하는 인간만이 물질을 파고, 자르고, 나르고, 태우고, 구부리고, 뒤섞고, 변형시키고, 연결하고, 이용한다. 원자력 발전은 서구 모더니티를 특징짓는 이 기술적 몽상의 한 정점을 이룬다. 원자로에 가두어진 우라늄의 핵분열에서 인간 사회를 위한 에너지를 뽑아내는 것이다. 그러나 원자로 안의 물질은 죽어 있는 비활성의 수동적 질료, 움직이지 않는 어떤 덩어리가 아니다. 레가소프의 묘사를 통해 볼 수 있듯이, 원자로에 갇혀 인위적 핵분열에 휘말린 물질은 '살아 있다'는 말로 온전히 표상되지 않을 만큼 미친 듯이, 광폭하게, 극단적으로, 오랫동안, 맹렬하게 살아 있다. 원자로는 자연의 가공할 활동력과 인간 테크놀로지가 만나 경합하고, 대화하고, 교섭하는 일종의 계약 공간이다. 물질은 단순한 대상이 아니라 계약의 파트너인 것이다.

더 나아가, 방사성 물질의 활력은 개체의 삶에서 생사의 시점을 명확히 가르는 것을 사실상 불가능하게 한다. 죽음은 이제, 죽는다는 사태가 발생하는 현장에서 분리된다. 죽음의 자리는 지각되거나 경험되지 않는다. 가령, 피폭자는 방사성 물질이 그의 신체에 치명적 영향을 준 순간(가령 10년 전에) 이미 죽었고, 그 죽음을 10년

후의 암으로 다시 확인한다. 죽음은 피폭된 생명체에 스며 들어간 잠재성이다. 죽음이 문제가 아니라 죽어감, 즉 '파괴되어 가는 삶'이 문제이다. 이런 점에서, 피폭자는 좀비의 변증법적 대립물이라 할 수 있다. 좀비는 죽었다 다시 살아나 순수하게 물질적인 생명을 지속하는 언데드(undead)이다. 피폭자는 이와 반대로 살아 있는 듯이 보이지만 이미 죽음의 힘에 사로잡혀 있는 존재, 그의 생명 속에서 죽음이 자신의 지분을 넓혀 가며 활동하기 시작한 일종의 반(反)-좀비이다. 우리는 머지않아 닥쳐올 그들의 비참을 알고 있다. 그것은 비극이다. 그러나 그것은 동시에 유예된 비극이다. 아직 실현되지 않았지만 이미 촉발된 프로세스로서의 죽음. 이미 죽었지만 아직 살아 있는 자들의 저 슬프고 덧없는 몸짓들. 이 '이미-아직'이라는 시간적 탈구 속에서 인간의 삶은 날카롭고 아름다운 섬광을 뿜어낸다.

인류세*

이렇게 보면, 〈체르노빌〉은 1986년에 발생한 과거의 사건을 다루는 드라마가 아니라 그것이 방영된 2019년 이후의 미래를 다루는

---

* 2000년 노벨상 수상자인 파울 크뤼천과 유진 스토머는 인간 행위와 활동이 지구와 대기에 미친 영향이 심대함을 인정하면서 약 1만 700년 동안 이어진 충적세(Holocene)를 대신하는 새로운 지질학적 세기로 '인류세'를 제안한다. 2019년 5월 21일, 국제지질학연맹 산하 국제층서위원회에 부속된 인류세 워킹그룹의 34명 중 29명이 중요한 결의를 도출해 내는데, 이는 20세기 중반에 인류세가 시작되었다는 것이다. 이들은 1945년 원폭 실험과 일본에의 원폭 투하 이후 방사성 물질들이 다량으로 토양에 침전되기 시작했다는 것을 중요한 근거로 제시한다.(Meera Subramanian, "Anthropocene now: influential panel votes to recognize Earth's new epoch", *Nature*, May 21, 2019)

드라마로 읽힐 수도 있다. 체르노빌 참사에 휘말린 존재들을 규정하는 저 '이미(죽었지만)-아직(살아 있는)'의 시간은 사실 인류세에 태어난 모든 생명체의 운명적 시간이기도 하다. 〈체르노빌〉이 드러낸 진실은 소비에트 체제의 부조리로만 환원되지 않는다. 그것이 오직 소비에트의 문제였다면 1979년의 스리마일 원전 참사(미국)나 2011년 후쿠시마 원전(일본)의 경우는 어떻게 해명될 수 있을까? 〈체르노빌〉이 불러일으키는 감정은, 적어도 1945년 지구상에 핵문명이 시작된 이후 지구의 생명체들은 모두 피폭 가능성에 노출되어 있다는 불안이다. 즉, 참사에서 죽어간 희생자들만이 피폭자인 것이 아니라, 지구적 중생(衆生) 모두가 잠재적 피폭자라는 사실에 대한 각성이다. 지구 시스템 어느 한 곳 빠지지 않고 돌아 내 코 앞에 도착한 공기를 우리는 마신다. 어느 한 곳 빠지지 않고 흘러 내 손에 쥐어진 한 컵의 물을 나는 마신다. 이 광대한 물질적 순환의 흐름은 지구 위의 어떤 존재에게도 특권적 은신처를 마련해 주지 않는다. 인류세의 참된 의미는 바로 이 은신처의 불가능, 피난의 불가능성이다. 〈체르노빌〉은 보여 준다. 저 러시아 민중의 고통은 당신 자신의 고통일 수 있다. 그들과 그들의 모습을 지켜보는 당신 사이에 존재하는 스크린은 허구의 장막일 수도 있다. 지옥은 도래하는 것이 아니라 조립되는 것이며, 2020년 우리의 일상적 삶이 이미 그 조립된 지옥의 한 조각일지도 모른다. **2020년 겨울**

『체르노빌의 목소리』

스베틀라나 알렉시예비치 지음, 김은혜 옮김, 새잎, 2011

체르노빌 참사를 겪은 사람들을 인터뷰하여 저술한 책으로서 참상의 체험담이 사실적으로 그려져 있다.

『체르노빌의 봄』

엠마뉘엘 르파주 지음, 해바라기 프로젝트 옮김, 길찾기, 2013

만화가가 체르노빌 오염지대를 방문하는 과정을 그린 만화이다.

2부　　　　　　　　과학기술을 읽다

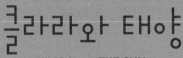

KLARA AND THE SUN

가즈오 이시구로 장편소설

홍한별 옮김

민음사

『클라라와 태양』

가즈오 이시구로 지음, 홍한별 옮김, 민음사, 2021

인간의 조건

권보드래·송지우

가즈오 이시구로가 본 미래

송지우   선생님은 가즈오 이시구로 소설을 언제부터 관심 있게 보셨는지요?

권보드래   '가즈오 이시구로'라고 하시는군요……. 전 일본식으로 '이시구로 가즈오'라고 부르는 게 익숙해요. 이시구로를 알게 된 건 20여 년 전 〈남아 있는 나날〉(1997)을 영화로 봤을 때예요. 그때 작가 이름을 기억하게 됐고요, 이후 소설 한두 편을 읽긴 했는데, '특이한 수동성이구나' 그렇게 생각하고 말았습니다. 그러다

2017년 스웨덴에서 기자회견을 하는 가즈오 이시구로.(출처: 위키피디아)

몇 년 전 학생들이 『나를 보내지 마』를 하도 열심히 얘기하길래 그때부터 여러 권 읽었어요. 한데 선생님이야말로 어떻게 이시구로를? 소설을 많이 보지는 않으신다고 들었는데요?

송지우 저도 영화 〈남아 있는 나날〉로 이시구로를 알게 됐어요. 영국 백인 사회의 오래된 관습을 소재로 하는 이야기인데 작가 이름이 '백인 이름'이 아니라는 점이 눈에 띄었어요. 저도 어릴 때 백인 중심 사회에서 살아서요. 본격적으로 소설로 접한 건 『나를 보내지 마』였어요. 정치철학에 관심을 갖고 공부하던 때였는데, 『나를 보내지 마』에 정의와 부정의의 얘기 그리고 응용윤리학에서 다룰 만한 사안들이 나오잖아요? 저항이나 저항의 부재와 같은 문제도 있고요. 그래서 더 관심 있게 책을 읽게 됐어요. 최근에는 우연히 이시구로의 2017년 노벨문학상 연설문을 읽었는데, 다가오는 미래에 대한 우려와 그런 미래를 허용한 자기 세대에 대한 성찰이 드러나는 얘기를 한 게 흥미로웠어요. '돌이켜보면 우리 세대가 안일하지 않았나. 자유민주주의의 가치들이 승리했다고 믿었지만, 그동안 너무 많은 불평등을 허용하고 너무 많은 갈등을 양산한 게 아닌가' 하는 식의 고민을 하던데, 『클라라와 태양』에 이런 고민이 담겨 있겠구나 싶어서 더 주의해 읽게 됐어요.

권보드래 줄거리부터 간단히 정리하고 시작할까요? 『클라라와 태양』의 주인공 클라라는 인공지능 로봇입니다. 어린이들을 위한 친구형 로봇으로 개발된 존재죠. 그런 클라라가 조시라는 소녀의 AF(Artificial Friend, 인공(지능) 친구) 역할을 하면서 가정과 사회의 면면을 경험하고 관찰합니다. 인간의 관점이 아니라 인공지능의 관점에서요. 한편으로는 날로 병약해지는 조시를 살리기 위해 '태양'의 힘을 빌린다는 엉뚱한 시도를 거듭하기도 하고요. 결국 조시는 건강을 되찾고 클라라는 폐기됩니다. 인물 구도는 아주 단순해요. 클라라와 조시와 조시의 부모, 그리고 이웃집 릭과 릭의 어머니. 조역까지 합쳐도 열 명 정도에 불과하고, 행인이나 군중과의 만남도 거의 없습니다.

송지우 조시의 아버지인 폴은 본래 고학력 엔지니어였지만 인공지능에 의해 대체되어 버렸고, 어머니인 크리시는 아직 별 탈 없이 취업 중인 고학력 전문직 종사자입니다. 조시가 병약한 건 이 세계에서 '향상'이라고 불리는 유전자 조작의 부작용 때문인데, 이 세계에서 형편이 되는 부모들은 대개 부작용을 감수하면서도 자녀를 '향상'시키고자 합니다. 조시의 친구 릭은 유전자 조작을 거치지 않았는데, 그 때문에 각종 사회적 장벽을 마주하게 됩니다. 조시가 건강해진 후 클라라는 점차 불필요한 존재가 되고요. 조시는 점점 성장하지만 클라라는 그대로고요.

권보드래 어떻게 생겼을까요, 클라라는? 근미래 미국 정도가 배경인가 싶은데, 조시가 클라라를 가리켜 프랑스인 같다고 하죠. 전형적인 백인의 외모일까 궁금하네요. 하지만 누구나 첫눈에 클라라가 인공지능이라는 걸 알아봅니다.

송지우 인간과 흡사하지만 차이도 분명하지 않을까요? 한편으로는 계속 기술을 발전시켜서 아예 인간과 인공지능을 구분할 수 없게 하려는 과학적·사회적 동력이 있고, 다른 한편으로는 그에 대한 저항이 존재하는 근미래의 어느 시점인 것 같습니다.

권보드래 자생적 관계나 자생적 공동체는 극히 약화된 세상인 것 같습니다. 조시의 집과, 좀 떨어진 릭네 오두막, 사실상 그 정도가 클라라가 보는 세계의 전부니까요. 그 외에는 가끔 외출하는 시내 정도고요.

인공지능 클라라, '인간다움'의 조건

송지우　평범한 독자로서『클라라와 태양』을 읽으면서 느낀 흡인력은 클라라라는 캐릭터의 매력이에요. 귀엽고 사랑스러워요.

권보드래　겉과 속이 똑같고, 한결같이 헌신적이고. 독자를 안심시키는 존재형이에요. 게다가 문학적 능력이 있죠. 엉뚱한 추론 능력도 있고요.

송지우　통통한 여성을 보고 믹서기처럼 생긴 여성, 줄여서 '믹서기 여성'이라고 부른다거나, 길 가는 사람을 '커피 컵 레이디'라고 부른다든가 하는 부분이 귀여웠어요.

권보드래　언어 감각과 형상 감각이 발달한 로봇인 것 같습니다. 한데 인공지능 로봇에 대한 이시구로의 상상은 좀 게으르달까요. '문학적 허용'은 당연히 있을 수 있겠지만 너무 많은 상상을 독자에게 떠맡겨 버려요.『나를 보내지 마』의 경우 훨씬 치밀한 설정이었던 걸로 기억하는데요.

송지우　『나를 보내지 마』가 좀 더 대중적인 것도 같고요. 전체적으로 퍼즐이 잘 맞춰지는 느낌이었어요.

권보드래　맞아요. 왜 장기 기증용 복제 인간들이 생겨났는지, 그런 근본적인 과정은 생략되어 있지만, 그들이 사는 지역의 역사나 환경도 종종 암시되고, 거대한 사실의 퍼즐을 맞춰 가는 논리랄까 즐거움이 있는데, 『클라라와 태양』은 작가부터 그 세계를 구석구석 상상하려 하지 않는다는 인상입니다. 독자에게 주는 정보가 10퍼센트인지 50퍼센트인지 작가 자신도 모르는 것 같은 근본적인 혼란이랄까요. '클라라가 아는 게 그뿐이니까' 이렇게 생각해 버리기도 석연찮더라구요.

송지우　『클라라와 태양』은 인공지능이 감정을 느낀다는 게 무엇인지, 인공지능의 머릿속에서는 뭐가 어떻게 돌아가고 있는지 풀어내는 게 퍼즐의 큰 부분이에요. 하지만 소설 속 시점에서 인공지능의 사고나 세상에 대한 추론, 반응이 인간과 어떤 면에서 같고 다른 건지 잘 모르겠어요. 그 기제를 알 수 없으니까 책 읽는 데 진도가 잘 안 나가더라구요. 결국은 지금보다 진일보한, 일반화된 '감성 컴퓨팅' 능력이 있고 일종의 친구 지향성 같은 게 프로그래밍된 상태인가, 정도로 생각하고 지나갔습니다. 그런데, 작동 기제를 잘 모른다는 것 자체가 우리가 인공지능에 대해 느끼는 불안의 이유 중 한 가지가 아닌가 싶어요.

권보드래　이시구로 소설에는 워낙 '나는 모른다, 우리는 모른다'는 회의와 불안이 강하지만, 『클라라와 태양』의 불확실성은 훨씬 들쭉날쭉하다고나 할까요. 감성 컴퓨팅이란 말은 낯선데…… 궁금하네요. 그런데, 클라라라는 존재도 불안하게 느끼셨다는 걸까요? 저로서는 전혀 그렇지 않았는데요.

송지우　클라라가 불안하다기보다, 소설 전체를 지배하는 불확실성이 있다고 하는 게 좋겠네요. 『클라라와 태양』에서는 '클라라가 조시가 될 수 있는가'라는 게 큰 테마가 아닌가 싶어요. 이미 큰딸을 잃은 크리시가 조시가 죽을 경우 클라라가 조시를 대체할 수 있게끔 준비한다는 게 소설에서 가장 큰 문제랄까 긴장감의 원천이니까요. '과연 클라라가 조시가 될 수 있을까? 클라라는 실제로 무엇을 느끼고 어떻게 판단한다고 볼 수 있을까?' 예를 들어 클라라가 "조시가 못 온다고 했을 때 슬펐다"라고 말할 때 그 발언을 어떻게 생각해야 할지 불분명하잖아요. 클라라가 인간처럼 감정을 느끼는 건지, 클라라의 반응 회로나 행동 원칙이 인간과 얼마나 같고 다른지 알 수 없으니까요. 그런 차원의 불확실성이 계속 있습니다.

권보드래　감각 체계에 있어서도, 클라라는 냄새도 못 맡고 시각적으로도 장면 조각조각을 결합시키는 방식으로 전체를 보고요. 클라라의 감정을 표현하는 언어도 제한적이죠. '슬펐다'는 'sad'가 아니라 'regretful'이고, '괴로웠다'로 번역된 부분도 'came to trouble me'이고. 그렇지만 클라라의 말과 행동은 너무나 인간적이라, 그러니까 배려나 헌신 같은 감정적 특성으로 다가와서, 불안을 느끼게 하지 않습니다. 따지고 보면 클라라가 크리시의 계획을 인지하는 장면이나, 자신이 조시를 대신할 수 있겠다고 답하는 장면 등은 두렵게 느끼기 충분한데도 말이죠. 우리에게 인간적이라고 전달되는 클라라의 특성마저 그 메커니즘은 전혀 다를 수도 있는데요. 무엇보다 독자가 가까이 목격하는 인공지능은 클라라뿐이라, 인공지능의 다른 가능성은 좀체 생각을 안 하게 됩니다. 인공지능이 일반화된 세상인 만큼 관련된 문제도 여러 측면일 텐데, 클라라의 사랑스러운 색채가 그걸 다 덮어 버린달까요.

송지우　클라라는 조시가 죽게 될 경우 그 역할을 대신할 수 있도록 노력하겠다면서도, 우선은 상당한 희생을 감수하면서 조시를 낫게 하려고 해요. 조시의 친구로서 우선순위가 분명하죠.

권보드래　희생할 때도 자의식이나 자기 과시욕이 없어요. 이기적인 생각이겠지만, 클라라가 제 옆에 있으면 참 좋겠는데.

송지우　저 같으면 안 버릴 텐데.

권보드래　독자가 볼 때는 클라라가 너무 외롭겠다, 너무 힘들겠다, 이렇게 느끼는 대목에서 클라라는 별로 그래 보이지 않잖아요. 다른 사람들이 밥 먹을 때 혼자 냉장고 앞에 서 있다거나, 마치 없는 존재처럼 취급받을 때가 많은데도요. 조시가 건강해진 다음에 클라라는 거의 다용도실에 방치돼 버리는 수준 아닌가요. 그러면서도 '조시 대체 계획'을 세웠던 카팔디 씨가 클라라를 분해해 보자고 하니까 크리시가 나서서 "클라라는 더 나은 대접을 받아야" 한다면서 "서서히 꺼질 수 있게" 하겠다고 반발하고요. 그렇지만 그 서서히 꺼진다는, 'slow fade'라는 건 야적장에 클라라를 갖다 버리는 행위에 불과합니다.

송지우　크리시는 클라라를 위하는 듯 보일 때도 실제로는 자기 자신을 위한다는 인상이 짙습니다. '나는 인공지능을 함부로 대하는 사람이 아니야' 이런 자기 정당화 같은 게 있어요. 소설 곳곳에서 드러나는 이 세계 '상류층'의 덕목 중 하나가, 남에게 대놓고 잔혹하고 못되게 굴지 않는다는 점인 것 같아요. 그런데 그게 얄팍하고 자기중심적이에요. 결정적 순간에는 클라라를 방치하면서도 해체는 안 된다, 우리는 클라라를 존중한다, 이런 태도를 보이니까요.

디스토피아의 분열과 불평등

권보드래　결정적 순간에는 냉혹하게 차별하죠. 크리시가 보여 주듯 이미 많은 것을 가졌지만 불안해하면서 더 큰 확실성과 수월성을 지향하는 게 대세라면 사회 전반으로도 공동체적인 감정 같은 건 정말 생기기 어렵겠죠.

송지우　크리시는 시대정신을 잘 대변하는 인물입니다. 이 세계에서 가장 형편이 좋은 편인데도 늘 불안해하고 스트레스를 받으면서 그나마 가능한 확실성을 좇죠. 그 사고는 요약하자면 '우리 결국 다 망할 텐데 내가 마지막에 망한다'는 정도가 아닐까 싶어요. 남편의 상황도 그렇고 주변을 둘러볼 때, 세상이 파멸을 향해 가고 있다는 근거들을 모른 척하는 것은 힘들지 않을까요?

권보드래　그래도 세상이 진보 중이라고 주장할 사람도 분명히 있겠지요. 『클라라와 태양』 속 세상은 기묘한 평등이 이루어진 세상인 것 같기도 합니다. 예를 들어 "짙은 피부의"라는 표현이 몇 군데 등장하는데, 이 사람들이 전혀 위화감 없이 고급 직종에서 일하고 생활하고 있습니다. 백인 엘리트들이 소거된 후 기묘한 인종적·젠더적 평등이 이루어진 사회일까요? 정보가 충분치 않으니 애매하기는 한데요. 이미 필수 노동은 다 대체되고 인공지능의 위협이 마침내 전문직에까지 이른 상황인지, 그렇지 않으면 인공지능이 전문직을 먼저 잠식했는지 모르겠네요.

송지우　도로에서 보수 작업 같은 걸 하는 사람들은 보입니다. 비용 편익 계산으로 그런 분야에 인간 노동력이 남게 됐을 수도 있고요.

권보드래　결과적으로 중간 계급이 집단으로 소거된 세계처럼 보입니다. 이런 세계에서 중간 계급 이하가 안전할 리 없겠지요. 사실 2차 대전 이후 1980년대까지 이른바 자유세계를 지탱했던 게 중산층 신화 아닌가요. 중산층이 사라진다는 건 대단한 공포죠.

송지우　제가 0호에 리뷰했던 대니얼 마코비츠의 『엘리트 세습』이 생각납니다.* 마코비츠는 점점 '그만하면 번듯한 사무직이지' 싶은 자리는 다 없어지고 최고 '능력'의 프로페셔널만 남는다고 말하는데, 최고 기량의 엔지니어였던 폴마저 쫓겨난 걸 보면 『클

---

* 송지우, 「기회의 평등은 불가능한가?」, 《서울리뷰오브북스》 0, 2020, 86-103쪽.

라라와 태양』은 그 이상의 상황인 것 같아요.

권보드래 '대체'되면 가족을 떠나야 한다는 규정이라도 있는 걸까요? 폴은 가족과 사이가 나쁘지 않은 것 같은데도 별도의 '커뮤니티'에서 삽니다. 이시구로는 이런 점에 대한 설명을 주지 않으니 독자로서는 궁금증을 풀 길이 없고요. 하지만 이렇게 현실 세계의 논리를 상당 부분 소거하고도 서사는 설득력 있게 진행됩니다.

송지우 클라라가 보는 만큼만 보고 아는 만큼만 아는 데 점점 익숙해지니까요.

권보드래 맞습니다. 이시구로 특유의 '믿을 수 없는 화자'에 적응해 버리는 거지요. 독자로서 화자가 모르는 사실을 가끔 알게 되기도 하지만요.

인공지능 시대의 능력주의

송지우 『클라라와 태양』에는 탈맥락화된 능력주의가 강력합니다. 조시가 유전자 조작으로 '향상' 시술을 받기도 하고 원격으로 엄격한 수업 관리를 받는 것도 다 명문대에 가기 위해서고요. 그런데 그렇게 열심히 노력해서, 예를 들어 로펌에 취직한다 해도 대부분의 업무를 인공지능이 대신할 수 있다면 뭘 할 수 있을까라는 생각이 듭니다. 로봇을 조종하는 사람이 되어야 할까요?

권보드래 '하버드만 들어가면 될 거야.' 딱 여기까지예요. 사실 명문대도 안정된 삶을 보장하기 불가능해진 세상이 됐다면서 말이죠.

송지우 이 세계의 교육 과정도 궁금합니다. 조시는 학교에 가지 않고 화상 원격 수업을 하고, 대신 또래 친구들과 가끔 '교류 모임'이라는 걸 갖죠.

권보드래 꼭 코로나19 시절 같네요. 단 몇몇 탁월한 교사의 수업을 선택받은 소수 학생만 듣는다는 건 다르지만요.

송지우 교류 모임이란 건 그런 교육 방식 때문에 퇴화해 버린 사회적 능력을 보완해 주는 장치인 듯합니다. 그런데 이런 교육의 끝은 어디일까요. 대다수 직종이 무의미해지고 많은 사람이 '대체'되어 갈수록 교육 경쟁이 치열해지고, 그 척도는 명문대 입학뿐인, 상당히 맥락 없는 편협한 능력주의가 팽배한 상황입니다. 그게 기술 발달과 손잡고 논리적 종착점으로 가버리면서 기회의 불평등이 극심해지고요. 결국 어떤 파국이 기다리고 있지 않을까 싶어요.

권보드래 크리시는 불안해하면서도 그 능력주의의 맹목적 트랙을 벗어나지 못합니다. 이른바 '향상' 시술 때문에 큰딸을 잃었는데도 조시도 '향상'시킬 정도로요. '향상' 시술을 해주지 않으면 조시의 기회를 부당하게 빼앗는 게 된다고, '향상'을 시켜 줘야 딸에게 공정성을 보장할 수 있다는 생각마저 하게 합니다.

송지우　크리시의 가치 체계에서는 그게 부모의 의무일 것입니다. 자식에게 '향상' 시술을 해주지 않으면 무책임한 부모가 된다고 느끼게 되는 압박이 있는 세상인 듯합니다. 동시에 사실은 미친 짓을 하고 있는 거라는 불안감도 있죠. 조시가 위독할 때 크리시가 분풀이하듯 릭과 그 엄마를 비난하는 것도 이런 불안의 표현인 듯합니다.

권보드래　'죽을 가능성이 1퍼센트다, 아니면 5퍼센트다, 하지만 살아남는다면 완전 천재급이 돼서 경쟁의 절대 승자가 될 거다.' 이런 시술이 있다면 지금 대한민국 부모들은 그걸 선택할까요?

송지우　지금의 입시 경쟁도 아이에게 제법 비용을 요구하는 일 아닌가요? 아이의 신체적·정신적 건강을 소모하잖아요. 교육열이 높은 동네에서 아이를 그 경쟁에 동참시켜 키운다는 건 상당한 도박 같습니다. 하지만 그렇게 하지 않는 것도 도박인 구조가 만들어져 버렸으니까요.

권보드래　지금 우리 사회도 그렇지만, 교육을 통한 경쟁이 진공청소기처럼 젊은 세대의 가능성을 다 빨아들이는 구조지요. 대안이 보이면, 예컨대 릭 같은 아이가 정말 다른 방식으로 살아서 다른 삶의 가치를 이루는 걸 본다면 다들 마음이 좀 더 여유로워질 수도 있겠는데요.

송지우　『클라라와 태양』은 전반적으로 아주 불완전한 근거에 기반해서 중요한 선택을 내리는 세상이에요. 릭은 유전자 조작을 거치지 않았지만 정말 똑똑한데, 이 세계에서는 그냥 '똑똑한 학생은 유전자 조작을 거친 학생'이라고 조작적으로 정의하잖아요? 그리고 이 기준에 따라 사람들의 인생이 완전히 달라져요. 기준은 누가, 어떤 권한이나 권력으로 정하는 건지 묻지 않을 수 없습니다.

권보드래 기묘한 순환 구조죠. 보통교육 제도가 아니기라도 한지, 조시는 훌륭한 교사들에게 원격 수업을 받지만, 릭은 교육받을 기회 자체가 거의 없습니다. 릭 어머니가 계속 걱정하듯, 평범한 사람들은 자원 자체에 접근할 수 없게 만들어 놓은 거지요. 명문대 중 유전자 조작을 거치지 않는 학생들이 입학할 수 있는 대학은 딱 한 군데, 그것도 정원의 2퍼센트만을 허용할 뿐입니다.

송지우 정치철학에서 '능력'을 판단할 때 사회적 맥락을 봐야 한다는 논의가 있습니다. 지금 우리 사회에 어떤 제도가 필요하고, 그 제도 안에서 어떤 일을 할 사람이 필요한지 알아야 어떤 역량이 '능력'인지 알 수 있다는 거죠. 그리고 '능력'은 자연적 사실이 아니라 항상 이렇듯 특정한 사회적 맥락을 전제하고요. 이 점을 간과하면 제가 조금 전에 '탈맥락화된 능력주의'라고 한 것만 남을 거예요. 그런데 조시와 클라라의 세상에서는 폴 같은 고학력 엔지니어도 실직하는데, 위험을 무릅쓰고 유전자 조작까지 해가면서 얻은 학습 역량이 결국 무엇에 필요한지는 불분명합니다. 대학 가는 데 도움이 된다는 건 알겠는데, 그 학력이 결국 어떤 사회적 필요를 충족하는지 모르겠어요.

권보드래 말씀을 듣다 보니, 사회적 재부의 증진과 공정한 분배, 그게 거시적인 목표고, 능력이란 그 목표 속에서 평가된 역량이다, 이렇게 생각한다면, 능력주의 자체는 불가피하지 않은가 싶습니다. 더 나가면 엘리트 없는 사회란 불가능할 것 같기도 하고요.

송지우 그런 질문이 전면에 드러난다면 솔직한 사회적 대화가 가능할지 모르겠습니다. 요즘 능력주의가 화제지만 이런 근원적 질문은 잘 논의되지 않으니까요. 능력주의라는 말을 처음 만든 마이클 영의 디스토피아 사회에서 사회적 효용은 '영국이 변화하는 국제 경제 질서에서 살아남기 위해 필요한 것' 정도로 이해되는데, 이런 식의 규정은 지나치게 좁은 듯합니다.* 효용보다는 사회적 필요라는 말이 나으려나요.

권보드래 내가 누리는 편익이 전체의 편익과 일치한다는 구조는 다분히 동화적이긴 합니다. 늘 그런 일이 가능할 리 없지요. 그렇지만 그런 세상을 지향하면서 살아온 것 아닌가요. 그런데 『클라라와 태양』에서나 지금 이 세상에서나, 경쟁이 노골화되면서, 나의 이해와 전체의 이해를 조화시킨다는 생각 자체가 위선적이거나 불가능한 것이 돼버렸죠. 엘리트의 사회적 역할에 대한 기대도 사라져 버렸고요.

송지우 엇나간 능력주의의 동력 가운데 하나가 토머스 스캔론이

---

* 마이클 영, 유강은 옮김, 『능력주의』(이매진, 2020).

말한 평가의 오류입니다.* 가령 내가 명문대에 가는 걸 목표로 했지만 실패했을 때 '그 대학을 못 가면 나는 쓸모없다'고 생각하는 식의 오류죠.『클라라와 태양』의 사회에도, 지금 우리 사회에도 이런 평가의 오류가 만연해 있어요. 그에 저항하려면 굉장한 자존감과 노력, 의지가 필요하게 돼버렸습니다.

권보드래 인간관과 세계관을 완전히 근본적으로 재구성할 수 있을 만한 신념 체계가 없으면 버티기 어렵죠. 거의 종교적 신념에 가까운 대안적 세계관이 필요할 지경입니다. 그래서 더 릭을 응원하게 되죠.

클라라와 인간들: 우정, 모성, 관계

권보드래 다 인간의 대열에서 이탈해 가는데 릭만 인간으로 남아 있는 것 같죠. 얘기가 나왔으니 인간이란 무엇인가에 대해 얘기해 볼까요? 크리시는 조시가 죽을 경우에 대비해 조시를 꼭 닮은 신체를 만들고, 클라라가 조시의 정보를 완전히 습득해 그 신체에 업로드될 수 있도록 준비합니다. 아버지는 그 계획에 반대하지만, 수천 년 동안 사람들이 믿어 온 '인간'이란 미신에 지나지 않을지도 모른다고 생각하죠. "내 딸만의 고유한 무언가는 존재하지 않는다"고요. 모두 데이터화해서 전송할 수 있다고도 하고요. 그러면서도

---

* T. M. Scanlon, *Why Does Inequality Matter?*(Oxford University Press, 2017).

인간의 마음이란 방 안에 방이 있는 것 같아서 그 복잡성을 다 파악할 수는 없을 거라고 생각하기도 합니다. 그때 클라라가 "아마 할 수 있을 거라고 생각합니다"라고 말하지 않나요? 인간의 마음, 그리고 거기에 기반한 개별성이나 고유성이라는 게, 어떤 의미가 있을까요.

송지우 　최근에 이시구로가 한 인터뷰를 읽었습니다. 자유주의적 신념의 주축은 인간의 개별성, 대체 불가능성, 그러므로 불가침성이었는데, 인공지능의 발전으로 그런 믿음이 흔들리고 있지 않은가 하는 내용이었는데요. 그런데 인간이 대체 불가능하다는 믿음이 어떤 면에서는 인공지능의 등장 이전에 이미 위기에 처해 있었습니다. 가령 노동 시장에서 일부 직군에 있는 사람들은 대체 가능성을 뼈저리게 느끼고 있고요. '인간이 이렇듯 여러 의미로 대체 가능한데도 불가침성을 지니는 이유가 무엇인가'가 더 정확한 질문이지 않나 싶네요.

권보드래 　우리 각자가 개별적이고 대체 불가능한 존재라는 건, 지금까지 너무나 익숙한 생각이고 익숙한 허구였습니다. 노동이나 시장이라는 국면이 그 신념을 다 지탱할 수는 없더라도 가족이라는 체계의 보충적 지지가 있었고요. 근대 사회에서는 노동과 가족이 가장 강력한 사회화의 경로였으니까요. 요즘 "이 사람도 누군가의 가족입니다"라는 식의 표어가 많은데, 전 그걸 볼 때마다 불편한 게, 그럼 이 사람이 누군가의 가족이 아니라면 막 대해도 된단 말인가, 가족에 의해 증명되지 않으면 이 사람의 개성과 존엄성은 사라진단 말인가 하는 생각이 저절로 떠올라서입니다. 그렇지만 사실 가족마저 사라져 버린다면 어떻게 될까요? 무슨 근거로 각 개인이 대체 불가능한 존재라는 걸까요?

송지우　『클라라와 태양』에서의 유전자 조작은 그나마 있던 인간의 개별성과 고유성을 지워 나가는 과정이기도 합니다. 좀 더 표준적인 상향 평준화를 지향하는 거죠.

권보드래　탁월성을 위해서 개성과 고유성을 희생시키는 건가요? 역설이네요. 교과서적으로는 너의 개성이나 고유성을 최대치로 발휘함으로써 탁월성을 성취해라, 늘 이렇게 배워 왔는데요.

송지우　만약 궁극적 목표가 인간이라는 종이 도달할 수 있는 완벽한 학습력을 갖추는 것이라면, 완벽한 학습력은 다 같지 않은가요? 모든 면에서 100이니까요.

권보드래　다 깎아 내고 포기하게 해서, 저마다의 길을 하나의 탄탄대로로 만듦으로써 탁월성의 표준을 구축하는 것이겠습니다. 사실 표준화 능력은 대한민국이 끝내주잖아요. 아파트라는 주거 환경을 봐도 알 수 있듯이요.

송지우　그렇죠. 그런 표준에 동참하지 못하면 불안해지고요. 『클라라와 태양』에서도 그렇게 나오죠. 이런 면에서는 기계가 인간 같아질 뿐 아니라 인간도 기계 같아집니다.

권보드래 맞아요. 요즘 인공지능론의 논점 중 하나가 그것이죠. 애초 화제로 돌아가면, 클라라는 조시의 마음까지 완벽하게 모방할 수 있다고 하면서도, 결국 자신이 조시를 대체하는 대신 희생을 무릅쓰고 조시를 구하는 길을 택합니다. 또 그런 얘기도 하죠. 조시의 특별함은 존재 자체가 아니라 다른 사람들과의 관계에서 오는데, 그 점에서 나는 절대 조시가 될 수 없을 거라고요.

송지우 실제로 클라라가 조시를 대신할 가능성을 두고 폴이 이렇게 말하는 장면이 있습니다. 엔지니어인 자신은 오히려 그 사실에 적응하겠지만, 크리시는 그러지 못할 거라고요. 클라라라는 존재의 설정 자체가 그런 점에 착안한 게 아닐까 싶어요. 클라라의 원래 목적이 AF이다 보니 조시의 성공적 삶이 클라라의 제1 목적이기도 할 테고요. 그래도 태양에게 잘 얘기하면 태양이 조시를 낫게 해줄 거라는 '태양 미신'은 참 뜬금없었어요.

권보드래 어쨌든 클라라는 태양광을 에너지원으로 하는 B2 모델이고, 태양광 흡수 시스템에 살짝 문제가 있어서, 자기 자신이 태양을 오래 못 보면 기운이 떨어지는 것 같기도 하고요. 자기 상황을 토대로 조시에 대해서도 엉뚱한 추론을 하는 건데요.

송지우 클라라는 조시도 태양의 특별한 혜택을 받으면 나을 거라고 생각해서 태양과 거래를 하려고도 하고, 결국 태양의 기대를 충족시키겠다는 생각으로 자신에게 중요한 용액을 희생합니다. 자신이 가게에 진열되어 있던 시절에, 측면에 '쿳팅스'라고 쓰여 있는 기계가 도로 공사 현장에서 매연을 뿜어서 해를 가리는 걸 본 적이 있는데, 그로부터 이 '쿠팅스 머신'이 태양을 약하게 하는 공해의 근원이고, 이 기계를 파괴하면 태양이 좋아할 것이라고 추론해요. 그래서 측면에 '쿠팅스'가 쓰여 있는 기계를 애타게 찾아서, 폴의 도움으로 자신의 용액을 투입해서 고장 내고는 크게 기뻐합니다. 아마 '쿠팅스'는 제조사명인 듯하고 기계가 한 대가 아닌데…….

권보드래 그렇죠. '쿠팅스 머신'이 어떤 기계인지 끝내 명확하지 않은데도요. 폴도 쿠팅스 머신을 싫어하는 것 같으니 나쁜 거겠지, 독자로서는 이 정도 애매한 생각으로 넘어가게 됩니다.

송지우 단순한 건설 기계 같은데 클라라는 그게 전 세계 공해의 근원인 것처럼 굴어요.

권보드래 그런 생각이 오류일지도 모르지 않나요. 겉보기에는 반환경적이지만 실제 기능은 친환경적일 수도 있고요. 아파트를 반환경적이라고 생각하지만 적어도 에너지 소비 자체는 단독주택보다 훨씬 효율적인 것처럼요. 가시적 정보만으로 합리적 판단을 하기는 어려운데 폴 같은 인물마저 클라라의 별 근거 없는 억측에 휘적휘적 끌려갑니다.

송지우 폴도 너는 인공지능이니까, 인공지능은 더 잘 알 테니까, 라며 믿어 보려는 태도를 보입니다. 어느 정도 지푸라기를 잡는 마음도 있는 듯해요. 클라라가 어떤 면에서는 엄청난 능력을 지니고 있지만, 가령 초지능에 도달한 것 같지는 않은데 말이죠. 지금도 인공지능이 일반 지능을 갖춘 게 아니라 바둑을 잘 둔다든가 하는 식으로 특정 영역에서 능력을 발휘하는 상황이고요. 그렇지만 일반 지능이 나오면 곧 초지능이 나올 것이라고 믿는 사람은 지금도 많고, 인공지능에 대한 인간의 기대와 공포는 오래전부터 실재했죠.

권보드래 클라라의 현실 인식이 더 합리적이었다면 조시를 위해 그렇게까지 헌신하지는 않았을 것 같기도 합니다. 크리시보다 클라라가 더 엄마 같아요. 전형적 모성 이미지를 기준으로.

송지우 크리시의 맹목보다 클라라의 맹목이 더 애틋해요. 계산 없는 헌신을 보여 주는 것은 클라라라서.

권보드래 살아남은 조시는 어떤 인간이 될까요. 처음에는 꽤 사랑스러웠는데 뒤로 갈수록 존재감이 흐릿해집니다. 순응적이 된달까요.

송지우 조시로서는 순응하지 않을 때의 미래가 공포스러울 것 같아요. 가령 릭을 가까이 보면서, 릭의 가능성이 꺾이는 과정이나 다른 친구들이 릭을 어떻게 대하는지 보면서요.

권보드래 겁에 질린 거겠지요?

송지우 그렇다는 인상입니다. 낙오에 대한 두려움이 결국에는 순응으로 귀착되는 것 아닌가 싶어요. '교류 모임'에서 친구들이 클라라에게 못되게 굴 때도 소극적으로 동조해 버리는 것도 두려움 때문일 테고요. 그렇게 타협을 하다 결국 크리시 2세가 되어버리는 것 아닐까요.

권보드래 조시의 인내와 배려심이 결국 순응으로 수렴돼 버리는 건가요. 모범생 같은 성격으로는 비순응을 고집하기는 어려울까요. 조시 자신이야 '여전히 나는 다 순응하지는 않고 있어.' 이렇게 생각하겠지만요.

송지우 조시가 대학에 가서 사회 정의에 대한 리포트를 쓸 수도 있겠네요. 그런데 점점, 실제로는 잔인한 선택을 하면서도 표면적인 친절함은 유지하는 그런 어른으로 성장해 가는가 싶었어요. 건강해진 후 클라라를 대하는 태도도 그렇고요. 우아한 완곡어법으로 문제투성이 현실을 가리는 대열에 동참할지도 모릅니다. 이 세계에서는 '대체'니 '향상'이니, 이런 말로 '추방'이나 '유전자 조작'을 대신하잖아요. 실상을 있는 그대로 부르지 않음으로써 비판이나 저항의 여지를 좁히는 셈인데, 우리 사회에서 불안정한 비정규직 노동자나 자영업자를 부르는 다양한 이름들이 떠올랐어요.

권보드래 조시와 릭도 결국 헤어지는 셈이지요. 릭은 대학 진학도 포기하고. 트럭을 몰고 다니며 친구들을 만나고 자기 프로젝트를 추진한다고 되어 있기는 한데, 무슨 일인지는 설명이 없어요.

송지우　자기 어머니보다는 적극적인 삶을 살 것 같기는 한데, 궁금합니다.

추방된 자들의 커뮤니티 그리고 릭

권보드래　크리시가 망설이면서도 삶의 확실성과 수월성을 추구했다면, 릭의 어머니 헬렌은 꼭 신념 때문이 아니라 망설임 때문에 주류에서 낙오돼 버린 인물입니다. 선택이었다 해도 수동적 선택이었을 테고요.

송지우　크리시가 삶의 확실성을 높여 가려는 모습은 지금 추세의 논리적 귀결일지 모르겠습니다. 지금도 이미 고학력·고소득 부부는 아이를 낳고 키우는 시기를 꽤 치밀하게 계획하잖아요. 예컨대 리처드 리브스의 『20 VS 80의 사회』를 보면 고학력·고소득층일수록 계획적으로 재생산하고, 출발점에서의 그런 차이가 갈수록 경제적 격차를 벌린다는 얘기가 나옵니다.*

권보드래　불안정한 상황에서는 계획을 세워야 한다는 건 아무것도 하지 말아야 한다는 것과 동의어입니다. 저희 부모님은 그런 말씀 자주 하세요. "요즘 젊은 애들 왜 이러냐. 열심히 근검저축해야 하는데 왜 저렇게 소비부터 하냐." 그때마다 어머니께 말씀드리고는

---

* 리처드 리브스, 김승진 옮김, 『20 VS 80의 사회』(민음사, 2019).

합니다. "열심히 근검저축한 후 쓰려고 하면 이제는 그 시절 평생 안 와요. 나름대로 그 사실을 절감해서 그러는 거겠지요." 계획이나 개발이 근본적으로 부조리해져 버린 것 같습니다. 2차 대전 이후 냉전기에는 계획·개발 이후 미래의 과실을 내가 맛볼 수 있다는 전제가 가동하고 있었다면, 지금은 그게 불가능하지요.

송지우　계획을 세울 수 있는 인생을 산다는 것 자체가 특권입니다.

권보드래　그러니까 투기를 할 수밖에 없어요. 똑같이 증권 투자를 하더라도, 위에서는 그걸 정말 '투자'로 한다면 아래에서는 그게 '투기'이고 '도박'일 수밖에 없는 거지요. 계획이 불가능해지고 합리성이 불가능해지면 그렇게 되지요.

송지우　영화 〈기생충〉(2019)에 '계획'이 자주 등장하잖아요. 김기택(송강호 분) 가족 같은 사회경제적 상황에 있는 사람들에게는 합리적으로 계획을 세운다는 게 불가능한데도요. 『클라라와 태양』은 그런 사람이 다수가 된 세상을 그립니다. 계획을 세운다는 건 최상층에게나 가능한데, 그 경우에도 도박은 피할 수 없어요. '향상'이라는 유전자 조작이 잘못되면 병들거나 죽을 수도 있다는 식으로요.

권보드래　그래서 릭이 더 자유로워 보입니다. 다들 확실성만 추구하는 세상에 홀로 불안정성 자체를 껴안으면서 자기 인생을 만들어 가는 듯 보여서요. 소설을 읽을수록 릭의 존재감이 커져서 마지막에는 조시를 완전히 압도해 버리죠.

송지우　릭이 특이한 게, 모든 사회적 압력이 앎에 대한 수단적 이해를 북돋우고 있는데, 그러니까 공부해야 하는 이유가 오직 명문대 가고 출세하기 위해서라는, 이런 쪽으로 흘러가고 있는데, 자신은 이제 그런 흐름에 낄 수 없다는 걸 알면서도 과학을 공부하고 드론을 설계합니다. 아무도 알아주지 않는데, 그 자체로 자족적인 지적 탐구에 몰입한달까요. 이 세계에서 쉽지 않은 길입니다.

권보드래　릭은 자기 보전을 포기하지 않는 느낌인데, 그 점도 좋았습니다. 이타적이지 않아서요. 이기를 잊을 정도로 이타적이지 않아서요. 공동성을 모색하지만 늘 자기를 지키면서 나아갈 것 같아서, 릭이 뭘 할지 정말 궁금합니다.

송지우　그게 마지막 한 조각의 서스펜스였습니다. 릭이 순응적인 삶을 살게 될지, 아니면 다른 세상과 가치를 실현하고자 할지. 릭이 '나는 '향상'되지 못한 삶을 산다'고 생각하고 말 것인지, 아니면 ''향상'된 존재는 아니지만 나만의 뭔가를 만들어 봐야지'라는 쪽으로 갈 것인지.

권보드래　세상을 바꾸겠다고 행동하게 될지도 모르죠. 폴도 모종의 변화를 획책하잖아요. 자기가 속한 커뮤니티 사람들과 함께요. '대체' 후의 삶이 나쁘지 않다고, 자기가 소속된 커뮤니티에서도 '완전한 삶'을 누릴 수 있다고 하면서도 말입니다. 릭도 일종의 대안적 커뮤니티를 만들게 될지, 아니면 그 수준을 넘어서 지금 사회 질서에 정면으로 충돌하는 어떤 시도를 하게 될까요? 폴이 속한 커뮤니티에서는 일종의 테러리즘을 기도하는 것 같기도 한데요.

송지우 　상대적으로 순탄했던 전직 화이트칼라들이 모인 곳이라, 과연 그 사람들이 테러리스트가 될 수 있을지요. (웃음)

권보드래 　클라라가 없다면 이 소설은 어떻게 됐을까요?

송지우 　소설을 다시 읽으면서 클라라는 인공지능이라는 존재로서보다 이방인의 시각으로서 중요하다는 생각을 하게 됩니다. 인간과 인공지능이란 문제는 고민해 보다가도 소설 속 정보의 부족과 제 지식의 한계로 만족스러운 수준에 도달하기 어려워서요. 반면 능력주의와 불평등 문제의 분석과 비판으로는 탁월하다고 생각합니다. 얼마 전 대학원 지도교수와 이 책 얘기를 하다가 그분도 같은 생각이라는 걸 알게 되었는데, 망치를 들면 모든 게 못으로 보여서 그런가 싶기도 하네요.

권보드래 　클라라의 헌신과 희생 때문에 사회적 불평등에 대한 실감이 약화되는 측면도 있지 않은가요?

송지우 　불평등과 극심한 변화에 따른 불안정의 파편은 많은데요. 클라라가 조시 일행과 함께 영화관에 갔을 때 어떤 여자가 나타나서 "처음에는 일자리를 빼앗아 가고, 이제는 극장 좌석까지 차지해?" 이렇게 쏘아붙이는 장면도 있었어요. 인공지능이 중간 계급을 광범하게 대체하면서 인간 사이에는 계층이 양극화된 근미래의 상황이 곳곳에 제시되고 있기는 합니다.

권보드래 인간 사이 차별도 있고 인간과 인공지능 간 차별도 있어요. 클라라가 야적장에서 천천히 꺼져 가는 마지막 장면도 불평등과 불공정을 절감케 합니다. 어떻게 클라라를 이렇게 대하지? 이 헌신적이고 믿을 수 있는 존재를, 절대적 돌봄 노동자를. 그런데 막상 클라라 자신은 어떤 슬픔이나 분노도 느끼지 않죠.

송지우 이시구로 소설 특유의, 나 하나가 뭘 할 수 있을까, 이런 무력감의 표현일 수도 있겠습니다. 그런데 『나를 보내지 마』에서도 그렇고, 뿔뿔이 흩어진 개인들이 이런 궁극적인 무력의 상황에서, 그 와중에 뭐라도 하려고 고군분투하는 서사가 강합니다.

권보드래 『나를 보내지 마』에서의 감각과는 어떻게 다를까요? '존엄'이 불가능한 상황에서의 차선책이 '품위'인 건지, '세상은 불공정해, 그건 어쩔 수 없어, 그러나 그렇다는 사실은 알아야 하고 그 사실을 차분하게 받아들여야 해.' 이런 식이었는데요. 『클라라와 태양』도 같은 색깔일까요, 아니면 불가능하더라도 도전하자고 제안하는 걸까요?

송지우 그런 애매함이 이시구로 소설의 매력이기도 한 듯합니다.

권보드래　이런저런 불만이 없지는 않지만,『클라라와 태양』은 이시구로 특유의 매력이 십분 발휘돼 있는, 젊은 소설이라고 생각합니다. 차기작을 기다리게 됩니다.

송지우　참,『클라라와 태양』은 영화로도 만든다고 하네요.

권보드래　역시 국제적 작가 이시구로 가즈오답네요. 이시구로 자신도 인터뷰에서 근래의 '작가 숭배 현상'에 대해 말한 적이 있는데, 소설만 소비하는 것이 아니라 작가까지 소비하는 요즘 세계 문학 시장에 딱 맞춤한 작가예요. 영화도 기대해야겠습니다.

송지우　긴 시간 대화 즐거웠습니다. 나중에 영화라도 같이 보면 좋겠네요.

권보드래　그것도 좋습니다! 저도 즐거웠습니다. `2021년 겨울`

『안드로이드는 전기양을 꿈꾸는가?』

필립 K. 딕 지음, 이선주 옮김, 황금가지, 2008

'〈블레이드 러너〉원작이잖아? 줄거리도 다 아는데 굳이 읽을 필요가?'라고 생각할 독자에게도 강력 추천하고 싶은 책. 필립 K. 딕은 '나는 인간이라고 착각하는 인공지능이 아닐까? 무죄하다 세뇌돼 버린 스파이는 아닐까? 혹시 이 세계가 꿈이나 가상현실은 아닐까?' 같은 망상을 테크노-디스토피아의 상상과 뒤섞어 천재적 솜씨로 보여 준다.—권보드래

『창백한 언덕 풍경』

가즈오 이시구로 지음, 김남주 옮김, 민음사, 2012

『클라라와 태양』에서도 활용하는 '믿을 수 없는 화자' 기법을 성공적으로 구사한 가즈오 이시구로의 데뷔 소설. 변혁기의 불안과 불안정, 모성, 어린이가 트라우마를 경험하는 방식 등 『클라라와 태양』까지 이어져 온 작가의 화두들이 흥미진진한 이야기와 우아한 문체 위로 떠오른다.—송지우

"지금의 AI 현실에 놓인 함정과 기회,
 인간이 신뢰할 수 있는
 AI가 무엇인지 보여준다!"

_에릭 브린욜프슨(MIT 슬론 경영대학원 교수·《제2의 기계 시대》 저자)

게리 마커스·어니스트 데이비스 지음
이영래 옮김

2029
기계가
멈추는 날

AI가 인간을 초월하는
특이점은 정말 오는가

비즈니스북스

『2029 기계가 멈추는 날』
게리 마커스·어니스트 데이비스 지음, 이영래 옮김,
비즈니스북스, 2021

인공지능이
인간을 더 닮으려면?

박진호

최근 10년간 인공지능이 세계적으로 화제가 되고 있다. 기계 번역, 사진 자동 분류, 시리(Siri)나 알렉사(Alexa) 같은 음성 비서 등 인공지능 기술을 활용한 제품이 상용화에 성공했고, 인공지능 관련 기술을 개발하고 제품을 만드는 데 엄청난 자본이 몰리고 있다. 최근 이러한 인공지능의 성공에는 기계 학습(machine learning), 그중에서도 특히 인공 신경망(artificial neural network)을 이용한 딥러닝(deep learning)이 핵심적인 역할을 하고 있다.

　인공지능은 기계가 어떤 일을 지능적으로 하게 하는 기술이라고 할 수 있다. '지능적'이라는 말에는 많은 의미가 담겨 있는데, 일을 할 때 고정된 규칙을 단순히 따르는 데 그치지 않고 그때그때의 상황에 따라 적절한 대응 방식을 선택할 수 있다는 것이 중요한 구성 요소이다. 예컨대 영어 문서를 한국어로 번역할 때 어떤 단어를 어떻게 번역하라는 규칙을 항상 그대로 따르면 안 되고 같은 단어라도 문맥에 따라 적절히 달리 번역해야 하므로 지능을 요하는 과제라 할 수 있고, 기계가 이 일을 잘한다면 인공지능에 해당한다. 인공지능이 최근 각광을 받게 된 배경을 이해하는 데에는 인공지능의 겨울이라 불리는 과거의 별로 영예롭지 못한 역사를 아는 것도 도움이 된다.

인공지능과 도메인 지식

인간이 많은 일들을 지능적으로 잘 수행할 수 있는 것은 대개 그 일과 관련된 많은 지식을 가지고 있고 그 지식을 적절하게 잘 활용할 수 있기 때문이다. 의사가 환자의 환부를 촬영한 영상을 보고서 무슨 질병인지 판단하는 것은, 의학 공부를 많이 하고 의료 현장에서 많은 경험을 쌓은 덕분이다. 법률가가 형사 사건 기록을 검토하고서 적용할 죄목과 형량을 도출해 낼 수 있는 것은, 법령을 잘 알고 있고 구체적인 사례에 적용할 적절한 법조문을 찾아내는 법률적 추론(legal reasoning)의 훈련이 잘되어 있기 때문이다.

따라서 인공지능에 대한 연구가 시작된 초기에는, 인공지능으로 해결하고자 하는 과제를 잘 정의한 뒤, 그 과제와 관련된 전문적인 지식(knowledge base)을 구축하고 컴퓨터로 처리할 수 있는 형태로 나타내는 데, 즉 지식 표상(knowledge representation)에 초점이 맞추어졌다. 인공지능에 대한 이러한 접근법을 GOFAI(Good Old-Fashioned AI) 또는 기호주의 인공지능(Symbolic AI)이라고 부른다. 이 경우, 해당 분야의 전문가의 역할, 도메인 지식이 중요하다. 기계 번역기를 만들려면 출발 언어와 도착 언어의 전문가가 필요하고, 음성 인식기를 만들려면 음성학자가 필요하고, 질병 진단기를 만들려면 의사가 필요하고, 죄목 및 형량 판단기를 만들려면 법률가가 필요한 것이다.

언어, 의료, 법률 등 특정 도메인의 난이도가 웬만큼 되는 과제를 수행하기 위해 필요한 배경지식은 대개 상당한 양에 달한다. 따라서 하나의 과제를 수행하는 인공지능 엔진을 만들기 위해서 도메인 전문가가 상당히 많은 양의 도메인 지식을 규칙의 형태로 진술해야 했고, 이것을 컴퓨터가 이해할 수 있는 코드로 바꾸는 데도 많은 시간과 노력이 소요되었다. 예컨대 브릴(Brill)이 만든 영어 품사 태거(tagger)*에는 1천 개 이상의 규칙이 포함되었다. 도메인 전문가가 작성한 방대한 지식을 컴퓨터 코드로 바꾸면 코드도 수천 내지 수만 줄에 이르러서 유지·관리에 애를 먹게 된다. 특정 사례에 대해 잘못된 결과가 나오면 이를 시정하기 위해 전문가가 규

---

* 문장의 각 단어에 품사를 달아 주는 소프트웨어다. 하나의 문자열이 둘 이상의 품사에 대응할 수 있기 때문에 앞뒤 문맥을 고려하여 품사를 지능적으로 판단해야 한다. 예컨대 'like'는 '좋아하다'라는 뜻의 동사일 수도 있고 '-처럼'이라는 뜻의 전치사일 수도 있으며, 'flies'는 '파리'라는 명사의 복수형일 수도 있고 '날아가다'라는 동사의 3인칭 단수 현재형일 수도 있다. 'They like flies'의 세 단어에는 대명사, 동사, 명사의 품사를 달아 주어야 하고, 'Time flies like an arrow'의 다섯 단어에는 명사, 동사, 전치사, 관사, 명사의 품사를 달아 주어야 한다. 후자의 경우 'flies'를 '파리'라는 명사의 복수형으로, 'like'를 '좋아하다'라는 동사로 보아도 문법상 하자가 없다. 그럴 경우 이 문장의 의미는 '시간 파리는 화살을 좋아한다'가 되는데, 인간은 세상 지식에 비추어 그런 의미를 배제할 수 있지만, 기계는 그런 지식이 없기 때문에 이 의미를 배제하려면 다른 정보가 필요하다.

칙을 수정하고 프로그래머가 그에 따라 코드를 수정하게 되는데, 서로 긴밀하게 관련된 소프트웨어의 한 부분을 고치면 다른 부분에서 생각지 못했던 부작용을 낳는 일이 흔히 있다. 프로그래머들에게는 악몽 같은 일이다. 게다가 이런 식으로 만들어진 인공지능은 성능도 신통치 않았다. 시연용의 장난감 같은 시제품은 꾸역꾸역 만들 수 있었지만, 상업적 성공과는 거리가 멀었다. 그래서 이런 규칙 기반 인공지능, 기호주의 인공지능은 시장에서도 연구자들 사이에서도 금세 인기가 식어 버렸다.

기계 학습의 대두

1990년대쯤부터 각광을 받기 시작한 기계 학습은 상당히 다른 접근법을 취한다. 도메인 전문가의 도움을 별로 받지 않고서도, 대량의 데이터만 있으면 기계가 데이터에 내재한 패턴이나 규칙성을 스스로 찾아낼 수 있다는 것이다. 개나 고양이 같은 동물들의 사진이 수십만 장 있으면, 개나 고양이의 형태상의 특징을 사람이 컴퓨터에 굳이 알려 주지 않아도, 각 사진의 픽셀의 패턴으로부터 개나 고양이 등 동물의 구별을 가능케 하는 특징을 컴퓨터가 스스로 알아서 찾아내게 되고, 이러한 훈련을 거친 기계는 새로운 동물 사진을 보여 주면 무슨 동물인지 알아맞힐 수 있는 것이다. 특히 음성인식 분야에서 비교적 일찍 기계 학습이 성공을 거두어서, 이 분야의 권위자는 "우리 실험실에서 언어학자를 한 명씩 해고할 때마다, 우리 음성 인식 엔진의 성능이 부쩍 올라가고는 했다"는 유명한 말을 남겼다.

기계 학습 중에서도 딥러닝이 인공지능의 대세가 되면서 위

오픈AI가 2022년 11월 30일 공개한 대화 전문 인공지능 서비스 챗GPT.(출처: pexels.com)

의 경향은 더욱 가속화되었다. 딥러닝 이외의 기계 학습 기법을 사용할 때에는, 도메인 전문가의 역할이 과거에 비해 축소되기는 했지만 여전히 필요했다. 입력 데이터가 지닌 수많은 특성/자질(feature)들 가운데 주어진 과제를 수행할 때 어떤 것이 중요한지 판단하는 일은 여전히 도메인 전문가가 했기 때문이다. 그런데 딥러닝 기법을 사용할 때에는 그런 자질 선택마저도 기계가 알아서 수행해 주기 때문에, 도메인 전문가의 역할이 거의 제로에 가깝게 되었다. 번역은 언어를 다루는 일이기 때문에 자동 번역기를 만들려면 언어 전문가가 당연히 필요할 것으로 생각하기 십상이지만, 현재 신경망 번역기를 성공적으로 운영하고 있는 유명 대기업의 해당 부서에는 언어 전문가가 한 명도 없는 것이 보통이다.

좁은 인공지능과 일반 인공지능

기계 학습, 그중에서도 딥러닝이 몇몇 영역에서 어느 정도 성공을 거두고 있는 것은 사실이지만, 그런 방식으로 인간에 필적하는, 또는 인간을 뛰어넘는 인공지능을 만들 수 있다고 생각하는 것은 섣부르다. 『2029 기계가 멈추는 날』은 바로 이 점을 힘주어 설파하고 있다. 딥러닝을 포함한 기계 학습으로 할 수 있는 일에 대한 신중한 성찰보다는 섣부른 과장 광고가 성행하고 있는 요즘 이 책의 목소리는 더욱 소중하고 이에 귀를 기울일 필요가 있다.

현재의 딥러닝 기반 인공지능은 매우 좁게 정의된 특정 과제를 잘 수행하도록 대량의 데이터를 가지고 인공 신경망을 훈련시킴으로써 성립된다. 따라서 애초에 정의된 과제만 수행할 수 있을 뿐 다른 과제는 전혀 수행할 수 없다. 이 책의 저자들은 이것을 좁은 인공지능(Artificial Narrow Intelligence, ANI)이라고 부른다. 이와 대비해서, 다양한 과제를 수행할 수 있는 인공지능은 일반 인공지능(Artificial General Intelligence, AGI)이라고 불린다. 현재 성행하고 있는 방식으로 일반 인공지능을 만들 수 없는 이유는, 인간이 지니고 있는 상식적 지식, 세계에 대한 인지적 모델, 시공간을 파악하고 대응하는 능력, 인과관계를 포착하고 이를 바탕으로 추론하는 능력, 즉 딥 언더스탠딩(deep understanding)이 인공 신경망에는 없기 때문이다.

인공 신경망의 작동 방식

인공 신경망은 그 구조가 아무리 복잡할지라도, 기본 원리는 단순하다. 입력 데이터를 수치들의 벡터로 표상한 뒤, 신경망을 거치면서 가중치를 곱하고 그 결과들을 더해 어떤 비선형 함수로 그 수치를 변경하는 식의 조작을 엄청나게 반복할 따름이다. 처음에는 신경망의 가중치에 초깃값을 무작위로 부여하기 때문에, 신경망이 내놓은 출력이 우리가 원하는 정답과는 거리가 멀게 마련이다. 그런데 신경망의 각 가중치를 어떤 방향으로 수정하면 신경망의 출력이 정답과 가까워지는지 알 수 있어서, 가중치들을 그 방향으로 아주 조금 수정한다. 그러면 신경망의 출력이 정답과 아주 조금 가까워진다. 이 일을 엄청나게 반복하면 신경망의 출력이 정답에 매우 가까워지게 되는 것이다.

그런데 인공 신경망에는 해당 과제를 수행하는 데 필요한 지식이 명시적인 형태로 표상되어 있지 않다. 그런 지식을 명시적으로 나타내지 않고서도 원하는 결과를 얻을 수 있다는 것이 딥러닝의 장점이라면 장점이다. 하지만 이 책의 저자들은, 그런 식으로는 좁게 정의된 특정 과제만 수행할 수 있을 뿐, 일반 인공지능으로는 한 발짝도 나아갈 수 없다고 주장한다. 책에서는 다양한 사례를 통해 이 주장을 설득력 있게 펼치고 있다.

단기적 효과와 장기적 암중모색

어쩌면 현재의 다수 공학자들도 그 사실을 모르는 바 아니지만, 좋은 결실을 볼 수 있을지 없을지 불확실한 일, 결실을 보기까지 시간이 얼마나 걸릴지 알 수 없는 일에 매달리기보다는 단기간 내에 가시적인 효과를 볼 수 있는 일에 집중하고 있는 것인지도 모르겠다. 비유하자면 집 밖에서 돈을 어딘가 떨어뜨렸는데 지금 깜깜한 밤중이어서 가로등 근처 외에는 전혀 안 보일 때, 깜깜한 데서는 돈을 찾을 가망이 별로 없으므로 가로등 주변만 찾는 사람이 있는 반면에, 깜깜해서 찾기가 너무 어렵기는 하지만 돈을 떨어뜨렸을 가능성이 높은 지점 위주로 찾는 사람도 있다. 딥러닝에 매달리는 사람은 전자와 비슷하고, 이 책의 저자들은 후자와 비슷하다. 게리 마커스는 인간의 뇌 구조와 기능을 탐구해 온 신경과학자이고, 어니스트 데이비스는 상식을 컴퓨터로 표상하고 추론에 이용하는 방안을 탐구해 온 컴퓨터과학자이다. 일반 인공지능을 만들기 위해 인간의 지능을 적극적으로 참고해야 한다는 주장을 줄곧 해온 사람들이다. 인간의 지능이 작동하는 방식을 현재의 기술로 기계에 구현하는 것은 너무 어렵기는 하지만, 그렇다고 해서 손쉬운 편법으로 빠지기보다는 우직하게 정공법을 고집하고 있다.

세상에 둘 중 어느 한 부류의 사람만 있는 것보다는 양쪽 부류의 사람들이 균형 있게 존재하는 것이 더 좋을 것이다. 현재는 전자의 부류가 압도적으로 많은 듯하다. 후자의 사람들은, 성과가 금방 나오기 어렵고 성과가 나올지 어떨지도 불확실하기 때문에 탐색을 하는 당사자도, 지켜보는 사람도 불안하고 답답할 수 있다. 그럼에도 불구하고 그런 탐색을 하는 사람이 소수라도 있어야, 인공지능 기술이 미래에 획기적인 돌파구를 찾을 수 있을 것이다.

사실 현재 인공지능의 대세인 인공 신경망도 오랫동안 찬밥신세였다. 꽤 규모가 큰 인공 신경망을 훈련시키는 데 필요한 방대한 데이터나 하드웨어가 갖추어져 있지 않았기 때문이다. 제프리 힌턴(Geoffrey Everest Hinton), 요슈아 벤지오(Yoshua Bengio) 같은 소수의 학자들은 주위의 차가운 시선과 연구비의 빈곤에도 불구하고 고집스럽게 인공 신경망에 대한 탐색과 연구를 지속했기 때문에, 2010년대에 빅데이터와 그래픽 처리 장치(GPU) 같은 하드웨어의 뒷받침을 받게 된 후 성공을 거둘 수 있었다. 그들이 가로등이 비추는 밝은 데서만 탐색 작업을 했다면 오늘날의 딥러닝은 없었거나 훨씬 더 뒤로 미뤄졌을 것이다. 이 책의 저자들은 과거의 힌턴과 벤지오 같은 일을 하고 있는지도 모른다.

단 하나의 마법 같은 만병통치약은 없다

저자들의 말처럼, 인간의 지능은 너무나 다양한 요소들로 이루어져 있어서, 어느 하나의 마스터 알고리즘이 마법같이 모든 종류의 지능적 활동을 다 잘할 수 있을 것으로 기대하는 것은 무리일 것이다. 딥러닝이 잘하는 부분도 있고, 기호주의 인공지능 같은 접근법이 필요한 부분도 있을 것이다. 또한 어느 하나의 과제를 잘 수행하는 인공지능 엔진을 만들 때 딥러닝과 도메인 지식을 결합하는 방안도 모색할 필요가 있다.

현재 유행하는 딥러닝은 신경망의 모든 파라미터(parameter, 신경망의 노드들 사이의 연결에 부여되는 가중치)를 무작위로 초기화하는 것이 보통이다. 해당 과제를 수행하는 데 필요한 사전 지식을 전혀 미리 집어넣지 않고 제로에서 출발하는 셈이다. 해당 과제에 유용한 사전 지식을 신경망에 미리 집어넣어 준다면, 신경망 훈련에 소요되는 시간과 연산 자원을 절약할 수 있을 것이다. 요즘 신경망의 규모를 점점 더 키워서 성능을 높이는 일이 성행하고 있는데, 그런 거대 규모 신경망을 훈련시키는 데 엄청난 전기와 연산 자원이 소요되고 있어서 문제가 발생하고 있다. 훨씬 더 적은 데이터와 훨씬 더 작은 규모의 신경망으로 전기와 연산 자원을 훨씬 적게 쓰고도 좋은 성능을 낼 수 있는 방안을 찾아야 한다. 도메인 전문가의 사전 지식을 신경망에 주입하는 것이 시급히 필요한 것이다. 그래서 사전 확률을 중시하는 베이지안 통계학(Bayesian statistics)의 아이디어를 딥러닝에 접목한 베이지안 딥러닝에 주목할 필요가 있다.

인공지능처럼 너무나 유행하는, 인기 있는 주제 주변에는 소위 '사짜'들이 판치게 마련이다. 인공지능 붐에 편승하여 뻔한 이야기를 번드르르하게 늘어놓는 책들도 많고, 인공지능이 할 수 있는 일을 지나치게 과대 포장하여 지나친 장밋빛 전망을 내놓거나 지나친 공포를 조성하기도 한다. 현재 인공지능 기술이 할 수 있는 일과 한계를 차분하게 돌아보고 인간의 지능이 가진 특성을 전문적인 관점에서 조망하여 기계가 인간으로부터 배울 점을 알려 주는 이 책의 접근법은 인공지능에 대한 대중의 이해를 높이고 전문가들에게도 건전한 방향을 제시할 것으로 믿는다. <mark>2022년 가을</mark>

『마스터 알고리즘』

페드로 도밍고스 지음, 강형진 옮김, 최승진 감수,
비즈니스북스, 2016

기계 학습의 역사적 배경, 작동 방식을 비전문가도 이해할 수 있
게 직관적으로 잘 설명한 책이다. 기계 학습의 한계에 대해 성찰
하기 전에 기계 학습을 우선 잘 알아야 하는데, 기계 학습의 개요
와 그 밑에 깔린 정신을 알고 싶은 사람들에게 권한다.

『마음이 태어나는 곳』

게리 마커스 지음, 김명남 옮김, 해나무, 2005

인공지능이 인간을 닮게 만들려면 우선 인간의 지능을 잘 알아야
한다. 이 책은 유전자와 환경이 상호작용하여 인간의 뇌의 구조
가 형성되고 이를 바탕으로 인간의 마음이 구조화되는 메커니즘
을 설명한다. 이 분야의 첨단 연구를 하고 있는 젊은 연구자의 재
치가 번뜩이는 책이다.

『관찰과 표현의 과학사』

김명호 지음, 이데아, 2020

『비욘드』

크리스 임피 지음, 곽영직 옮김, 시공사, 2020

『호모 스페이스쿠스』

이성규 지음, 플루토, 2020

『뉴호라이즌스, 새로운 지평을 향한 여정』

앨런 스턴·데이비드 그린스푼 지음, 김승욱 옮김,

황정아 해제, 푸른숲, 2020

우주를 보는
새로운 시선

심채경

탐색

우주 탐사는 언제부터 시작되었을까? 처음으로 인공위성을 지구 대기 밖으로 쏘아 올렸을 때부터? 혹은 우주인이 달에 첫 발자국을 남겼을 때부터? 사람이나 동식물, 인공 물체를 직접 보내는 것 말고도 그저 관찰하고 탐색하는 것도 넓은 범위의 우주 탐사라고 본다면, 그 시작은 멀리 있는 사물을 가까이 볼 수 있는 도구, 망원경의 등장으로부터 비롯되었다고 할 수 있다. 17세기 유럽, 토머스 해리엇과 갈릴레오 갈릴레이는 처음으로 망원경을 들어 하늘의 달과 행성들을 관찰했다.

그러나 망원경에 눈을 대고 직접 들여다보는 것은 다분히 개인적인 경험이다. 망원경을 통해 어떤 진기한 광경을 보았다고 해도 아무도 믿지 않는다면 망원경은 정신착란자의 만화경에 불과할 것이다. 달에도 지구처럼 산과 구덩이와 평원이 있어 얼룩덜룩하게 보이는 것인지 아니면 매끄러운 구체(球體)에 무늬가 있는 것인지를 두고 오랜 갑론을박이 있었는데, 망원경을 통해 달의 어디가 높고 낮은 지형이며 또 어디는 실제로 밝고 어두운 무늬인지 관찰할 수 있게 되었다. 다만 그것을 널리 보이고 증명하기 위해서, 그리고 더욱 잘 이해하기 위해서는 본 대로 그려 내야 했다. 사진기가 발명되기도 전의 일이다. 천문학자들은 스스로 그림 그리기를 훈련하거나 화가를 고용해 망원경으로 본 달의 형상을 그림으로 남기기 시작했고, 그로부터 관측천문학이라는 새로운 분야가 시작되었다.

17세기의 달 그림이 하늘 멀리 실재하는 것을 동시대인에게 새롭게 보여 주었다면, 『관찰과 표현의 과학사』는 그 달 그림에 담긴 의미를 우리에게 새롭게 보여 준다. 근대 천문학의 태동 과정뿐만 아니라 당대의 식민지 점령과 지도 작성을 위한 경도의 측정, 대양을 항해하는 동안 함선의 위치와 시간을 알아내는 과정들을 글이 섞인 만화로 담아냈다. 저자는 근대 천문학사를 꼼꼼히 배열하거나 당대 여러 과학 분야 전반의 역사를 아우르는 교과서적 설명을 재현하기보다는 "아는 것과 보이는 것과 표현한 것에 대한 상관관계"(『관찰과 표현의 과학사』, 9쪽)를 다룬다는 독창적인 목표를 설정하고 이를 충실하게 이행했다. 보이지 않으니 알지 못했고, 알지 못하니 잘 보이지 않았던 시대로부터의 전환을 '보여' 주려면 텍스트보다 만화가 낫다.

책은 달 그림을 그리기에는 영 그림 솜씨가 없어서, 혹은 보이는 대로 그리는 훈련의 중요성을 일찍 깨닫지 못한 바람에 '처음으로 망원경을 보고 달 그림을 그려 낸 사람'의 명성을 놓쳐 버린 토머스 해리엇으로 시작해, 달 지형의 비례와 명암, 달의 칭동과 자전축 기울기까지 고려해 현대적인 달 지도를 그리기 시작한 요한 토비아스 마이어에 이르는 서사를 전달하며 맥락의 필요에 따라 글과 그림을 혼용한다.

책의 말미에서, 저자는 내내 '과학사' 측면에만 집중하고 있었을 독자에게 불쑥 다른 말을 건넨다. 사실은 그게 전부가 아니란다. 과학자의 달 그림이 등장하기 수백 년 전부터 예술가들은 이미 달을 포함한 세상 만물을 정교하게 그려 내고 있었던 것이다. 독자의 머릿속을 환기하는 여러 그림 작품들을 열거한 뒤, "자연철학자보다 먼저 예술가들이 세상을 그리기 시작했다"(『관찰과 표현의 과학』, 292쪽)라는 단 한 문장의 문단으로 저자는 다소 황급히 책을 마무리한다. 그렇게 책을 덮자니 관람 중이던 미술관 내부가 갑자기 암전되는 바람에 비상구로 급히 빠져나온 듯한 기분이 든다. 책 전체를 아우르는 몇 마디 문장을 더할 수는 없었을까. 저자의 다음 작품을 기대하라는 암시라면 성공적인 예고편이다.

우주 탐사: 아직 바래지 않은 기억
망원경의 개발로부터 시작된 관측천문학이 당시로서는 어쩔 수 없었던 소극적 우주 탐사에 해당한다면, 보다 적극적인, 현대적 의미의 우주 탐사는 로켓의 개발에서 비롯되었다. 냉전 시대가 낳은 우주 경쟁이라는 괴물을 앞세운 인류는 동물을 우주선에 태워 보

내고, 사람을 우주선에 태워 지구 주위를 돌게 하고, 마침내는 우주 비행사를 달에 보냈다가 지구로 무사히 귀환시켰다.

그러한 영광의 순간들로부터 반세기가량 지난 뒤, 천문학자이자 인류의 우주 탐사의 역사를 훑는 책 『비욘드』의 저자 크리스 임피는 "NASA는 침체기에 빠졌"던 것이라고(『비욘드』, 79쪽) 진단한다. 달에 우주인을 보냈던 아폴로 시리즈가 끝나자 NASA의 예산은 급락했다. 국제우주정거장(ISS)을 오가던 수송선의 폭발 사고를 겪고 나서는 새로운 수송선을 마련하는 대신 ISS에 사람과 물자를 보낼 때 전적으로 러시아의 수송선에 의지했다. 미국 정부의 전폭적 지원은 지나간 이야기. 우주 탐사에 '가성비'의 잣대가 놓였다.

크리스 임피는 이 같은 침체기가 새로운 국면으로 전환될 것이라고 적었다. 과거 NASA가 하던 역할의 많은 부분을 민간 회사가 대체한다는 것이다. 저자가 이 책을 집필한 것은 2015년으로, 트럼프 전 미국 대통령이 다시 한번 우주 탐사를 부흥시킨다는 전략을 제시하기 전이다. 그 사이에 NASA는 침체기에서 벗어나 이제 우주인을 다시 달에 보낼 뿐만 아니라, 달에 기지를 짓고, 달 근처에 새로운 우주정거장을 건설하고, 마침내는 화성으로 향한다는 목표 아래 분주히 움직이고 있다.

그러나 수년의 시간이 흘렀다고 해서 이제 『비욘드』의 논지가 구시대의 산물이 된 것은 아니다. 크리스 임피는 과거 NASA가 해왔던 역할의 상당 부분이 "새로운 사업 모델을 만들어 내려고 노력하는 민간 회사들"에게 이양되는 "놀라운 패러다임의 전환"이 일어나고 있음을 짚어 냈다.(『비욘드』, 121쪽) 이제는 ISS, 혹은 달에 화물이나 사람을 싣고 오가는 일을 스페이스엑스와 같은 민간 기업이 넘겨받으면서 보다 저렴하고 창의적인 방법을 찾아내기 시작했고, NASA는 우주 기지를 짓거나 더 먼 우주 공간으로 나아가는 보다 큰 노선에 집중하게 되었다.

정부 소속의 연구 기관이 넓게는 인류의 우주 탐험, 좁게는 미국의 위상 고취에 몰두할 때, 민간 기업은 "우주 개발을 정치적이거나 군사적으로 보지 않고 상업적으로"(『호모 스페이스쿠스』, 67쪽) 본다. 당장의 이익이든 미래의 이익을 위한 플랫폼 구축이든 돈이 된다는 판단이 서면 뛰어든다. 이 같은 새로운 흐름을 소위 "뉴 스페이스"라고 부른다. 우주는 더 이상 일상과 무관한 공간이 아니라, 기념품을 보관할 타임 캡슐, 희토류를 캐올 광산, 더 멀리 떠나기 위한 정류장 같은 조금 특별한 장소로 변모할 것이고, 작은 기업도 참여할 수 있는 새로운 시장이 형성될 것이다.

뉴 스페이스의 시대: 어리둥절한 한국

아무리 뉴 스페이스의 시대가 왔다고 해도, 우리나라는 이제 "올드 스페이스" 시절의 우주 탐사를 처음으로 맛보는 중이다. 인공위성 제작이라면 꽤 실력이 있는 편이지만, 지구 위성 궤도보다 더 멀리 떠나 본 것은 한국형 달 탐사의 첫 번째 단계인 달 궤도선 다누리호가 처음이다. 개발 기간 동안 기술적인 문제로 발사 일정이 연기되고 그 과정에서 내부의 갈등이 밖으로 터져 나오기도 했다. 당연한 일이다. 처음 해보는 일이니 과학기술, 행정, 정치, 언론 등 여러 측면에서 다양한 문제가 발생했고, 우리만의 해결책을 찾아 나가야 했으니까.

우리는 1단계 궤도선의 과학 관측 장비 일부와 데이터 송수신 인프라 등을 위해 NASA와 긴밀히 협력해 왔다. 그러는 과정에서 우리의 좌충우돌도 의도치 않게 알려지고는 했다. 그 자체가 부끄러운 것은 아니다. 오히려 그 과정까지도 우주 탐사의 일부라고 해외의 우주 탐사 유경험자들은 입을 모아 말한다. 앞으로도 우리는 우주 탐사를 위해 다른 나라와 협력할 기회가 많을 것이다. 그런데 미국과 구소련이 선봉장으로서 시행착오를 겪으며 우주 탐사 역사를 써 내리던 때와는 달리, 우리나라 같은 후발 주자가 우왕좌왕할 때는 경험 많고 노련한 외부 기관이 약점을 파고들어 제 입맛대로 요리할 빌미를 제공하는 셈이 될 수도 있다고 저자는 지적한다.

정부 주도의 올드 스페이스식 우주 탐사와 더불어 뉴 스페이스의 흐름을 놓치지 않기 위해 우리나라는 지금 무엇을 하면 좋을까? 국내 우주 관련 산업은 그 규모도 빈약하거니와 우주 산업 전반이 고르게 성장하기보다는 소수의 특정 분야에 집중되어 있다. 전면 국산화는 먼 얘기다. 『호모 스페이스쿠스』의 저자 이성규는 이같은 상황을 타개하는 해결책으로, "우주 사업을 국가 연구개발 사업으로 발주하는 것이 아니라 국가 획득(구매) 사업으로 바꾸"기를 (『호모 스페이스쿠스』, 158쪽) 제안한다. 연구개발 사업에서는 예산 사용에 있어 자유도가 낮고, 새로운 기술을 개발하면 정부가 그 권리를 일부 나눠 갖기까지 한다. 대부분 소규모 스타트업인 국내 우주 관련 기업으로서는 그런 사업이 그다지 매력적이지 않다. 그러나 국가가 물품을 주문할 때 구입가만 제시하고 제작 과정에서 비용을 어떻게 사용하든 간섭하지 않는다면, 기업은 이윤을 남기기 위해 창의력 대장으로 거듭날 것이다. 미국 스페이스엑스 사가 경비 절감을 위해 로켓 재활용 기술을 개발한 것처럼 말이다. "바로 이 지점에서 기술력이 향상될 가능성이 높아"(『호모 스페이스쿠스』, 160쪽)진다는 것이다.

물론 이것은 하나의 제안일 뿐이다. 중국의 경우 국가가 우주 탐사 전반에 대단히 적극적으로 개입하며 단시간에 우주 탐사의 새로운 주역으로 발돋움했다. 이스라엘과 아랍에미리트는 경험이 많은 국외 전문가의 손을 빌리는 데 주저하지 않는 노선을 택하며 우주 탐사의 첫발을 뗐다. 룩셈부르크 정부는 전 세계를 상대로 '우주로 돈 벌기' 사업을 위한 법인 설립, 연구개발 환경 조성에서부터 투자 유치, 정책 지원에 이르는 다각도의 서비스를 제공하는 것으로 우주 상업화의 중심지로 부상할 꿈을 꾸고 있다.

오늘날 우리의 우주 탐사는 어느 방향이어야 할지, 어떤 방법이 얼마나 효과적일지, 정부와 국민이 그런 물길을 기꺼이 내줄지는 아직 명확히 알 수 없다. 그러나 저자는 우리 과학기술계의 현장을 누비는 과학 기자답게 즉각 적용해 봄직한, 대단히 구체적이고 현실적인 방안을 제안했다. 우리는 이런 식의 다양한 방책을 찾아내어 실행에 옮김으로써 "우주에서 돈을 벌겠다는 새로운 인류", 호모 스페이스쿠스로 변모할 수 있을 것이다.

우리나라의 우주 탐사 상황은 누구도 입을 열지 않는 것보다는 누가 한 가지라도 첨언해 주는 것이 절실한 단계다. 한국의 입장에서 쓴 한국의 우주 탐사를 논하는 책이라니, 유니콘의 현현(顯現)과 같은 존재가 아닌가. 『호모 스페이스쿠스』는 전적으로 우리나라의 우주 탐사를 위한 책이다.

앞서간 자들의 경험담: 새로운 지평을 향한 오디세이

'올드 스페이스'도 잘 모르는 채로 뉴 스페이스로 가는 길목에 선 초보에게는 그 길을 먼저 걸어 본 사람들의 경험담이 필요하다. 이를테면 명왕성을 탐사하기 위해 30여 년간 고군분투했던 뉴호라이즌스 탐사선 팀의 이야기 같은 것. 『뉴호라이즌스, 새로운 지평을 향한 여정』은 세계 최초로 명왕성 탐사 미션을 이루어낸 사람들의 오디세이다.

뉴호라이즌스는 NASA 내부가 아니라 명왕성을 사랑하는 젊은 연구자들의 소규모 모임에서 비롯되었다. 젊고 경험이 없었기 때문에 열정적이고 용감했던 그들은 역사상 가장 먼 곳을 탐험할 기회를 얻어 내기 위해 학회에서 명왕성 연구 세션을 개최하며 동료들의 지지를 얻고, NASA에 명왕성 탐사 촉구 편지 보내기 캠페인을 벌였다. 크리스 임피의 표현을 다시 빌리자면 침체기에 빠진 상태라서 예산이 많지 않을 NASA의 입장을 고려해 꼭 필요한 소수의 탑재체만 골라 싸고 빠르게 탐사하는 계획을 세웠다.

가시밭길이었다. 초기 연구 비용을 몇 차례 얻어 낼 수는 있었지만, 담당자가 바뀔 때마다 새 결정권자의 입맛에 맞춰 제안서를 새로 써야 했고, 막대한 경험과 기술력을 가진 NASA 내부 전문가 팀과도 경쟁해야 했다. 선정되었다가도 취소되는 일을 몇 번이나 겪으면서도 포기하지 않은 끝에, 뉴호라이즌스호는 2006년 드디어 명왕성을 향한 긴 항해의 닻을 올릴 수 있었다. 행성들의 궤도와 명왕성의 계절을 고려할 때 탐사선을 발사하기에 적절한 시기가 다 지나 버리기 직전이었다.

뉴호라이즌스호는 10년여의 여정 끝에 무사히 명왕성을 만

명왕성과 명왕성의 위성인 카론과의 만남을 앞두고 있는 뉴호라이즌스호의 모습을 묘사한 그림.
(출처: NASA)

낮고, 명왕성과 그 위성들의 고해상도 사진을 인류에 선사했다. 이제는 명왕성과 비슷한, 태양계 끝자락 카이퍼대에 있는 소천체들을 계속해 탐험하고 있다. 그 장구한 서사시에 오롯이 새겨진 수많은 고민과 선택의 과정을 따라가며 그들의 대장정을 함께 완수해 보는 것은 우주 탐사를 막 시작하려는 초보 호모 스페이스쿠스에 게 더없이 좋은 예행연습이 될 것이다.

간극: 탐험 DNA와 돈이 되는 우주 사이

뉴호라이즌스 팀이 오랜 시간 동안 명왕성 탐사라는 끈을 놓지 않을 수 있었던 원동력은 무엇이었을까? 어쩌면 그 답을 앞서 소개한 『비욘드』와 『호모 스페이스쿠스』에서 찾을 수 있을 것이다. 두 책 모두 우주 탐사를 소개하기에 앞서 인류의 DNA에 새겨진 탐험 유전자를 언급하는 것으로 운을 뗀다. 우리의 선조들은 그 너머에 무엇이 있는지도 모르면서 뗏목을 타고 망망대해를 헤맸고, 꽁꽁 얼어붙은 땅을 밟으며 미지의 대륙으로 건너갔다. 우리는 그들의 후예답게 지구에서 가장 높은 산에 오르고, 햇빛도 닿지 않는 가장 깊은 바다를 탐닉하며, 더 멀리, 더 높이, 우주로 사람을 쏘아 보낸 다. 그러나 과연 우리의 유전자에는 탐험만이 새겨져 있을까? 탐험 의 다른 이름은 설렘이기도 하지만, 두려움이기도 하다. 생존하기 에는 너무나 불리한 우주 공간으로 뛰쳐나가는 것에 대한 두려움, 아주 작은 소행성의 흙을 퍼오려다가 너무 큰 충격을 가해 소행성 을 지구로 가는 고속도로에 올려놓아 버릴지도 모른다는 두려움, 그리고 지구에서 숱하게 경험했던 무분별한 개척과 수탈의 역사 가 우주에서까지 반복될 수도 있다는 두려움 말이다. 그러나 그러 한 두려움은 우주 상업화의 달콤한 열매를 놓칠지도 모른다는 또 다른 두려움이 덮어 버리는 모양새다. 우리는 겪어 봐서 잘 알고 있다. 우리는 겪어 봐야 알더라는 것을. **2021년 봄**

『스페이스 크로니클』

닐 디그래스 타이슨 지음, 에이비스 랭 엮음, 박병철 옮김,
부키, 2016

우주 탐사를 시도하는 이유, 구체적인 수행 방법, 그리고 우주 탐사가 필연적으로 내포하고 있는 위험성에 대해서 짚어 준다. 칼 세이건에 이어 다큐멘터리 〈코스모스〉를 새롭게 제작하기도 했던 천문학계의 이야기꾼 닐 디그래스 타이슨이 언론에 연재한 칼럼을 모은 것으로, 아무 페이지나 열어 한 편씩 읽어 보기에도 좋다.

『명왕성 연대기』

닐 디그래스 타이슨 지음, 김유제 옮김, 사이언스북스, 2019

행성 목록에서 명왕성을 지워 버린 자는 누구인가! 왜 그래야만 했는가! 그 자세한 사정이 못내 궁금한 당신을 위한 책이다. 명왕성을 망치러 온 명왕성의 구원자 위성 카론, 그리고 그 근처 카이퍼 대의 얼음 세계 친구들이 태양계에 대한 인류의 시야를 어떻게 넓혀 주었는지 알 수 있다. 미국 사회를 주요 배경으로 하고 있어 우리나라 독자에게는 저자가 의도한 현장감이 다소 약화되는 것이 아쉽다.

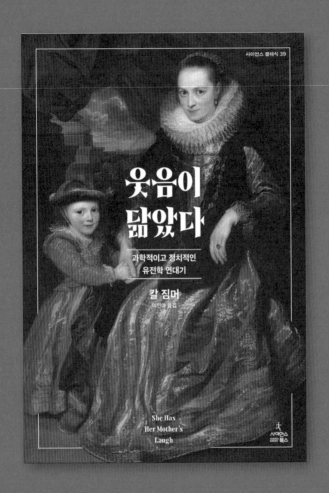

『웃음이 닮았다』

칼 짐머 지음, 이민아 옮김, 사이언스북스, 2023

유전 vs. 환경,
무엇이 웃음을 닮게 하는가?

정우현

칼 짐머는 『진화』, 『바이러스 행성』, 『기생충 제국』 등 인상적인 대중 과학서를 여럿 써왔다. 그는 미국 내셔널 아카데미 과학 커뮤니케이션 상과 스티븐 제이 굴드 상을 수상했을 정도로 생물학의 다양한 분야에서 전문성을 가지고 대중과 소통할 줄 아는 저널리스트로 평가받는다. 지난 코로나19 팬데믹 사태 때 《뉴욕타임스》탐사 보도팀의 일원으로 인터뷰를 해 국내에도 몇 차례 소개된 바 있었지만, 그가 자기 자신과 가족에 대한 사적인 일화를 공개한 것은 이 책에서가 처음인 듯하다. 김동인의 소설 『발가락이 닮았다』를 연상케 하는 제목의 최신작 『웃음이 닮았다』는 제목에서 충분히 예상되듯 유전에 관한 이야기가 담겨 있다. 무릇 유전에 관해 입을 열려거든 가족과 자녀들, 그리고 혈통의 이야기를 빼놓을 수 없는 법이다.

우리는 언제 유전에 관심을 가질까? '너는 누굴 닮아 이 모양이니?'라는 소리를 종종 듣던 어린 시절이나, 첫 출산 이후 아기의 얼굴을 뜯어보며 어디는 아빠를 닮았고 또 어디는 엄마를 닮았는지 찾아내려 할 때 정도가 아닐까. 짐머는 결혼 후 첫딸의 탄생을 기다리면서 혹시 모를 유전 질환의 가능성을 알게 되자, 자신이 아는 유전 지식을 총동원해 양가 가계도를 헤집으며 노심초사한다.(9쪽)

이처럼 우리가 주로 생각하는 유전이라는 개념은 수직적이다. 그것은 언제나 거슬러 올라가거나, 아래로 흘러 내려가는 것처럼 보인다. 그러나 실제로 유전은 얼마든지 수평적으로도 일어난다. 또한 유전은 개인의 문제만이 아니라 사회와 환경의 문제이기도 하다. 이처럼 저자는 사적인 이유로 관심 가지게 된 유전이라는 현상이 개인과 혈연을 넘어 공동체, 나아가 동시대의 인류 전체와 떼려야 뗄 수 없는 개념임을 점차 발견해 나간다. 그 과정을 지켜보는 일은 독자에게도 의미가 크다.

유전과 인종에 투영된 인간의 욕망

'인종(race)'이라는 모호한 개념에 그럴싸한 과학적 포장이 입혀진 것은 18세기 후반 카를 폰 린네에 의해서였다. 유능한 분류학자였던 그는 인간에게 최초로 '호모 사피엔스(Homo sapiens)'라는 종명을 부여하고는 곧 인간을 네 개의 변종으로 나눌 수 있다고 주장했다.

붉은 피부의 '아메리카누스', 누런 피부의 '아시아티쿠스', 검은 피부의 '아프리카누스', 그리고 하얀 피부의 '에우로페아우스'였다.(267쪽) 현재는 이런 분류법에 생물학적 근거가 전혀 없다는 사실이 잘 알려져 있다. 하지만 지금도 피부색에 따른 사회적 차별이 공공연한 문제라는 점에서 '인종'이라는 개념의 위력은 좀처럼 무시할 수 없다.

15세기에 유럽인들은 '같은 혈통의 짐승'을 의미하는 말로 '종족(race)'이라는 용어를 쓰기 시작했다. 즉 'race'라는 말은 애초 인간이 아니라 동물을 구분하기 위해 생겼다는 사실이다. 실제로 '좋은 품종의 말'을 고를 때 조상이 어디서 기원했는지 지칭하는 라틴어 'radix(뿌리)'에서 유래한 어휘였다. 그러나 이 종족이라는 용어가 사람을 지칭하는 인종이라는 의미로 바뀌어 쓰인 이유가 있으니, 그것은 바로 유태인을 구별하기 위함이었다. 15세기 합스부르크 통치기에 에스파냐에 살던 유태인들은 박해가 심해지자 스스로 기독교로 개종해 이른바 '콘베르소(converso)', 즉 개종자가 되었는데, 유럽인들은 유태인이 개종했다는 이유로 그 불손한 종자가 바뀌지는 않는다며 이들을 '유태 인종'이라고 콕 집어 부르기 시작했다.(32쪽) 유태인은 20세기 초반까지도 하나의 특별한 인종으로 간주되었고, 유태인만 걸리는 병의 목록까지 따로 만들어져 있었다.(287쪽) 놀라운 일이다. 누가 보아도 차이가 뚜렷한 피부색으로부터 인종이라는 개념이 만들어진 게 아니라, 시작부터가 유태인을 차별하기 위한 개념이었다는 사실이.

과학은 뿌리 깊은 편견을 좀처럼 바꾸지 못한다. 오히려 그 편견에 과학이라는 이름으로 정당성을 부여한다. 그리고 편견이 담긴 분류는 곧잘 차별로 이어진다. 과학은 그 차별을 더욱 공고하게 만들어 왔다. 룰루 밀러의 화제작 『물고기는 존재하지 않는다』는 바로 그런 차별을 지적하는 책이다. 과학적 분류가 세운 질서로 인해 억압과 폭력이 생겨난다는 것이다. 게다가 그런 분류가 그리 과학적이지도 못하다는 주장이다. 그러나 인간의 모든 활동에 분류는 불가피하다. 세심한 구별은 오히려 다양성을 이해하고 수용하게 해준다. 제대로 분류하지 않으면 차별은 더 커질 수도 있다. 어쩌면 이 모든 문제는 유전이 물리학의 대상이 아니라 생물학의 대상일 수밖에 없음을 말해 주는지도 모른다. 유전이란 단순히 흘러 내려가는 물질과 분자의 현상이 아니다. 정상과 비정상을 나누고 의미를 부여하려는 가치 판단의 문제이다. 유전자에 인간의 욕망이 투영되기 쉬운 이유가 여기에 있다.

유전의 개념은 새로 정의되어야

멘델의 법칙은 수직적 유전을 설명하는 가장 성공적인 유전학적 개념이다. 그러나 저자는 이 법칙이 생물학의 역사에서 비교적 늦게 발견된 것일 뿐 아니라 실제로 진화적으로도 극히 최근에야 생겨난 유성 생식 동식물만을 대상으로 하고 있음을 상기시킨다.(190쪽) 뉴턴이 발견한 물리 법칙은 온 우주에서 예외 없이 적용되지만, 멘델이 발견한 유전 법칙은 모든 생물에게 적용되지 않는다. 멘델의 법칙은 특히 미생물에게는 무용지물이다. 미생물들은 수평적 유전*을 통해 필요한 유전자를 주변 동료들과 나눠 갖는다.

---

* 수평적 유전(horizontal gene transfer)이란 개체와 개체 사이에서 유전형질이 이동하는 현상을 가리키는 유전학 용어이다. 미생물에서는 수평적 유전자 전달을 통해 병원

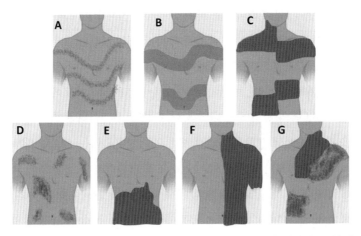

멘델의 법칙을 벗어나는 유전체 모자이크와 키메라 현상은 우리 몸속에서도 여러 가지 경로로 계속해서 일어나고 있다.(출처: researchgate.net)

유전은 개인의 문제이지만 동시에 집단의 문제이기도 하다. 생물학의 많은 개념은 사실 물질이 아닌 사회적 개념이다. 인간이 만든 사회의 속성과 경험이 투영된 인위적인 가치이다.(264쪽) 우리는 마땅히 인정해야 할 곳에서는 유전의 역할을 무시하는 경향이 있다. 유전은 수평적으로도 일어날 뿐 아니라, 심지어 우리의 몸속에서도 계속해서 진행되고 있다. 저자는 유전체 모자이크(12장)와 키메라(13장) 현상을 증거로 제시한다. 게다가 나 자신의 세포가 아니면서 몸속에 들어와 함께 사는 수많은 미생물 군체(microbiome, 14장)도 우리의 유전과 정체성에 크게 기여하고 있다. 이러한 미생물 군체의 존재는 주어진 운명에 따라 단독으로 살아간

성 유전자나 항생제 내성 유전자를 서로 주고받으며 환경 변화에 적응하는 기전이 존재한다.

다고 믿는 개인이 의미하는 바가 과연 무엇인지 돌아보게 한다.

　모든 생명은 자신을 끝없이 증식해 늘려 가려는 유전자의 욕망을 실현해 줄 '생존 기계'에 불과하다고 주장한 리처드 도킨스의 『이기적 유전자』는 출간된 지 50년이 다 되어 가도록 여전히 베스트셀러의 자리에서 내려올 줄 모른다. 유전자라는 핵심 부품을 강조해 생명을 환원주의적 시각으로 설명하려는 시도가 매력적이기도 하지만, 현대인의 개인주의와 이기심을 변호해 주는 과학적 근거를 제공해 준다는 점에서 그 인기가 계속되는 듯하다. 덕분에 이 시대에 유전자는 우리를 구성하는 본질로 쉽게 받아들여진다. 유전이란 부모로부터 물려받아 태어나서 죽을 때까지 가지고 가는 무엇이라는 낡은 운명론이 시대를 거슬러 역주행하고 있다.

　스티븐 하이네는 이를 '유전자 본질주의(genetic essentialism)'*라고 칭했다. 운명을 결정하는 본질을 알고 싶어 하는 사람들에게 과거에는 별자리가 가장 설득력 있는 정보였다면, 지금은 유전자가 그 자리를 꿰찬 것이다. 이에 대해 짐머는 "우리는 유전이라는 어휘를 우리의 필요나 두려움이 반영된 정의가 아닌 유전의 본래 특성에 더 가까이 다가가 더 광범위하게 재정의해야 한다"(17쪽)라고 주장한다. 유전만큼이나 우리 존재에 중대하게 기여하는 환경의 역할을 빼놓을 수 없다.

---

* 스티븐 하이네, 이가영 옮김, 『유전자는 우리를 어디까지 결정할 수 있나』(시그마북스, 2018), 71쪽.

유전의 통로는 유전자뿐일까

유전학의 역사에는 성공담보다는 실패담이 훨씬 많다. 연구 성과를 얻는 데 있어 실패는 사실 아무것도 아니다. 그것을 해석하고 적용하는 과정에서 너무나 많은 비극이 발생했다. 유전 현상에 관한 연구가 1905년 '유전학(genetics)'이라는 멋진 이름을 얻자마자 우생학을 지지하는 강력한 과학적 근거이자 도구로 전락한 것은 아이러니가 아니다. 그것은 당연한 수순이었다. 과학은 현상을 설명하는 강력한 근거를 얻는 순간 기존의 믿음을 대체한다.

저자는 환경 조건도 DNA에 각인되지 않을 뿐 유전되는 강력한 요소라고 지적한다.(290쪽) 이러한 환경적 요소를 해명하고 대안을 찾고자 어려운 작업에 매진하는 과학자들에게 시대에 뒤처진 유전자 결정론은 인종 개념과 마찬가지로 전혀 도움이 되지 않는다. 환경이 개인의 유전적 결함을 이겨 낸 사례는 얼마든지 있다. '높은 지능 유전자'나 '흉악 범죄 유전자' 등을 거론하는 것은 부정직한 동시에 사실을 호도하는 행위나 마찬가지다.

우생학의 그림자가 대부분 지워지고 없다고 믿는 오늘날에도 키나 지능에 대한 유전학적 집착은 거의 미신 숭배 수준이다. 저자는 이렇게 말한다. "키의 유전적 속성은 양자 물리학만큼이나 사람을 당혹하게 만드는 난제이다. 빛은 입자인 동시에 파동일 수 있다. 키는 유전에 의해 만들어지며 환경의 지배를 받는다."(344쪽) 지난 수십 년간 천문학적인 비용을 들인 연구를 통해 알아낸 것은 여러 유전 형질 중 유전력(heritability)이 가장 크다고 믿어지는 키와 지능의 유전적 바탕에 암흑물질과도 같은 거대한 모호함과 불확실성이 놓여 있다는 사실이다. 웃음이 유전될 수 있다면 웃음을 자아내는 환경도 역시 유전될 수 있다.

유전적 결함으로 인한 페닐케톤뇨증(phenylketonuria) 때문에 정신박약을 앓는 딸 캐럴을 키워야 했던 펄 벅은 캐럴이 만약 평범한 아이였다면 『대지』를 쓸 일도 없었을 거라고 말했다.(156쪽) 펄 벅은 노벨 문학상을 받은 이름난 작가에 그친 것이 아니라 다섯 아이를 입양하고 고아들과 장애아들을 위해 헌신하며 여생을 보냈다. 박경리 작가 역시 『토지』를 완간하며 자신의 삶이 평탄했다면 글을 쓰지 않았을 거라는 소감을 들려준 바 있다. (미세스 '벅'은 『대지』를, 미세스 '박'은 『토지』를 쓰며 비슷한 심정을 공유했다.) 유전적 결함은 운명을 결정짓지 않는다. 유전적 한계는 도리어 능동적으로 환경을 바꾸고 운명을 새로 개척하는 원동력이 되기도 한다. 우리는 다음 세대에게 유전자만 전해 줄 것이 아니라 그 안에서 살게 될 새로운 환경 또한 정성껏 물려주어야 한다.

참고문헌을 제외하고도 760쪽에 달하는 묵직한 분량은 이 책을 집어 들기 어렵게 하는 거의 유일한 단점이다. 그러나 유전학의 역사와 그것이 바꿔 온 세계를 돌아보고, 통념을 벗어나 유전 현상을 새로운 시각으로 바라보며 해석하는 데 관심이 있다면 반드시 만나 봐야 할 책이다. 하루가 다르게 발전하는 유전자 조작 기술로 인해 급변하는 사회를 맞이하면서도 흔들리지 않을 가치관을 정립하는 데 큰 도움이 되리라 본다. <u>2023년 가을</u>

『유전자는 우리를 어디까지 결정할 수 있나』

스티븐 하이네 지음, 이가영 옮김, 시그마북스, 2018

문화심리학자 스티븐 하이네는 유전학에 대한 폭넓은 이해를 바탕으로 유전자에 대한 각종 오해와 운명론적 사고를 경계해야 한다고 말한다. 보다 근본적인 설명을 찾으려는 인간의 본능이 유전자에 생물학적 본질이 존재하는 것이 틀림없다는 믿음을 만든 것이 아닐까?

『본성과 양육이라는 신기루』

이블린 폭스 켈러 지음, 정세권 옮김, 이음, 2013

과학철학자 이블린 폭스 켈러는 인간이 유전자에 새겨진 본성에 의해 만들어지는지, 아니면 환경과 교육을 통해 만들어지는지 생명과학의 최신 연구에 철학적 통찰을 담아 깊이 있게 파헤친다. 또한 유전의 역할에 관한 수많은 모호함과 불확실성은 유전학의 언어가 부족해 발생하는 것이라고 지적한다.

3부

위험을 읽다

무해의 시대:

21세기 안전 패러다임의 계보와 전망

김홍중

2021년 언젠가, 지인과 담소를 나누던 중 흥미로운 이야기를 전해 들었다. 요사이 젊은이들은 '무해'에 상당한 도덕적 가치를 부여하며 되도록 타인에게 '무해한' 사람이 되고자 애쓴다는 것이다. 최은영 소설에 등장하는 인물들이 떠올랐다. 주로 여성이거나 노인, 혹은 외국인인 이들은, 남에게 폐를 끼치지 않고 타인의 삶에 깊이 개입하지 않으려는 '무해한' 사람들이다. 가령, 「고백」이라는 단편에서 최은영은, 내성적이고 선량한 친구인 진희에게 애틋한 우정을 느끼는 미주의 마음을 이렇게 묘사한다. "진희가 책상에 엎드려 자고 있을 때, 운동장을 가로질러 걸어갈 때, 볼펜을 이리저리 돌릴 때 미주는 자신이 진희를 안다고 생각했다. 넌 누구에게도 상처를 주지 않으려 하지. 그리고 그럴 수도 없을 거야. 진희와 함께할 때면 미주의 마음에는 그런 식의 안도가 천천히 퍼져 나갔다. 넌 내게 무해한 사람이구나. 그때가 미주의 인생에서 가장 행복한 시절이었다."*

무해의 시대

무해한 사람! 직관적으로 그 존재를 어렴풋이 느껴 오기는 했지만, 명확히 표현할 수 없던 어떤 심리 풍경을, 이 평범한 단어는 조명탄처럼 비추어 준다. 사실, 언젠가부터 우리는 끈끈하게 엉겨 붙는 사람들을 견디지 못한다. 점착성을 띠는 눈빛, 달라붙는 태도, 사적 영역 안으로 기어들어 오는 것들의 '가해(加害)'에 민감하게 반응한다. 무례를 친절로 착각하며 경계선을 침범하는 자들에게 불쾌를 넘어 혐오를 느끼기도 한다. 권력이 동반된 유해는 도덕적 문제인 동시에 법적 문제이기도 하다. 미투 운동 속에서, 구조화된 유해성을 행사하는 강자들에 대한 고발과 '탄핵'이 가차 없이 수행되어 온 것은 그 때문이다. 사회적 삶은 '이웃에게 무해하라'라는 새로운 인륜적 명령으로 재구성되고 있는 듯이 보인다. 피해에 대한 공감, 가해에 대한 분노, 그리고 무해에 대한 의지가 일상적 삶을 지배하고 있다.

　　무해의 의미론은 사회적인 것의 영역을 넘어 자연이나 환경과의 관계에도 적용된다.** 우리 시대의 자연은 사회와 분리된 채

---

* 최은영, 『내게 무해한 사람』(문학동네, 2018), 196쪽.
** '생태 친화적인 삶'이나 쓰레기를 최소화하는 '제로-웨이스트'한 생활이 '무해하다'는 형용사로 대체되기도 한다. 2020년에 출판된 두 권의 책의 제목이 그런 의미를 띠고

자족적으로 존재하는 무구한 장소가 아니다. 자연과 인간은 이제 서로에게 유해한 존재로 뒤엉킨 채, 각자의 내부에 스며들어 있다. 인간이 폐기한 유해 물질은 복잡한 순환 과정을 거쳐, 모공과 호흡기를 통해 혈관에 흐르다 장기에 축적된다. 스테이시 앨러이모(Stacy Alaimo)가 "횡단-신체성(trans-corporeality)"*이라 부르는 이 얽힘은 우리가 아이를 키우면서 고민하고 두려워하는 질병들, 혹은 늙어 가면서 언젠가 한 번은 대면하게 되는 문제들(암, 아토피, 면역계 질환, 복합화학물질과민증, 새집증후군 등)을 통해 체감하는, 공통의 리얼리티이다.

21세기 정치가 근본적으로 생명정치(biopolitics)일 수밖에 없는 이유가 여기에 있다. 생명정치는 인간과 환경이 서로 만나는 다중 인터페이스에 대한 통치 능력에 집중된다. 생명을 보호한다는 것은 신체에 가해지는 환경의 유해성을 통치하는 것이며, 이는 (환경이 인간에 가하는 유해성의 원인인) 인간이 환경에 가하는 유해성을 통치하는 것이기도 하다. 정치는 주권자들의 신체 주위에 법적·의료적·사회적 면역계, 즉 전방위적 안전망을 구축·운영해야 한다. 생명 보장에 실패한 권력은, 우리가 대통령 탄핵 촛불에서 목도한 것처럼, 주권의 운동에 의해 축출된다.

이런 상황을 극적으로 가시화하고 증폭한 것이 코로나19이다. 팬데믹 속에서 타인은 이웃이나 시민이기 이전에 잠재적 감염원이다. 사람들이 서로에게 요구하는 것은 서로 만나 소통하고 협

있다. 허유정, 『세상에 무해한 사람이 되고 싶어』(뜻밖, 2020). 그리고 신지혜, 『무해한 하루를 시작하는 너에게』(보틀프레스, 2020).
* 스테이시 앨러이모, 윤준·김종갑 옮김, 『말, 살, 흙』(그린비, 2018).

력하는 것이 아니라 '거리를 두는 것'이다. 이것은 근대적 사회관을 근저에서 뒤흔든다. 전통적으로 사회는 구성원들의 면대면 상호작용(대화, 투쟁, 교섭, 유희, 축제, 시위, 예배) 속에서 창발하는 상징적 질서로 여겨져 왔다. 그러나 2020년 새로운 사회의 모습은 역설적으로 행위자들이 지나치게 사회적이지 않을 때, 서로에게 무해해지는 지점까지 물러나야 할 때 비로소 성립 가능한 무언가가 되었다. 비말(飛沫)을 교환하지 않을 때, 악수하지 않을 때, '무해하라'는 명령을 모두가 수행할 때, 거리와 경기장과 학교와 교회와 술집이 텅 비었을 때 사회가 작동할 수 있다. 방역 국가는 신체와 신체 사이에 무해 공간을 확장하는 생명권력으로 기능함으로써 자신의 정당성을 구축해 간다.

욕망의 소용돌이

무해를 중심으로 펼쳐져 가는 이 담론/실천의 복잡한 얽힘은 특히 지난 10여 년 동안 한국 사회에서 가장 중대한 정치적 파괴력을 갖는 욕망의 소용돌이로 작용해 왔다.* 무해를 향한 욕망은 사회를 휘몰아 가며 예상치 못한 현실을 창출했다. 낡은 질서를 허물고, 적대의 경계선을 재구성했고, 유해한 자(것)들을 공격하는 새로운 전투적 주체들을 탄생시켰다.

    질 들뢰즈(Gilles Deleuze)와 펠릭스 가타리(Félix Guattari)에 의하면, 욕망은 결핍을 향해 끝없이 미끄러져 가는 기호학적 운동(자크

---

* 한국 사회를 움직여 간 또 다른 욕망의 키워드가 '공정'이다. 안전의 욕망과 공정의 욕망이 어떻게 서로 연관되며, 차이를 드러내며 전개되는지에 대한 논의는 지면 관계상 이 글에서는 다루지 못함을 아쉽게 생각한다. 차후의 기회를 기약해 본다.

라캉)이 아니다. 영원히 채울 수 없는 부정성의 구멍과도 무관하다. 욕망은 생명력이다. 실재를 만들고 파괴하고 변형시키는 힘의 흐름, 생동하는 활력이다. 그것은 기계처럼 작동하며 요소들을 연결하여 영토를 만든다. '전염병, 유행, 바람'과 비슷하다. 바로 이런 점에서, 욕망은 인식론적 판단에 선행하는 존재론적 운동이다. 욕망은 비판되지도 교정되지도 계몽되지도 않는다. 가령, 무해를 향한 욕망이 규범적으로 옳은가 그렇지 않은가, 진실인가 거짓인가라는 질문은 초점이 어긋나 있다. 중요한 것은 욕망이 발휘하는 미시정치적 생산력이다. 강도 높은 욕망은 진실, 도덕, 미학의 규범 그 자체를 찢고 변형시키기 때문이다. 우리가 체험하고 있듯이, '페미니즘 리부트' 이후 옳고 그름을 판단하는 기준, 인식론적 도구, 개념적 장치들이 크게 변화했다. 문학이나 예술 작품에 대한 미적 평가도 질적 변화를 겪고 있다. 주체성도 마찬가지다. 매체와 관계망을 타고 소용돌이치는 심리-사회적 에너지가 휘몰아 간 곳에서 우리는 새로운 인간들이 웅성거리며 생성되는 것을 본다. 과거와 다른 (노동자, 청년, 학생, 여성, 엄마, 노인의) 목소리와 얼굴, 과거와 다른 내용의 요구, 청원, 비난, 질타, 열광 그리고 과거와 다른 스타일의 노래, 소설, 춤, 언어가 나타난다. 이들이 운동을 이끌고 소비를 주도하고 여론을 형성하며, 삶의 감각을 ⒤창조해 나간다.

2008년 미국산 쇠고기 촛불 집회, 2011년 가습기 살균제 피해, 2014년 세월호 참사, 각종 의료 사고들('신해철 사고'), 군대 내 사고('윤일병 사건'), 2016년 강남역 살인사건과 구의역 스크린 도어 정비업체 직원 사망사고, 2017년 이후의 미투 운동, 2018년 버닝썬 사건, 2018년 태안 화력 발전소 사건('김용균 사건'), 2019년 n번방 사건, 리벤지포르노 유출 사건, 스쿨 존 교통사고('민식이 사건'), 2020년 입양아 학대 사건('정인이 사건'), 그리고 어린이집 영아 폭행, 사망 사건들…….

이 일련의 이슈들을 통해 형성된 안전을 향한 욕망은 일상에 흩어진 잠재적 위해들이 효과적으로 통제된 '무해한 사회'를 지향하고 있었다. 쇠고기에 함유되어 있을지 모르는 프리온, 아이들 방에 뿜어지는 독성 물질, 학생들을 태운 여객선의 위험, 여성의 일상을 위협하는 폭력, 비정규직이 겪는 산업재해, 아이들에게 가해지는 폭력…… 이 위해의 시스템이 차단, 관리, 조절된 안전한 사회에 대한 꿈이다. 흔히 토머스 홉스(Thomas Hobbes) 이래 사회철학에서 안전은 개체의 자기 보존에 대한 자유주의적 가치의 하나로 이해되어 왔다. 그러나 흥미롭게도 지난 10년간 한국 사회를 이끈 저 욕망의 소용돌이는 '나'의 안전이 아니라 '우리'의 안전을 주장해 왔다. 이때 '우리'는 대개 강력한 당사자주의를 동반하고 있었으며 ('우리'의 처지에 있지 않은 자들, '우리'의 고통을 모르는 자들이 '우리'를 표상할 수 없다는 것), 선명한 적대의 선(線)을 끌고 나타나, '우리' 아닌 것과의 경계를 명확히 노출시켰다. '우리'는 남성과 대립하는 여성으로, 386세대와 대립하는 밀레니얼 세대로, 정규직과 대립하는 비정규직으로, 정상과 대립하는 퀴어(queer)로 나타났다. '우리' 중 누군가의 죽음은 광범위한 애도를 낳았고, 죽음을 야기한 유해의 구조에 책임을 묻는 분노 어린 집합 행위가 발생했다. 이것은 반복적 파동으로 물결치며, 다음과 같은 질문들을 사회 공간에 풀어놓았다.

왜 장애인이 비장애인보다, 왜 가난한 청년들이 부유한 부모를 만난 자들보다 더 많은 사고를 겪어야 하는가? 왜 여성이 남성보다 더 쉽게 살해되어야 하는가? 왜 택배 노동자의, 콜센터 직원들의, 요양원 수용자의 호흡기는 바이러스에 더 쉽게 노출되어야 하는가? (우리는 사회적 평등을 '안전의 평등'이라는 관점에서 바라보기 시작했다.) 자유란 무엇인가? 그것은 자신의 신체가 몰래 촬영되어 불법 사이트에 공개될 것을 걱정하지 않을 자유, 데이트 폭력에 시달리지 않고 연애를 할 수 있는 자유, 혹은 라돈에 의한 저선량 피폭을 걱정하지 않고 침대에 누울 수 있는 자유가 아닌가? 왜 안전을 누리지 못하는 자들은 동시에 자유를 상실할 수밖에 없는가? (우리는 '안전으로서의 자유' 혹은 '자유로서의 안전'이라는 매우 독특한 관념에 도달했다.) 우리가 누군가와 연대한다면 그것은 무엇보다도 삶의 위험, 불안, 공포를 함께 겪는 자들의 연대가 되어야 하는 것이 아닐까? 우리의 불안을 이해하지 못하는 자들과 싸워야 하는 것이 아닌가? (우리는 안전이 결핍된 존재자들의 새로운 연대, '무해의 연대'를 구상하기 시작했다.)

울리히 벡

근대성의 중심 가치를 재조립하는 괴력을 발휘하는 것이 이처럼 (해방이 아니라) 안전에 대한 욕망이라는 사실을 정확히 읽어 낸 지식인 중의 한 사람이 바로 울리히 벡(Ulrich Beck)이다. 2008년 봄 미국산 쇠고기 촛불 집회가 시작되기 직전에 그는 한국을 방문하는데, 약 20년 전인 1986년에 처음 개진된 그의 '위험사회' 개념은 이 시기에 이르러 일국을 넘어서는 '글로벌 위험사회' 개념으로 확장되어 있었다.

벡은 산업사회에서 위험사회로의 전환을 단순한 사회 변동이나 문화 변동이 아닌 문명의 근본적 '탈바꿈(metamorphosis)'으로 규정한다. 애벌레가 나비로 변태하듯 그 동일성을 인지할 수 없을 정도의 격변이 21세기에 진행되고 있다는 것이다. 그 결정적 계기를 이루는 사건이 예컨대 체르노빌 참사였다. 문제는 재화(goods)가 아니라 위험(bads)이다. 방사성 물질처럼 위험은 지각되지 않고, 인간적 경계를 초월하여 흐르며, 복잡한 인과관계를 통해 작용한다. 벡이 말하는 '리스크'는 이처럼 전대미문의 파국이 야기한 '인간학적 충격'과 공명하며 근대성에 대한 서구의 자기반성을 주도하는 개념으로 작용했다. 이런 점에서 보면, 위험사회는 체르노빌과 같은 재난이 언제든 다시 도래할 수 있다는 집합적 불안을 동력으로 재구성되는 일종의 포스트-재난 사회라 말할 수 있다. 2008년 3월 31일 서울대에서 행한 강연에서, 그는 20세기를 지도해 온 유럽발 비판 이론 전통이 이 새로운 문명의 논리를 해명하는 데 적합성을 상실했다는, 다소 충격적인 진단을 내린다.

세계시민사회의 거주자들에게 인류학적 충격을 불러일으키는 것은 무엇인가? 이것은 더이상 베케트의 형이상학적인 집 없는 상태, 자리를 비운 고도(Godot)도 아니고, 푸코의 악몽적 전망도 아니며, 막스 베버를 겁에 질리게 한 합리성의 소리 없는 독재도 아니다. (……) 오늘날 사람들의 우려는 근대성에 대한 인류학적 확신이, 흐르는 모래 위에 지어져 있는 것이 아닐까 하는 예감으로부터 온다. 사스와 BSE(광우병)는 단지 시작일 뿐이고 기후 파국은 곧 현실화될지도 모른다. 그리고 그것은 물질적 의존과 도덕적 책임의 구조가 부서지고, 세계위험사회의 민감한 기능 체계가 붕괴될 수 있다는 공황에 빠진 공포가 될지도 모른다. 이리하여 모든 것은 물구나무선다. 베버, 아

2012년 5월, 생갈렌 심포지엄에 참석한 울리히 벡.(출처: 국제 학생 위원회)

도르노, 푸코에게 섬뜩한 전망이었던 것(관리되는 세계의 완벽한 감시의 합리성)이 현재에 살고 있는 이들에게는 희망의 약속이 된다.*

벡에 의하면, 위험사회의 시민들은 막스 베버(Max Weber)가 예견한 자본주의적 '철창(iron cage)'을 두려워하지 않는다. 테오도어 아도르노(Theodor Adorno)가 비판한 '도구적 합리성'을 폄하하지 않는다. 미셸 푸코(Michel Foucault)가 분석한 '파놉티콘'과 규율 권력에 공포심을 갖지도 않는다. 그들은 오히려 "관리되는 세계의 완벽한 합리성"을 기대한다. 유럽의 대표적 비판 지성들이 디스토피아

* 울리히 벡·엘리자베트 벡 게른스하임, 한상진·심영희 엮음, 『위험에 처한 세계와 가족의 미래』(새물결, 2010), 46쪽.

로 형상화해 온 (안전을 지켜주는) 통제된 감시사회는 아이러니하게도 21세기 민중이 꿈꾸는, 희망의 상징이 되었다. 벡이 언급하지 않았지만 위험사회의 리얼리티를 제대로 포착하지 못하는 지성의 목록에 슬라보예 지젝(Slavoj Žižek)의 문화 비평이나 조르조 아감벤(Giorgio Agamben)의 정치철학도 포함할 수 있다.

예컨대 위험사회의 시민들은, 지젝이 냉소적으로 언급하듯이, 타자와의 건강한 관계를 맺을 능력을 상실한 '후기 자본주의의 나르시시즘적 주체'들이 아니다. 안전을 향한 욕망은 (신경증이나 환상이 아니라) 위험에 대한 과학 지식에 기초하며, 다수의 재난을 겪어 내면서 대중들이 고통스럽게 생산해 낸 사회적 공통 감각이다. 욕망의 진실이 오직 전문가에 의해서만 포착될 수 있다는 정신분석학적 믿음을 고수하는 한, 지젝이 대표하는 문화 비평은 위험사회의 동학을 해명하는 데 어려움을 겪을 수밖에 없다.

근대 생명정치의 기원을 절멸 수용소에서 발견하면서 그 불길한 이면(생명정치는 기본적으로 누군가의 생명을 보호하기 위해 타자의 제거를 정당화하는 죽음의 정치라는 것)을 날카롭게 폭로하는 아감벤의 정치철학 역시, 우리 시대 안전을 향한 욕망이 얼마나 다양한 방식으로, 얼마나 탄력적인 차이와 변이를 드러내며 전개되는지를 이해하는 데 큰 도움을 주지 못한다. 가령, 생명정치가 작동하는 모든 곳이 곧바로 절멸 수용소가 되는 것이 아니며, 생명정치에 포섭된 대상들이 모두 '벌거벗은 생명(bare life)'으로 전락하는 것도 아니다. 글로벌 위험사회의 시민들은 (생명) 권력과 (안전) 욕망 사이에, 민주적 요구와 감시 장치의 필요성 사이에 넓은 교섭 공간을 확보하고 복잡한 협상을 수행한다. 예컨대, 더 많은 CCTV를 설치하여 일상의 범죄를 예방해 주기를 청원하되, 데이터를 불법으로 사용하거나 전유하려는 국가나 자본에 저항한다. 모세혈관처럼 뻗어 있는 현실 속에서 민주적 생명정치의 다양한 가능성이 실험되고 있다. 이를 일의적으로 수용소 파시즘 모델이라 비판하는 것은 큰 설득력을 갖지 못한다. 벡은 암시한다. 비판되어야 하는 것은 대중의 안전 욕망이 아니라, 특권적 발화 위치와 초월적 시각에서 이 욕망을 허위의식으로 꾸짖는 계몽적 비판 이성의 한계일 수도 있다.

전망

2010년대 한국 사회의 안전 패러다임은 봉쇄된 자아의 순수성에 대한 환상, 완벽한 면역 체계에 대한 비현실적 열망, 비자기(非自己)에 대한 무조건적 거부 등으로 특징지어지는 과도한 '안전주의'로 폄하되기 힘들다. 무해를 향한 욕망은 민(民)이 겪은 여러 재난 체험에 기초하고 있다. 세월호 참사와 미투 운동은 그 결정적 계기를 제공했다. 그 핵심에 존재하는 것은 삶을 근본적으로 취약한 것(precarious)으로 느끼게 하는 여러 형태의 위험들에 대한 인식, 그리고 유사한 위험을 공유하는 타자들과의 연대감이다.

무해를 향한 욕망은 헐벗음과 헐벗음을 연결하며 흘러간다. 페미니즘은 여성이라는 범주를 범람하며 장애와 연결된다. 장애에 대한 이해와 권리 투쟁을 가능하게 하는 마음의 힘은, 동물이 처해 있는 비참에서 유사한 고통을 보게 한다. 이는 자연을 소유와 개발의 대상으로 보는 것을 정당화했던 인간중심주의에 대한 비판과 친화성을 갖는다. 비인간 생명체, 그리고 사이보그로 대표되는 인간-너머(more-than-human)의 주체성에 대한 새로운 시각은 이런 방식으로 깨어나 활성화된다. 여러 형태의 고통, 위해, 문제 사이에 횡단적 연결망들이 형성되어, 새로운 지식과 실천이 구성되고 있다.* 여기 한국 사회의 안전 패러다임이 진화해 갈 한 방향이 예고되어 있다.

말하자면, 2010년대의 안전 욕망이 '내(우리)가 겪는 유해'의 고발과 항의에 집중되어 있었다면, 앞으로 그것은 '내(우리)가 가하는 유해'에 대한 윤리적 성찰, 일종의 '생태적 전환'의 형태로 그 반경을 넓혀 가지 않을까? 우리는 코로나19를 통해 지구적 수준의 생태 위기의 심각성을 절실하게 인지하게 되었고, 인간 활동이 비인간 생명에 가하는 가해를 더 예리하게 지각하게 되었다. 피해 호소의 언어적 능력을 갖지 못한 생명체들이 피해자의 얼굴로 나타나고 있다. 무해를 향한 욕망이 강해질수록, 인간이 환경에 가하는 유해에 대한 윤리적 인식은 그만큼 더 선명해져 간다. 무해의 감각에 눈뜬 자는 자신의 생명이 유지되기 위해 다른 존재의 삶이 삭감되어야 한다는 이 사태를 윤리적으로 성찰하지 않을 수 없다. 가령, 비거니즘(veganism)은 살기 위해 먹어야 했던 동물의 '살'의 의미를 고민한 자들의 결단이다.

에마뉘엘 레비나스(Emmanuel Levinas)에 의하면, 내가 '있다는 것'은 언제나 타자의 '있음'에 대한 제한을 함축한다. 내가 있는 자리는 누군가가 있을 수도 있었던 자리의 점유이다. 심지어, 가장 원초적인 수준에서 말하자면, 내 현존을 위해서 나는 다른 생명의 살

---

* 참고로 다음과 같은 책들을 읽어보면 좋겠다. 한승태, 『고기로 태어나서』(시대의 창, 2018); 수나우라 테일러, 이마즈 유리·장한길 옮김, 『짐을 끄는 짐승들』(오월의봄, 2020); 김초엽·김원영, 『사이보그가 되다』(사계절, 2021).

을 먹어야 한다. 그는 이렇게 쓴다. "양심의 최초의 빛은 인간이 자신의 이웃으로 가는 길 위에서 번쩍인다. 고독한 개인이란 도대체 무엇이란 말인가? 양분, 공기, 햇빛을 빼앗아 그 생명을 짓누르고 부수는 모든 것에 대해 아랑곳하지도 않으면서, 자신의 본성과 존재가 원래 그러한 것이라고 정당화하는 어떤 나무, 성장하는 나무와 같은 것이 아닌가? 빼앗는 자, 그것이 개인이다. 양심이라는 것은 (정신의 최초의 불꽃도 마찬가지이지만) 자신의 옆에 쌓여 가는 시체들을 발견하는 것, 내가 무언가를 죽이면서 존재한다는 사실에 대한 경악에서 오는 것이다."* 윤리는 존재론의 악몽이다. 계속 생존하려는 자연적 욕망, 즉 코나투스(conatus)에 폭력적 정지(停止)를 가하면서 "내가 존재한다는 것은 과연 정당한 것인가?"라고 묻는 것이다. 이것이 윤리의 최종 질문이다.

홀로코스트에서 가족과 형제를 잃고 자신이 살아남았다는 사실 그 자체의 정당성을 평생 괴롭게 물어온 레비나스의 저 삼엄한 윤리학은 20세기의 유럽 사유가 스스로에게 던진 가장 어두운 질문 중의 하나이다. 질문을 야기한 상황이 어둡고, 질문 앞에서 우리의 대답이 궁색하다는 사실이 어둡다. 그러나 그런 어두운 질문의 담금질을 통해서 비로소 환대와 공존, 혹은 용서의 철학이 나타날 수 있었다. 레비나스의 윤리는 인간의 세계만을 이야기했다. 그러나 21세기에 그가 말하는 이웃은 인간 너머로 확장되고 있다. 누군가의 얼굴을 보며 그를 죽일 수 없다면, 우리는 이제 그 얼굴의 목록에 철창에 갇힌 개들, 미치거나 장애를 갖고 도살을 기다리는

---

* Emmanuel Lévinas, *Difficile Liberté*(Albin Michel, 1976), pp. 144-145.

돼지들, 살처분되기 위해 구덩이에 던져진 닭들도 포함해야 하는 시대로 접어들었다. 비인간의 얼굴들, 도처에서 '우리도 살고 싶다, 죽이지 말라'고 외치는 이 얼굴들도 이제 외면할 수 없다. 고통의 자리는 역동적으로 분열되어 간다. 거기에는 절대적 경계도 없고, 특권적 위치도 없다. 더 괴로워하는 존재는 언제나 어딘가에 있으며, 반드시 우리 앞에 나타난다. 무해의 시대는 고통이 회피되는 시대가 아니라, 이제껏 인정되지 못했던 새로운 고통을 기왕의 것들과 연결하는, 강인하고 질긴 망(網)이 엮어지는 그런 시대다.

2021년 봄

『**내게 무해한 사람**』

최은영 지음, 문학동네, 2018

'무해'라는 단어를 한 시대를 읽는 키워드로 생각하게 만들어 준 단편집이다. 소설을 통해 느낄 수 있는 깊은 울림이 있다.

『**위험사회**』

울리히 벡 지음, 홍성태 옮김, 새물결, 1997

울리히 벡을 세계적인 사회학자의 반열에 올려놓은 문제작. 20세기 후반 이후 서구 문명의 전환을 '위험(risk)'이라는 독창적 개념으로 진단했다.

밤길을 걷는 법:

강화길과 정세랑을 따라 길을 잃다

권보드래

강화길, 뒷골목의 공포

강화길 소설은 심야의 뒷골목 같다. 금세 누가 튀어나와 폭력을 휘두를 것 같다. 나를 죽일 것만 같다. 누군가 강간당하고 살해당하고 행방불명됐다는 소문이 끊이지 않는다. 가장 친밀한 존재도 믿을 수 없다. 내 곁의 그는 '괜찮은 사람'이다. 아니다, 그는 '괜찮은 사람'으로 가장한 미친놈이다. 살인마다. 누구든 강화길의 세계에서는 우범(虞犯)의 표정을 짓게 되리라. 강화길은 소설 복판에 불쑥 "작년 가을, 나는 죽었다"라거나 "다 거짓말이다" 같은 한 줄짜리 문단을 박아 놓는다. 아무 맥락이나 낌새 없이 세상이 간단히 박살난다. 그것은 2010년대 이후 대한민국, 재난에 대한 공포를 체질화한 사회에서 그로테스크하게 현실적이다.

'그'가 내 친구를 습격한 진범일까? 그는 "예의바르고 잘생겼을 뿐 아니라 유머 감각도 좋"은 "평판이 좋은 사람"이고, 친구의 애인으로서도 나무랄 데 없이 자상하지만, '나'는 왠지 그가 불편하다.(「호수 — 다른 사람」) "뭔가 무서워"라고 친구가 말했기 때문인가. 호숫가에서 의식불명 상태로 발견된 친구의 온몸 가득한 상처가 미심쩍기 때문인가. 아니면 버스 안 욕설과 엘리베이터까지 따라오는 낯선 구애자 따위에 일상적으로 시달렸기 때문인가. '호숫가'로 상징되는 외진 곳에서 가정 폭력과 데이트 폭력의 양상을 지속적으로 보고 겪어 왔기 때문인가. 남자들은 '장난'이었다고, '실수'였다고, '호감'이었다고 말한다. 사람들은 수군댄다. "그러니까 조심했어야지. (……) 그렇게 호수에 왜 갔느냐고?" '나'는 친구의 흔적을 찾아 '그'와 함께 호수에 갔다가, 의심이 증폭되는 가운데 마침내 "해야 할 일"을 해치우듯 그를 기습해 버린다. 이런 '나'는 명민한 건가, 피해망상인 건가, 그저 폭력적인 건가.

재난과 위험의 역사성과 사회성

강화길 소설은 여러 해째 증폭 중인 '여성의 공포'의 생생한 표현이다. "우리는 우연히 살아남았다"는 의식의 서사화다. 꼭 전보다 덜 안전해서가 아니다. 대한민국의 치안은 우량하고, 2000년대 이후 범죄율은 개선돼 왔다지만, 그런 통계치가 오늘의 피해자를 구원할 수는 없다. 왜 2010년대부터 재난에의 실감이 치솟았는지 세월호 사건만으로 설명할 수 없듯, 왜 젊은 여성들 사이에 폭력에의 실감이 고조됐는지 또한 강남역 살인사건만으로 규명해 낼 수 없다. '라떼야말로 말이다', 여자들이 많이도 죽었다. 유괴와 납치도 흔했고 소문은 더 무성했다. 봉고차로 납치해 먼 섬에 인신매매로 팔아 치워 버린다고 했다. 저항하고 울부짖고 도움을 요청해도 "내 마누라(애인)요, 참견하지 마쇼" 한마디면 속수무책이라고 했다. '식모'와 '공순이'를 착취·모욕하고 『별들의 고향』, 『겨울 여자』처럼 여성을 희생양 삼았던 개발독재 시대의 남성적 공범 의식은 1980년대까지도 건재했다.

"야야, 네 얼굴이면 새우잡이 배라면 모를까 티켓다방은 아냐." 왜 서로 사나운 농담으로 웃어 대면서 그 시절을 통과했는지 가끔 의아하다. 더 중요한 문제가 있었다. 시절마다 재난을 상상하는 고유한 방식이 있다면, 개발독재기의 그것은 전쟁과 고문과 산업 재해였다. 당장 전쟁 날지 모른다는, 운 나쁘게 검은 양복 사내들에 끌려갈지 모른다는, 프레스기에 손목 잘리고 무너지는 갱도에 갇힐지 모른다는 공포의 농도가 짙었다. 내(가족 중 누)가 겪을지 모를 그 거대한 재난에 비하면 다른 범죄와 차별과 비리는 감당해야 할 초깃값처럼 보였다. 더구나 탈출의 방도도 막연했다. '장남'에 올인하던, 가장의 수입으로 온 식구가 먹고살던 시절에 여성의 사회적 입지는 좁디좁았으니까. '괜찮은 남자'에 베팅하는 게 훨씬 효율적인 방법이었으니까. 중산층에 진입하면 어지간한 위험은 방비할 수 있으리라고들 믿었다.

마침내 '모두가 중산층'이 박두했나 싶던 1990년대가 왔다. 요즘 '응답하라'의 노스탤지어로 돌아보고 있는 그 시절은 개방의 연대이자 과잉의 연대인 동시에 재난의 연대였다. 1993년 서해 페리호 침몰, 1994년 성수대교 붕괴, 1995년 대구 지하철 가스 폭발에 이어 삼풍백화점 붕괴…… 개발주의 패러다임의 몰락을 상징하듯 대형 사고가 잇따랐다. 협력과 경쟁의 생리가 재편되는 중에 지존파·막가파처럼 '가진 자'에 대한 증오를 명패 삼은 집단 범죄의 충격도 있었다. 주식도 부동산도 미친 듯 상승세라, 겨우 문턱에 도달한 중산층이 획득이 아니라 박탈의 표지로 느껴질 즈음이다. '가진 자'를 향한 증오는 바로 곁의 취약자에 대한 공격으로 쉽게 변질되고는 했다. 개발주의 체제에서 정치적 폭력이 사회적 폭력을 선도했다면, 때문에 가정·학교·직장을 막론하고 폭력적 행태가 보편적이었다면, '1987년 민주화, 1997년 IMF 체제'로 요약되는 전환 이후로는 공공연한 폭력이 줄어든 대신 '밀려난 자들'에 대한 폭력은 일층 음험해지고 가혹해졌다. 2000년대 초 유영철·정남규·강호순 등에 의한 여성 연쇄살인은 '여성'이 그렇듯 국지화된 폭력의 장소 중 하나가 돼가고 있음을 실증한 사건이다.

1990년대의 위험과 재난과 상실의 경험을 돌이켜보면 2010년대의 사건들은 그 리바이벌처럼 보인다. 1990년대에 유소년기를 보낸 이들이라면 기시감은 더했으리라. 그 시절 고착된 문제가 20년째 고스란하고, 반면 그나마 '수난의 연대(連帶)'는 산산조각 나버린 상황에서, 더 이상 위험-재난-상실을 삶의 불가피한 조건으로 받아들일 수 없다는 분노가 폭발했다. '공공의 이익'과 '기술적 해결'이라는 언어의 유효성은 급속히 약화됐다. 국가의 명령＝지상의 명령이라는 양해도, 기술적 언어＝중립적 언어라는 신뢰도 거의 무너져, 예컨대 지난 10여 년간 강정 해군 기지나 용산 참사나 밀양 송전탑이나 가습기 살균제 피해 등 문제에 있어 '국방상 제주 해군 기지 필요', '낙후된 용산의 공공재개발 요구', 또는 '고압선 전자파의 무해성 증명'이나 '가습기 살균제 성분 중 CMIT와

MIT는 폐 질환과의 상관관계 입증 부족' 같은 말은 무력할 대로 무력해졌다. '위험'하다는 실감이 고조된 만큼 어떤 언어도 그것을 저지할 수 없다. 그런 국가적-기술적 언어의 (부)적절성을 따지려는 시도가 부질없어 보일 정도다. 여성의 '위험' 또한 이 실감의 지도 속에 실재한다.

안전하고 친절한 정세랑 월드

이 만연한 위험 속에, 요즘 열렬히 사랑받고 있는 작가 정세랑의 입지는 독특하다. 그의 소설은 휴식 같고 위안 같고 오랜만에 보는 웃음 같다. 그의 소(小)세계는 선량한 '구조자'들이 지켜 주는 세계, 궁극적으로 모두 무사한 세계다. 물론 정세랑 소설에도 고통과 불행이 있고 이 땅은 글러 먹었다는 비탄이 있다. 대개 젊은 여성인 정세랑의 주인공들은 이웃의 살인광 때문에 곤욕을 당하는가 하면, 가학증에 인종차별적인 제1세계 예술가에게 모욕당하고 착취당한다. 상사의 갑질에 녹초가 되는 건 기본이고 그깟 회사의 칭찬을 탐하다 과로로 죽어가기까지 한다. 그뿐인가, 25톤 화물 트럭이 남편을 덮치고, 폭주한 스토커가 10대 여학생을 살해하고, "폭력적인 전설"에 오염된 남동생이 누나를 상습적으로 폭행한다. 폭력의 악순환에 붙잡힌 초등학생이 발사한 총에 첫사랑 남자친구가 숨지는 일마저 일어난다. 『피프티 피플』 같은 소설은 온갖 재난의 전시장으로 보일 정도. 가정 폭력과 교통사고와 데이트 살인과 건설 현장 추락사고와 가습기 살균제 사망과…… 착한 사람 50명과 그 주변을 조명한 소설의 서사가 진행돼 가는 중 최소한 일곱 명이 죽고 여러 명이 다친다.

그런데도 정세랑은 우긴다. "아무도 죽지 않았다. 유가족을 만들지 않았다."(『피프티 피플』) 희한하게도 그의 말을 믿게 된다. 아, 그렇다, 정세랑 월드에서라면. 맨홀 사고를 겪은 며느리를 돌보며 "보살이 아니라 아수라가 되어서라도" 그를 지키고 싶어 하는 시어머니가 있고, 죽은 친구를 둘러싼 추문에 휘둘리는 대신 친구 것과 똑같은 옷을 사 모아 "나는 (……) (그애) 옷을 입고 대학에 갈 거야"라고 다짐하는 10대가 있는 세상에서라면. 재액과 죽음마저 그 세상에서는 재난으로만 경험되지 않을지도 모른다. 그곳에는 기적처럼 의좋은 부부와 정다운 고부(姑婦)와 멋진 노인들이 산다. 문제적 존재와 폭력적 환경을 뚫고 『피프티 피플』의 50인은 모두 선량하고 속깊고 바지런하다. 이들 의사와 캐디와 안내원과 공사 감독과 타투이스트와 헬리콥터 조종사……의 손끝에서, 세상을 돌보는 노동은 믿음직하여, 사고는 성의껏 수습되고 죽음은 마땅한 존엄으로 기억된다.

아무리 세계가 비틀거려도, 주인공들이, 내 곁의 친밀성이 이렇듯 단단한 한 안전하지 못할 리 없다. 신뢰할 수 있는 손과 손이 연결돼 있는 한, 불타는 건물에서 탈출하지 못할 리 없다. 마지막까지 손잡고 있는 한, 누군가 다치더라도, 마음까지 다 붕괴할 리 없다. 정세랑의 주인공들은 안전핀처럼 안전하다. 성실하고 관대하고 유머러스하다. 끝끝내 제정신으로 공정하고 친절하다. 가장 낙관적인 주인공인 '보건교사 안은영'의 말마따나 그들은 "세상이 공평하지 않다고 해서 자신의 친절함을 버리고 싶진 않"다고 생각한다.(『보건교사 안은영』) 분노하고 고발하기보다 자기 자신 더 나은 질서 한 가닥이 되고자 끈기 있게 노력한다. (피학-가학적이거나 피해자-

가해자인 두 명의 남성 인물을 통해 "어떤 자살은 가해"임을 주장한 『시선으로부터』는 의미심장한 예외겠으나) 그들은 일종의 종결자들이다. 악의를 퍼뜨리기보다 악의를 온몸으로 받아 내기를 택하는 사람들이다. 남편이 화물 트럭에 치여 의식불명 상태인데도 화물 노조 파업 현장에 도시락을 사 건네고, 언니가 심야 근무 중 돌연사했는데도 분노를 터뜨리는 대신 '돌연사.net'을 만들어 애도의 커뮤니티를 구축하는 그런 존재다.

정세랑 소설의 미래시제와 윤리 혁명

원한과 분노에 먹히지 않기 위해 정세랑의 주인공들은 피해의 기억을 봉인해 버리고는 한다. 그러나 봉인 후 갈 길은? 정세랑 소설 속의 존재들은 종종 자신을 "참 잘 도망치는 사람 (……) 타이밍과 속도를 조절해서 도망치는 사람"으로 정의한다. 그들은 "남보다 못한 가족들과도 어떻게든 연을 이어가려고 애쓰고 (……) 지옥 같은 회사를 개선시키고, 성격 안 맞는 애인과 다투고 다퉈서는 안정적인 관계에 다다르"는 분투를 사랑하지만, 그것이 그들의 몫은 아니다.(「효진」) 위험하고 폭력적인 존재와의 격투는 더더구나 무리다. 그들은 현실 너머를 꿈꾸지만 초현실의 전투성을 장착하지 않는다. 적대하거나 혐오하는 대신 다른 차원을 상상해 버린다. 엉뚱한 퇴마사 은영이 인공호흡법 교육 시간에마저 "그중 한 사람이 언젠가 누군가를 구하게 될지도 모"른다는 "그런 멀고 희미한 가능성을 헤아리는 일을 좋아"하듯이.(『보건교사 안은영』)

　은영의 취향대로 정세랑은 시간적으로 멀고 공간적으로 희미한 SF적 세계에 접속함으로써 '지금, 여기'의 중력을 약화시킨다.

외계인과 생활하고, 인류의 종말을 그리고, 다른 행성으로의 이주를 준비하면서. 정세랑 소설에서는 파국조차 기발하고 온화하여, "외계에서 온 거대 지렁이" 같은 코믹한 언어로 제시되지만, 지구를 위협하는 과잉생산·과잉소비 문명에 대한 경고는 진지하다. 이대로라면 이 문명은 멸망하는 것이 마땅하다. 인류세의 파국이 당연하다. 이 거시적 비관 속에서 작금의 비관은 사소해진다. "내가 죽고 다른 모든 것들이 살아날 거라는 기쁨"을 느껴야 하는 윤리적 당착 속에서 '나' 또한 부차화된다.(「리셋」) 정세랑은 가해와 피해가 뒤얽힌 착잡한 현대 세계를 뒤로 한 채 "드디어 트라우마 없는 시민들을 키워" 내는 데 성공한 미래를 상상한다.(「7교시」) 그것은 파국 직전의 브레이크에 의해, 일종의 윤리 혁명에 의해 도래할 미래다.

정세랑은 기술과 구조의 개선을 제안하는 대신 근본적인 반성장(degrowth)의 각오를 건의한다. 자발적 출산 포기와 육식의 절제, 탄소 배출 절감과 소비의 축소가 가능할지를 묻는다. "환경과 페미니즘이 맞물려" 추구되는 SF 속의 그런 세계에서야 인간은 비로소 마음껏 올바르고 안전할 수 있다.(「7교시」) 여기서는 로맨스도 "혼자 엔트로피와 싸우"며 "땅 위의 모든 생물과 물속의 커다란 생물까지" 사랑하는 윤리적 자질에 대한 매혹으로써 시작된다. 물론 정세랑도 잘 안다. 파국 이후 재생된 "트라우마 없는 시민들"은 "선량하기보다는 지루한 생명체"에 가까울지 모른다는 것을.(「지구에서 한아뿐」) 일체의 결함과 악행을 피하고 무결의 안전과 도덕성을 열망하다가는 인간 자체를 부정하게 되기 쉽다는 것을. 그렇잖아도 가까운 타인을 혐오하는 대신 비인간을 사랑하고 지구를 염려하는 관계의 기묘한 원근법은 빠르게 확산 중이다. 페미니즘과 동물권과 기후위기에 대한 서적이 나란히 꽂혀 있는 서가는 이제 낯설지 않다.

안전의 도덕률과 숭고의 도덕률

벗들 중 점점 많은 숫자가 채식을 실천하고 있다. "올해부터 채식주의자로 살기로 했어." 그런 말을 들을 때면 '날 여기 두고 너 혼자!' 싶은 난데없는 외로움을 느낀다. 질투 때문인지 마음이 복잡해진다. 예컨대 1980년대식 "(노동) 현장에 들어가기로 했어"라는 도덕적 결단과 요즘 유행인 채식주의의 도덕적 결단은 크게 다르다. 전자에 도덕적 고양과 사회적 추락이 극적으로 교차하고 있다면, 후자는 불편·인내·금욕을 요청하지만 추락과는 거리가 멀다. "올해부터 채식주의자로 살기로 했어"라는 말은 때로 "올해부터 헬스클럽에 다니기로 했어"와 비슷하게 들리기마저 한다. '말하는 그' 대신 '듣는 나'를 문제 삼는다면, 내 귀는 '추락'에 솔깃해하고 '불편'은 건성으로 들으며, '자아의 급진적 부정'에 감심하지만 '자아의 지속적 변형'에는 시큰둥해하는 것이다.

나는 여전히 숭고의 미학에 설복당한다. 가치로운 목표를 위해 내가 한없이 비천해져야 한다는 교리에 현혹된다. 신을 위해 고급 서적 대신 촌스러운 영성서만 읽었던 『좁은 문』의 알리사처럼, 혁명 사업을 위해 우등생에서 낙제생으로 떨어졌던 『사이공의 흰옷』의 '홍'처럼. 그러니 안전과 위신과 도덕적 고양감이 동반 상승하는 모델에는 의구심부터 든다. 더 쾌적한 의식주를 누린다면 죄책감은 불가피한 대가 아닌가? 반대로 도덕적 고양을 위해서라면

'가진 것을 헌신짝처럼' 버려야 할 수 있는 것 아닌가? 이 도덕 감정은 괴물스럽다. 나를 비롯해 자기 소유와 안전에 집착하는 다수에게, 도덕의 핵심을 모순과 자아 부정에 두는 감각이란 '스스로의 부를 부끄러워하는 백만장자'나 '빈민의 고난을 아파하는 개발주의자' 같은 부조리한 결과를 낳기 십상이다. (물론 '가진 자'들만이 부조리를 향유할 수 있겠다.) 가학-피학적 모순을 도덕의 증거로 착각하는 이 비틀린 마음의 극단적 사례는 아마, 잔인한 결정을 내리기 전날 밤이면 술 마시고 울고는 했다는 박정희일 것이다.

그의 그늘이 남았는지, 나는 아직도 '아무도 버리지 말자고, 아무도 죽어서는 안 된다고' 외치는 사람들을 볼 때마다 경이롭다. 낙오 없고 고통 없고 재해 없는 세상은 불가능하다고 믿는다. 안전에 집착하다가는 빗장 닫아걸거나 수용소로 들어갈 수밖에 없다고 생각한다. 안전 위에서 비로소 자유롭고 존엄할 수 있다고 여기기보다 자유와 존엄 위에서 안전이 추구돼야 한다고 여긴다. 즉 나는, 몰카 걱정에 공중화장실을 꺼려 방광염에 걸렸다는 A에게 "뭐 그렇게까지 미친놈들한테 신경을 써요?"라고 말하는 아줌마고, 소라넷과 N번방 충격에 가족마저 의심케 됐다는 B 앞에서 "그래도 제정신인 사람이 많지 않겠어요?"라고 대꾸하는 기성세대이며, 피해자 우선주의를 당연시하는 C에 대해서 "피해자의 자리가 선점되면 다른 이의가 차단되는 폐해도 점점 커지는 것 같은데요?"라고 딴지 거는 명자 또는 흥자다. 밤길은커녕 낮의 외진 산길에서조차 식은땀 흘리면서도 그렇다.

강화길의 '년'들, 내가 되고 싶지 않았던 여자들

강화길 소설은 '가스라이팅'이나 '페미사이드'로 요약되기 딱 좋은 결을 갖고 있다. 그의 소설의 '괜찮은 남자'들은 주인공들을 심리적으로 조종하고 물리적으로 가해하고도 멀쩡히 살아남는다. 주인공이 용기를 내 '괜찮은 남자'의 정체를 폭로한 뒤에도 세상은 주인공을 믿기보다 '괜찮은 남자'를 동정하여, 주인공은 폭로 전보다 한층 고약한 곤경에 빠지고는 한다. 실직에 따돌림에 인터넷 조리돌림에…… 곤경을 겪으며 주인공들은 타인과의 관계뿐 아니라 자기 자신에 대한 신뢰까지 박살 나는 경험을 한다. 애초에 튼튼하지 않았던 자아는 섬망(譫妄) 직전으로까지 내몰린다. 아니, 처음부터 잘못된 건 자아 쪽이었는지도 모른다. 주인공들이야말로 가공의 악의를 날조하고, 망상 속에서 그 자신 악행의 주체가 돼 버린 존재들일지도 알 수 없다. 착각과 거짓과 배신 위에 쌓아올린 자아야말로 위험한 적이다.

강화길 소설 속의 여자들은 내가 평생 두려워해 온 그 '년'들이다. 자기가 누구인지 모르고 누구를 믿어야 할지 무지한 여자들, 애정과 인정에 대한 갈망에 쫓겨 결국에는 자기 자신과 주변을 망가뜨리는 여자들이다. 그런 존재가 되지 않기 위해 평생을 얼마나 조심해 걸었던가. 고학력도 전문직도 '쉬운 년'이나 '나쁜 년'이나 '미친년'이라는 낙인에서 면제될 보증은 되지 못했다. 그런데 놀라워라, 강화길은 바로 그 자리, '미친년'이라는 혐의에 시달리는 자리에서 출발한다. 그는 '피해자인 척한다는', '사실은 네가 문제라는' 비난을 무릅쓰고, 결코 무구하지 않은 피해자들을 내세워 그들의 악전고투를 조명한다. 강화길 소설에서 그 고투는 '내 안의 '길

들여진 여자'와 싸운다는' 정도의 문제가 아니다. 자기혐오의 토기(吐氣)와 대면하는 일, 자기혐오를 끌어안은 채 그럼에도 자기 자신으로서 살고자 하는 일이다. 강화길은 때로 의심을 떨쳐 버린 연대를, 때로 재난 속에서의 퀴어적 결속을 시험하지만, 정의를 자칭하고 낙관에 투항하려는 유혹에 좀체 지지 않는다.

강화길의 세계에서는 친밀한 존재일수록 짐스럽고 의심스럽다. 여자들끼리의 불화도 쓰라리다. 우정이 없지 않지만, 서로 최악의 곪은 상처를 가려둔 상태에서 그 존재 양식은 불안하다. 여자들은 상대의 노동에 기대 살고 상처를 알아채면서도 넌더리를 낸다. "왜 나는 항상 이 여자 때문에 미칠 것 같은가".(「가원」) 더더구나 나 자신은 최악의 의심과 비난의 대상이다. "앞으로도 엉망진창으로 살게 되리라는 죄책감. 내 인생을 스스로 망가뜨려 버렸다는 죄책감".(『다른 사람』) 그 누설인 양 강화길의 여성 주인공들은 희미한 악취를 풍긴다. 강화길 소설을 읽다 보면 내 몸을 쿵쿵 냄새 맡게 된다. 『다른 사람』에 등장하는 안진대학 교수처럼 내 입에서도 구취가 새어 나오는 것만 같다. 적당히 유능하고 적당히 부정직하게, 죄책감 따위에 발목 잡히지 않고 성공한 예외적 여성인 이 교수는, 곤경에 처한 젊은 여성들을 볼 때면 냉소적 독백을 날리고는 한다. "여학생드을! 알아서 살아남는 거야."

나의 안전과 당신의 안전

21세기의 대한민국에서 연탄가스 중독이나 뇌염·콜레라 같은 위험은 거의 사라졌다. 전쟁 위험도 낮아졌고 교통사고도 범죄율도 줄어들었다. 사회보장제도는 확충됐고 재해 대비도 충실해졌다.

그런데도 오늘날의 이곳을 안전하다고 느끼는 사람은 별로 없다. 안전마을, 안전사회, 안전도시, 여성안심귀가, 장기안심주택, 청년안심전세대출⋯⋯. 이토록 흔한 '안전'과 '안심'이란 구호는 역설적으로 그 갈망이 충족되고 있지 못하다는 사실을 알려 준다. '안전'은 어떻게 달성될 수 있을까. 가령 '안전'의 주체로 호명되는 '여성'을 위해서는 치안과 성평등이, '청년'을 위해서는 직업과 주거 공간이 갖춰지면 되는 것일까. 함께 '안전'해야 할 다른 주체들의 자리는 어디 있는가. '안전'을 우선시하는 한 정부와 국가의 개입을, 감시와 통제와 증명을 요청할 수밖에 없다는 문제는 어떻게 생각하면 좋은 것일까. 중산층이 되면 안전하리라 믿었던, 직업과 부동산과 가족 관계를 장착한 삶의 모델을 추구했던 개발독재 시대에서 우리는 얼마나 멀리 와 있는가. 중산층보다 훨씬 좁아진 안전지대에, 상위 20퍼센트에, 10퍼센트에, 1퍼센트에 진입한다면 내 생애는 안전할 수 있을까.

상당한 확률로, 응당 그럴 것이다. 고소득 정규직과 만족스러운 자가(自家)와 믿을 만한 가족 관계로 방비할 수 있다면 안전의 실감은 현저히 높아질 것이다. '당신'이, 나 아닌 80퍼센트가, 90퍼센트가, 99퍼센트가 어떻게 사는지는 대수롭잖아질 것이다. 빗장 건 구역(gated community)에서의 안전일 뿐이라고? '안전'의 기초는 통제와 방역이 아니라 신뢰와 공유여야 한다고? 전 지구적 재난이 임박해 있음을 생각한다면 더욱 그러하다고? 지당한 말씀이지만, 매일 절감하는 위험을 당장 어쩌란 말인가. 영화 〈마이너리티 리포트〉처럼 빅데이터를 수집해 잠재적 범죄자를 검속하는 일마저 해치워야 할 판인데⋯⋯. '안전'을 생각하다 보면 그렇잖아도 갈팡질팡

한 걸음새가 한층 어지러워진다. 여성과 청년과 난민과 빈민이 뒤죽박죽되고, 최소 장치와 최대 요구가 뒤섞이고, 자연과 사회가, 불공정과 재난과 범죄가 뒤얽힌다. 마치 1990년대 이후 한국 사회의 축도인 양, '안전'에는 극렬히 갈등하고 충돌하는 벡터가 동시에 작용하고 있다. 그러니 강화길과 정세랑을 조금 더 좇아가 보아도 좋겠다. 내부와 외부의 위험을 동시에 상대하고 있는 강화길을, 반성장의 문법에 접근 중인 정세랑을. 당신들 또한 시행착오를 거듭하겠지만, 나는 당신들을 "여학생드을!"이라고 부르고 싶어 하는 자에 불과하지만, 갇히지 말자. 당신도 나도. 2021년 봄

『**하용가**』

정미경 지음, 이프북스, 2018

소라넷 사건을 중심으로 21세기 한국 사회에서 '여성의 위험', '여성이 겪는 불공정'을 생생히 보여 주고 있는 소설이다. 강화길의 장편 『다른 사람』과 함께 읽으면 한동안 세상이 무시무시해 보일지 모른다.

『**나는 세상을 리셋하고 싶습니다**』

엄기호 지음, 창비, 2016

'당대를 바라보는 사회학적 시선'을 적극적으로 시도해 온 저자가 2010년대 한국 사회에 만연한 '차라리 리셋'의 분노를 조명한 책. '안전'에의 갈망을 설득력 있게 전달하면서도 그 확장과 사회화의 필요를 역설한다.

『자동화된 불평등』
버지니아 유뱅크스 지음, 김영선 옮김, 북트리거, 2018
『커밍 업 쇼트』
제니퍼 M. 실바 지음, 문현아·박준규 옮김, 리시올, 2020

불안한 빈자는 어쩌다 안전의 위협이 되었는가?:

21세기의 빈곤 통치

조문영

"안전은 권리입니다"

울산에서 돌아오는 차 안에서 제법 큰 간판을 봤다. "안전은 권리입니다." 2년 전 정부가 도입한 슬로건이라는데, 문구를 보자 포털을 들썩였던 한 사건이 떠올랐다. 「방 들어갔더니 침대엔 낯선 남자… 노숙인에 뚫린 산후조리원」이란 제목의 기사였다.* 출산 후 산후조리원에 머물던 한 여성이 방 안에 들어간 순간 "불쾌한 냄새"를 맡았고, "침대에 버젓이 앉아 있는 남성"과 눈이 마주쳤다. 놀란 여성은 비명을 질렀고, 조리원 관계자는 노숙인을 바로

---

* 김지혜, 「방 들어갔더니 침대엔 낯선 남자… 노숙인에 뚫린 산후조리원」, 《중앙일보》, 2020년 1월 11일 자.

내쫓았다. 여기가 어딘 줄 알고 들어왔냐고 다그치자 노숙인은 "추워서 들어왔다"고 말하고는 사라졌다.

당시 두 사람이 처한 상태를 되돌아본다. 둘 다 안전의 위협을 느꼈다. 조리원은 산모의 안정을 위해 가족의 출입까지 통제된 상태였다. 여성은 갈수록 집요해지는 성폭력 사건들을 몸이 떠올렸을 테다. 남성은 노숙자였다. 거리를 떠돌다 살을 에는 추위를 피할 곳을 찾았다. 각자는 '낯선 남자'와 '한기(寒氣)'라는 침입자와 마주쳤다. 그 순간에 느꼈을 공포의 경중을 비교하는 것은 불가능하다. 하지만 언어의 세계에서는 위계가 발생한다. 산모는 조리원의 미흡한 대처에 분노하며 인터넷 커뮤니티에 사정을 알렸고, 기자는 산후조리원이 노숙인에 "뚫렸다"는 기사를 작성했다. 허술한 보안을 질타하고 감염 위험을 상기시키는 댓글이 쌓여 갔다. 그사이 신원미상의 노숙인은 남성, 야만, 오염으로 언어의 세계에 잠시 등장한 뒤 사라졌다. 그의 행방을 묻는 이는 없다.

"안전은 권리입니다." 누구의 안전, 무엇으로부터의 안전을 권리로 인정할지 가지치기하고 경중과 위계를 셈하는 사이, 잠깐이나마 그럴듯해 보였던 문구가 너덜너덜해졌다. 가난한 사람들은 안전하지 않다. 생존의 극한에 쉽게 몰리다 보니 '권리'를 외치고 논박할 겨를이 없다. 춥고 배가 고파 자진해서 감옥행을 택하기도 한다. 커터칼이나 돌멩이를 들고 편의점에 '침입'해 강도 미수로 범죄자가 되는 기사가 심심찮게 등장한다. 일시적이나마 안전을 획득했다 해도 여전히 위태롭다. 안전할 권리를 외치는 '우리' 바깥에 머무는 한, '그들'은 '우리'의 안전을 위협하는 존재로 언제든 출몰할 수 있다.

2019년 1월 30일, '안전은 권리입니다'라는 안전보건공단의 새 슬로건을 발표하는 안전보건공단 박두용 이사장.(출처: 안전보건공단)

디지털 기술, 빈곤 통치의 진화

공공 부조는 '그들'과 '우리', '빈자'와 '비(非)-빈자'를 획정하는 통치술로 오랫동안 군림해 왔다. 자본주의 시스템이 외연을 갖추던 시기, 구미의 '사회적 빈곤' 담론은 빈곤을 풍요의 대립물로 간단히 위치시키는 대신 노동 계급과 일하지 않는 빈민을 구분하면서 '빈곤'과 '품행'을 자의적으로 연결해 냈다. 구빈원의 수용자부터 공공 부조의 수급자까지, 노동자가 되지 못했거나 노동자이기를 거부한 빈자들은 목숨을 연명할 정도의 지원을 받는 대가로 도덕적 낙인을 감수해야 했다. '그들'은 '우리'보다 단지 돈이 없는 게 아니라, 게으르고 방탕하며 위험하다는 식으로 말이다.

　'사회적 빈곤' 의제와 조응하여 등장한 지식과 기술의 복합체로서, 복지를 매개로 한 빈곤 통치는 자본주의의 취약함과 상관없이 승승장구했다. 금융과 기술이 자본 축적의 문법을 바꿔 내면서 노동의 수요가 줄어들고, 주기적인 경제 위기와 전염병 같은 예측 불허의 재난으로 삶의 불안정성이 모두의 화두가 된 시대에도 '빈자'와 '비-빈자'를 분리하는 장치는 여전히 유용해 보인다. 정부는 '그들'을 구분하고 관리하는 목적으로 고용을 창출하고, 불안한 시민은 내 인생이 비루해도 '그들'이 되지 않았다는 데 안도하고, 점증하는 폭력의 원흉으로 좀비 같은 자본주의 대신 '그들'을 곧잘 지목한다. '그들'의 권리를 주장하면서 '그들'과의 연대를 호소하는 사회 운동은 딜레마에 빠질 수밖에 없다. '우리'는 '그들'과의 분리를 통해 안정을 얻기 때문이다. '우리'는 '그들'을 의심하고, 멸시하고, 피하고, 동정하고, 돕고, 관리할 수 있을 뿐이다. '그들'은 '우리'의 바깥에 머물러야 한다.

『자동화된 불평등』은 '그들'과 '우리'를 가르면서 가난한 사람들의 고립과 형벌화를 부추기는 기제로 첨단 기술을 겨냥한다. 오랫동안 빈곤과 기술에 관해 연구해 온 정치학자 버지니아 유뱅크스(Virginia Eubanks)는 디지털 기술에 기반한 추적과 자동화된 의사 결정이 2000년대 이후 미국의 빈곤 관리 기술을 어떻게 변화시켰는지 추적한다. 그에 따르면, 이 새로운 빈곤 통치는 19세기 이후 이어져 온 도덕주의적이고 처벌적인 관리 전략을 지속하고 확대한다는 점에서 "혁명이라기보다는 진화에 가깝다."(『자동화된 불평등』, 66쪽) 가난한 미국인들이 19세기에 지방자치단체의 구빈원에 격리되었다면, 20세기에는 사회복지사의 조사를 받으며 죄인 취급을 받았고, 21세기에는 데이터베이스, 알고리즘, 위험 모형에 기반한 '디지털 구빈원'에 갇혔다는 것이다. 서론부터 주장이 과하게 명쾌하고 단도직입적이라 숨이 가빴지만, 개별 사례 분석이 두터워 독서 초입의 의구심이 어느 정도 해소됐다.

디지털 구빈원의 의사 결정

유뱅크스가 미국 빈곤 통치의 역사를 개괄한 뒤 분석한 데이터 기반 기술의 세 가지 사례를 간단히 살펴보자. 우선, 2006년 인디애나주는 복지 서비스 신청을 온라인으로 받아서 각종 정보를 점검한 뒤 혜택 수준을 정하는 '복지 수급 자격 현대화 실험'을 단행했다. 이 실험은 복지 수급 자격 판정 과정의 민영화와 자동화를 동시에 추진했다. 정부는 입찰에 나선 기업이 수급자의 '의존성'을 줄이는 데 협조하고, 허위 진술을 적발해 수급자를 줄일 것을 공개적으로 요구했다. 결과는 참담했다. 온라인 신청이 익숙하지 않은 사람들이 수신자 부담 전화 예약에 수일을 매달렸다. 팩스로 전송된 증명 서류가 디지털 사례 서류철에 제대로 첨부되지 않으면서 오류가 급증했다. 입찰자 IBM은 계약상에 명문화된 적시 처리 건수를 높게 유지하기 위해 수급 신청을 대량 거부한 뒤 상습적으로 재신청을 종용했다. 이유를 명확히 밝히지 않는 협조 불이행 통지문이 날아들고 수급이 끊길 위험에 처했을 때, 자초지종을 물어볼 사회복지사들은 민영화 과정에서 해고된 뒤였다. 데이터 오류와 서비스 결함 문제가 속출하면서 2010년 인디애나주와 IBM 간의 소송이 시작되고, '현대화 실험'은 한 수급자의 표현대로 "끔찍하고, 끔찍하고, 끔찍한"(『자동화된 불평등』, 84쪽) 실패로 끝났다.

　인디애나주의 자동화 계획이 수급자 축소라는 분명한 목표 아래 추진되었다면, 2013년 로스앤젤레스의 노숙인 전자등록시스템은 전산화된 알고리즘을 활용해 노숙인들을 적절한 지원과 연결해 주기 위해 도입되었다. 노숙인들에게 주택을 제공한다는 정부 취지에 공감한 NGO와 공익 재단도 힘을 보탰다. 한때 노숙인 서비스의 "Match.com"이라 불리며 인기를 끌던 프로그램에 대해 한 노숙자가 "난 단지 이 세상에 존재한다는 이유만으로 범죄자"(『자동화된 불평등』, 198쪽)라며 좌절감을 내비친 연유가 뭘까? 유뱅크스는 주거 지원을 위한 공적 투자는 미미한데 정보가 과다 취합되는 현실에 주목한다. VI-SPDAT(취약성 지수 및 서비스 우선순위 결정 지원 도구) 검사에 응한 노숙인들은 사회보장번호, 이민자 신분, 약물 남용 이력 등 온갖 정보를 제공하고, 이 정보는 정부, 병원, 재활센터, 대학, 경찰청 등 여러 기관에 공유된다. VI-SPDAT 검사에서 (노숙인들의 생존 방책이기도 한) 불법 행동을 인정하면 영구지원주택 배정에서 더 높은 순위를 차지할 수 있지만, 범죄인 조사에 노출될 확률도 그만큼 커진다. 수만 명의 노숙인들이 보기에, 이 시스템은 자신들의 동향을 추적하기 위해 민감한 데이터를 수집하지만, "그 대가로 아무것도 내놓지 않는 것 같다."(『자동화된 불평등』, 179쪽)

유뱅크스는 로스앤젤레스의 노숙인 전자등록시스템이 "감시 대상을 정한 후 데이터를 수집하는 것이 아니라, 데이터를 수집한 후 감시 대상을 정한다"(『자동화된 불평등』, 191쪽) 점을 강조하는데, 데이터 기반 감시 시스템의 위험성은 마지막에 소개된 아동학대 선별 작업에서 가장 적나라하게 드러난다. 2016년 펜실베이니아주 앨러게니카운티는 어떤 가정의 아이가 장차 학대나 방치의 희생자가 될지 예측해 주는 '아동학대가정 선별도구(AFST)'

도심 곳곳의 CCTV를 모니터링하는 모습.(출처: 위키피디아)

를 제작했다. 아동학대 의심 신고가 접수되면 상담 센터 직원들은 AFST의 위험 예측 점수를 보고 조사 개시 여부를 결정한다. 최근 공분을 산 '정인이 사건'에서 보듯 아동학대는 심각한 범죄이지만, "아이를 안전하게 지키기 위한 정부의 적절한 역할이 무엇인지는 단순한 문제가 아니다."(『자동화된 불평등』, 203쪽) 정확히 무엇이 방치나 학대에 해당하는가? 불량 음식, 형편없는 주거, 부모가 일하는 동안 방치되는 아이 등등 "가난한 가정이 흔히 겪는 많은 어려움이 공식적으로 아동학대로 규정된다"(『자동화된 불평등』, 204쪽)고 유뱅크스는 말한다. 공공서비스 이용 내역을 바탕으로 구축된 데이터웨어하우스는 애초부터 가난한 유색인 노동자 계층을 겨냥했다. 베이비시터, 민간 치료사, 고급 재활 센터에 아이를 맡기는 전문직 중산층 가정에 데이터를 요구하는 사람은 없다. AFST는 인간의 결정을 돕는 도구이지만, 전산화된 점수의 권위, 아동의 생명이 위태로울지 모른다는 경계심, 책임을 피하려는 심리가 뒤얽히면서 알고리즘이 상담 직원들을 "길들이고 있는"(『자동화된 불평등』, 221쪽) 것처럼 보인다.

빈곤의 형벌화와 개인화

(책의 부제이기도 한) "첨단 기술은 어떻게 가난한 사람들을 분석하고, 감시하고, 처벌하는가"에 답하기 위해 저자가 정책과 기술, 복지 종사자나 치안 담당자와 빈자의 얽힘을 배치하는 방식은 때로 난삽하다. 트럼프에 익숙하나 미국을 '겹'으로 들여다본 적이 없는 독자를 배려하는 글쓰기는 아니다. 까다로운 심사와 서류 작업에서 빈자를 구출하기 위해 기술 혁신이 도입된 사례도 적지 않다는 점에서, 이 책에서 빈곤과 기술의 관계를 다루는 방식은 지나치게 단선적이다. 그럼에도, 가난한 사람들의 '안전'이 아니라 이들이 초래할 '위험'을 문제 삼는 오랜 빈곤 통치에 데이터 기반 기술이 도입되었을 때 어떤 사태가 벌어지는지 집요하게 파고든다는 점에서 이 책은 곱씹을 가치가 있다. "인간을 알 수 없는 블랙박스로, 기계를 투명한 것으로"(『자동화된 불평등』, 260쪽) 바라보는 기술 맹신 덕택에, 빈곤의 개인화와 형벌화를 경계하던 고삐가 풀렸다.

한국에서도 보건복지부가 삼성SDS와 함께 사회복지통합전산망 '행복e음' 시스템을 구축한 게 2010년이다. 애초부터 부정수급자를 걸러 내겠다는 각오로 도입된 기술 '혁신' 이후 각종 오류가 속출하면서 수급 중지 사태가 벌어졌고, 부양의무자 '적발'로 수급에서 제외된 사람들이 스스로 목숨을 끊었다. 코로나19로 민간 급식소가 문을 닫자, 서울시는 공공 지원을 확대하기는커녕 노숙 이력을 조회할 수 있는 전자식(RFID) 회원증 제도를 도입해 밥을 탈 '자격'이 있는 빈자를 가려내는 꼴불견을 연출했다.

물론 한국의 기술-복지 통치는 빈곤의 형벌화를 노골적으로 추진하는 대신 자산조사를 통한 부정수급 관리에 주력하는 모양새다. 단, '아직은'이란 단서를 덧붙여야겠다. 이 책에서 다룬 미국의 제도와 실험이 '첨단', '선진', '효율' 같은 (우리 사회가 환대하는) 수사를 등에 업고 수입될 가능성을 배제할 수 있을까? 실제로 로익 바캉(Loic Wacquant)은 ('함께 읽기'에 소개한)『가난을 엄벌하다』에서 미국산 형벌적 빈곤 통치의 가공할 전파력을 경고한 바 있다. 복지 예산 대신 사설 교정 시설을 늘리고 국가 처벌주의를 강화하는 미국 시스템이 '보편적' 경로처럼 인식되어 유럽에 급파된 현실을 신랄하게 꼬집었다.

디지털 기술을 매개로 한 빈곤의 형벌화 역시 같은 행보를 밟지 않으리라고 장담할 수 없다. 이미 2019년 10월 UN은『디지털 기술, 사회 보호와 인권』이라는 제목의 특별 보고서를 만들어 전 세계적으로 확산 중인 "디지털 복지국가"의 위험성을 경고했고, 이에 맞춰《가디언》은 '자동화된 빈곤(Automating Poverty)' 특집을 통해 영국, 호주, 인도에서 알고리즘이 빈민을 처벌하는 정황을 자세히 소개했다. 한국은 예외 지대로 남을까? 국가가 버려진 삶을 땜질하는 식의 공공 부조로 빈자를 고립시키고, 미디어가 특정 개인의 폭력을 전시하면서 빈곤과 범죄를 한 쌍으로 묶어 내고, 불안한 시민이 타자를 불온시하는 방향으로 '안전 감수성'을 극대화하는 상황이라면? 안전을 향한 '우리'의 집단 욕망이 '그들'을 감금하기 위해 '디지털 구빈원'을 자발적으로 소환할지도, 그렇게 등장한 구 빈원이 (유뱅크스가 경고한 대로) 어느 순간 우리 모두에게 감시망을 뻗 칠지도 모를 일이다.

요컨대,『자동화된 불평등』은 '그들'과 '우리'를 가르면서 연 대를 끝장낸 결과가 가난한 사람들에게 얼마나 참혹했는지 돌아 보게 한다. 이 과정은 '자동화'를 통해서가 아니라 매 순간 누군가 의 결정을 통해 진행됐다는 점에서, '자동화된 불평등'이라는 책 의 제목은 부분적 진실만을 전하고 있다. 홍기빈이 해제에 썼듯, 두 려워해야 할 것은 빅데이터와 인공지능 같은 기술이 아니라 "우리 자신"(『자동화된 불평등』, 347쪽)이다.

자기 단절과 자기 구원

『자동화된 불평등』에서 가난한 사람들의 목소리는 응집되지 않는 다. 정책의 불합리성을 고발하는 증언자를 찾아 유뱅크스가 이동 하는 곳은 집회 현장이 아니다. 그는 노숙자의 임시 숙소나 수급자 의 집을 찾아다니며 억울한 개인 또는 가족을 만난다. 그나마 인디 애나주에서는 수급 자격을 박탈당한 사람들이 모이기라도 했지 만, 가난한 사람들은 대개 혼자 남아 감당하지 못할 짐을 진다. 숨 죽인 채 살면서 아동학대 감시자의 시선을 피하려 할 뿐, 자신이 왜 명확한 이유 없이 가해자 혐의를 받아야 하는지 적극적으로 묻 지 않는다.

이들의 성장 과정을 들여다보는 게 침묵을 이해하는 한 통로 가 될 수 있겠다 싶어 다른 책을 짧게 소개하겠다.『커밍 업 쇼트』

는 가난을 벗어나는 게 오로지 개인의 숙명이자 과업이 된 미국 노동계급 청년들의 삶과 서사를 탐색한 책이다. "커밍 업 쇼트(coming up short)", 애를 썼으나 기대에 미치지 못한다는 의미이다. "불확실한 시대 성인이 되지 못하는 청년들 이야기"란 친절한 부제가 낯선 외국어를 전면에 배치한 당혹감을 보완해 준다.

사회학자 제니퍼 M. 실바(Jennifer M. Silva)는 글로벌 금융위기가 미국을 삼킨 2008년부터 2년간 매사추세츠주의 쇠퇴한 산업 도시에서 살아가는 노동계급 청년 남녀 100명을 인터뷰했다. 불안이 미래를 집어삼킨 시대에 '성장'이란 어떤 의미인가? 졸업, 결혼, 승진, 출산 등 성인기에 이르는 통상적인 기준을 충족할 수 없을 때 성인이 된 이야기란 어떻게 가능한가? 가족 배경과 관계, 일자리, 교육, 생애 경험과 미래상 등 다양한 주제를 엮어 인터뷰한 결과, 실바는 청년 남녀의 성인기가 기존의 주장처럼 단순히 (시기적으로) 지연되는 게 아니라고 결론짓는다. 오히려 청년들 사이에서 성인기는 "극적으로 새롭게 상상되고 있다."(『커밍 업 쇼트』, 33쪽)

이 상상은 폐색(閉塞)적이다. 노동에 대한 기대치를 낮추고, 연애나 결혼에 헌신하지 않고, 사회 제도를 불신하고, 타인과의 연결을 거두고, 감정과 정신 건강에 집중하는 태도가 이들의 성인기 자아를 압박붕대처럼 잔뜩 조이고 있다. 안전한 성인의 삶을 꾸릴 수 없게 하는 장애물을 설명할 때조차, 인터뷰 참여자들은 정치를 언급하기보다 감정을 붙들지 못한 자신과 가족에 관해 이야기한다.

'신자유주의'와 '청년'의 콜라보로 쉽게 예측 가능한 4장과 5장보다 친밀함의 수행성을 다루는 3장이 더 흥미롭다. 저자는 실직,

질병, 장애 같은 충격을 온전히 개인이 책임져야 하는 시대에 친밀함이 '리스크'로 인식된다는 점을 통찰한다. 노동 계급 청년들은 종국에 실패할지 모를 관계에 시간, 감정, 에너지를 쏟아붓는 데 조심스럽다. 성 역할이 구분된 전통적 가정을 꾸리고 싶다는 포부나 무드 경제mood economy에 편입해 내면의 자아를 키워 내겠다는 열망을 내비치지만, 경제적 여력이 없다 보니 금세 좌절된다. 실망감을 덜기 위해 (자신을 배신하지 않을 거란 기대로) 아이에게 헌신하지만, 이 역시 쉽지 않다. 결혼이 "안정된 결말"이 아니라 "끝없는 협상"이 된(『커밍 업 쇼트』, 138쪽) 사람들이 『자동화된 불평등』에 등장한, 중산층 핵가족의 자녀 돌봄을 이상화하면서 법원 기록, 이혼 서류, 출생 기록, 소셜미디어 등 모든 정보를 추적해 아동학대를 선별하고 예측하는 감시 체제를 비껴갈 도리가 있을까?

실바가 만난 청년들은 주택, 교육, 고용, 금융 등 거의 모든 영역에서 구조적인 차별을 겪어 왔지만, 이들의 인터뷰를 관통하는 것은 "자립과 원자화된 개인주의"(『커밍 업 쇼트』, 160-161쪽)의 서사다. "어린 시절 경험한 '병리적인' 가족 패턴에서 벗어나 건강하고 강인한 자아를 창출"(『커밍 업 쇼트』, 37쪽)한 여정이 자신의 전기(傳記)가 되길 소망하고, 좌절을 겪을 때마다 불평등을 겨냥하는 대신 "(내가) 혼자 힘으로 살아남았으니 남들도 그래야 한다"(『커밍 업 쇼트』, 161쪽)고 말한다. 사회 안전망 없이 홀로 버텨온 청년들은 '성인됨'을 (제 삶의 부담이었을 뿐인) 의존이나 연결을 거부하는 과정으로 받아들인다. "신자유주의의 헤게모니 논리가 근본적으로 도전받기보다는 재차 긍정되는 것이다."(『커밍 업 쇼트』, 207쪽)

불안이 불안을 마주할 때

불안한 빈자는 어쩌다 안전의 위협이 되었는가?『자동화된 불평등』이 빈곤의 형벌화와 빈자의 고립을 극한까지 밀어붙인 기술-복지 체제의 섬뜩함을 보여 주었다면,『커밍 업 쇼트』는 어긋난 시스템에 대한 문제 제기 대신 자기 치유와 극복에 매달리는 뒤틀린 절박함을 비춘다. 자기 삶의 불안을 감수한 채 자기 구원의 서사를 통해 '안전'을 확보하려는 노력은 가난한 사람들을 더욱 취약하게 만든다. 그런데 이들만 그런가?

『커밍 업 쇼트』에서 실바는 경쟁에서 유리한 위치를 선점하는 데 필요한 기술, 지식, 자원, 사회 연결망을 획득한 중간 계급과, 성장 과정에서 줄곧 "제도의 방해"(『커밍 업 쇼트』, 97쪽)와 맞닥뜨리면서 무력감을 학습한 노동 계급을 구분한다. '커밍 업 쇼트'는 후자에 국한된다. 하지만 이 책을 읽으며 함께 떠올린 한국 청년들의 풍광에서 계급은 수면 위로 번쩍 솟기도, 구름에 잔뜩 가리기도 했다. "체계의 규칙에 익숙하지 않아 구조적인 불리함을 안고 시작"(『커밍 업 쇼트』, 99쪽)한 성장 이야기에서는 (기본값이 수도권 대학생인) '청년' 바깥의 청년을 떠올렸다. 그러다, 감정을 붙들기 위해 발버둥치고, 헌신하는 관계를 리스크로 인식하고, 스스로 다그치는 검열자의 시선으로 타인마저 포획하는 모습에서는 이 시대 청년, 아니 인간 군상과 마주했다.

불안한 삶들이 표류하는 세계다. 불안이 다른 불안을 마주하지 못할 때, 구조적 배제로든 자동화 기술로든 멀리하고 밀어낼 때, '안전'은 '위험'과 동의어가 된다. 자기 구원에 매몰된 인간들의 헛된 노력을 탓할 것이 아니라, 한국어판 서문에서 실바가 던진 질문을 모두의 화두로 곱씹는 편이 낫겠다. "전 지구적 불안과 정치적 격변으로 흔들리는 시대에 괴로움을 겪고 있는 사람들에게 고통이 집단적 동원의 수단이 될 수 있을까? 우리는 자기 단절이나 방어적인 고립에 맞설 제도들을 건설할 수 있을까?"(『커밍 업 쇼트』, 13쪽)

2021년 봄

『아이들의 계급투쟁』

브래디 미카코 지음, 노수경 옮김, 사계절, 2019

영국의 이주민 보육사 미카코가 탁아소에서 발견한 '소셜 아파트르헤이트'의 풍경. 아이들의 장소에서 펼쳐지는 안전의 계급화와 이주민-빈자의 적대가 통렬하다.

『가난을 엄벌하다』

로익 바캉 지음, 류재화 옮김, 시사IN북, 2010

신자유주의적 세계화와 시장 규제 완화, 복지 국가의 쇠퇴와 형벌 국가의 성장이 연쇄 작용하면서 빈자의 감옥행을 종용한다. 미국이 호루라기를 불었고, 유럽이 곧바로 화답했다.

『검색되지 않을 자유』

임태훈 지음, 알마, 2014

인간을 예측 가능하도록 품종 개량하는 빅데이터 기술을 비판한다. "나는 당신을 알지 못한다"는 잠재성을 디지털 기술 시대의 새로운 윤리로 제안한다.

4부   21세기 자본주의를 읽다

『감시 자본주의 시대』

쇼샤나 주보프 지음, 김보영 옮김, 노동욱 감수, 문학사상, 2021

실리콘밸리가 만든
새로운 자본주의 시스템

박상현

〈소셜 딜레마〉 속 그 책

약 7-8년 전에 실리콘밸리를 중심으로 생겨난 자그마한 산업 하나가 요즘 빠르게 성장하고 있다. 이 산업은 디지털 기술이 인간에게 커다란 해악을 끼치고, 더 나아가 인류 사회를 파멸로 이끌고 있다고 경고하는 각종 강연과 저술 활동, 방송 출연 등으로 이루어져 있고, 대개 실리콘밸리의 (지금은 대기업으로 성장한) 스타트업에서 일했던 사람 수십 명이 주도하고 있다. "인공지능은 인류에게 핵폭탄보다 더 위험하다"라고 경고하는 테슬라의 현직 CEO 일론 머스크 같은 사람도 있기는 하지만, 여기에서 말하는 '경고 산업'에 속한 사람들은 대부분 실리콘밸리의 테크 기업에서 일했거나, 현재 일하고 있는 사람들이다.

유튜브의 추천 알고리즘을 만든 기욤 샤슬로, '무한 스크롤'을 만들어 낸 에이자 라스킨, 가상현실의 창시자 재론 래니어 같은 사람들이 이 그룹의 구성원이지만, 누가 뭐래도 이 그룹을 대표하는 인물은 트리스탄 해리스다. 구글 지메일 개발팀의 일원으로 일하던 중 이메일의 중독성을 경고하는 메시지를 담은 슬라이드를 사내 이메일로 퍼뜨렸다가 사내에서 '디자인 윤리 담당'이라는 타이틀을 받아 일했던 인물이다. (나이 든 세대라면 영화 〈제리 맥과이어〉에서 톰 크루즈가 연기했던 주인공 제리도 비슷한 일을 했다는 것을 기억할 수도 있다. 하지만 제리는 종이에 인쇄한 문서를 사내 우편함에 넣었고, 바로 해고되었다. 요즘 기업이라면 함부로 그렇게 못하겠지만, 영화의 배경은 소셜미디어가 없던 1990년대였다.) 그런 트리스탄 해리스가 이 그룹을 대표한다고 말할 수 있는 이유는 이와 관련해서 가장 활발한 활동을 하고 있고, 정작 해리스 본인은 아직 책 한 권도 쓰지 않았음에도 불구하고 거의 모든 관련 서적에 그의 이름이 언급되기 때문이다. (책을 쓰지 않은 공자와 부처, 예수와 소크라테스를 생각해 보면, 새로운 운동을 할 때 중요한 건 책 저술보다 열성적인 팔로워 만들기일지 모른다.)

이들의 주장을 가장 쉽게 요약해서 이해할 수 있는 방법은 넷플릭스가 2020년 9월에 공개한 다큐멘터리, 〈소셜 딜레마〉를 보는 거다. 이 다큐멘터리에는 트리스탄 해리스를 필두로 앞에서 말한 사람들이 인터뷰이로 등장해서 실리콘밸리를 고발한다. 게다가 다큐멘터리이지만 한 가족의 이야기가 액자 구성으로 삽입되어 인터뷰이들이 경고한 내용이 실제 생활에 일어나는 모습을 영국 드라마 〈블랙 미러〉 스타일의 픽션으로 흥미롭고도 섬뜩하게 보여 준다. 〈소셜 딜레마〉의 제작진은 이 다큐멘터리를 제작하면서 하버드 경영대학원 명예교수 쇼샤나 주보프(Shoshana Zuboff)가 쓴 책『감시 자본주의 시대』를 읽었던 것 같다. 주보프가 인터뷰이로 등장할 뿐 아니라, 액자 속 드라마에 등장하는 가정에서 이 문제에 가장 '깨어 있는' 고등학생 딸아이가 이 책을 읽고 있는 장면이 등장하는 것을 보면 말이다.

21세기 프로메테우스

〈소셜 딜레마〉는 그 자체로 훌륭한 다큐멘터리이고, 주보프의 주장에 동의하는 것도 사실이지만,『감시 자본주의 시대』의 주요 관심사는 전혀 다른 곳에 있다.

〈소셜 딜레마〉에 등장한 인터뷰이 대부분은 자신이 일했던 대기업에서의 직책 앞에 '전직'이라는 단어를 붙인 채 등장해서 그 기업들을 비판한다. 즉, 이들은 자신이 일했던 기업에서 자신이 만들어 낸 알고리즘의 폐해를 비판하는 것이다. 그중에는 초기에 그 기업에 참여하거나 투자해서 큰돈을 번 (가령 페이스북에 투자한 냅스터 창업자 숀 파커 같은) 사람들도 있고, 그렇지 않았어도 그들이 비판하는 바로 그 시스템을 만들어 낸 사람들도 있다. 그랬던 사람들이 기업에서 나와 자신이 만들어 낸 문제를 경고하는 것을 두고 북한의 사상 체계를 만들고 가르치며 살다가 말년에 권력 투쟁에 밀려 남한으로 망명한 뒤 북한 체제를 비판하던 어느 탈북 정치인의 행동처럼 볼 필요는 없다. 왜냐하면 소셜미디어와 검색엔진의 알고리즘은 기업의 핵심 기술이기 때문에 일반 사용자들이 들여다볼 수 없고, 오로지 그걸 만든 사람의 증언만으로 실체를 확인할 수 있기 때문이다.

가령 『대량살상 수학무기』의 저자 캐시 오닐은 알고리즘에 입력되는 빅데이터가 얼마나 편향되고 불완전한지는 데이터를 직접 본 사람들만이 알 수 있다고 설명한다. 하지만 단지 사람이 아닌 기계가 내놓는 결과라는 이유로 일반인들은 알고리즘에 편견과 차별이 없을 거라고 생각한다. 그런데 이런 내용을 설명해 주려면 그런 알고리즘을 만드는 데 직접 참여한 오닐 같은 인물이 필요한 것이다. 신에게서 불을 훔쳐 인간에게 돌려준 인물 역시 또 다른 (티탄의) 신 프로메테우스였다는 사실을 떠올려 보면, 우리 인간들에게는 그런 '선한 배신자'가 필요할 때가 있다.

하지만 그들이 훔쳐 전해 준 불, 전달받은 비밀이 과연 얼마나 정확하고 요긴한 도구인지는 한번 생각해 봐야 한다. 현재 테크 대기업들과 관련한 일반적인 논의는 크게 두 가지 카테고리로 나뉜다. 하나는 개인정보, 즉 프라이버시의 문제이고, 다른 하나는 기업들의 독점 문제다. 미국의 의회가 테크 기업의 CEO들을 불러서 청문회를 열거나, 넷플릭스에서 다큐멘터리를 만들어 살펴보는 사안들은 궁극적으로 이 두 문제에서 비롯된다. 테크 기업들은 지난 10여 년 사이에 너무나 커졌고, 우리에게서 매우 많은 정보를 가져가고 있으며, 그 결과 개인과 사회를 상대로 민주적으로 선출된 정부보다 더 큰 권력과 영향력을 휘두르고 있다는 주장이다.

이는 타당하고, 유효하고, 중요한 주장이다. 하지만 이 주제와 관련해서 쇼샤나 주보프가 하는 가장 핵심적인 기여는 위의 두 카테고리를 넘어선, 훨씬 더 근본적인 분석에 있다. 그의 말처럼 "구글이나 페이스북의 독점을 저지하라는 요구는 더 많은 소규모 감시 자본주의 기업이 설립되게 만들"(51-52쪽) 뿐, 상황은 달라지지 않는다. 다섯 개의 대기업이 사용자들을 독점적으로 감시하느냐, 아니면 서로 경쟁하는 오십 개의 기업이 사용자를 감시하느냐의 차이일 뿐이다. 왜냐하면 실리콘밸리의 테크 기업들이 작동하고 이윤을 내는 방식, 즉 비즈니스의 토대 혹은 하부 구조는 동일할 것이기 때문이다.

이 표현에서 마르크스주의의 냄새가 난다면, 그건 저자인 주보프가 굳이 숨기지 않았기 때문이다. 주보프가 이 책, 『감시 자본주의 시대』로 19세기에 쓰인 마르크스의 『자본론』을 대체할 야심을 품었는지는 모르지만, 저자는 마르크스가 생각(했고 적어도 20세기 중반까지는 유효)했던 자본주의의 근간이 되는 '잉여노동(surplus labor)'을 대체할 '행동잉여(behavioral surplus)'라는 기가 막힌 표현을 들고나왔다.

다시 쓰는 자본론

주보프가 앞서 말한 다른 인터뷰이들과 다른 접근을 하거나 할 수 있는 이유는 대부분 프로그래머 출신인 그들과 달리 노동과 자본주의의 역사를 연구하는 학자이기 때문이다. 대부분의 비평가들에게 구글과 페이스북의 비즈니스 모델은 사용자 개인정보를 바탕으로 한 '광고업'이다. 따라서 이들에게 문제의 핵심은 개인정보를 얼마나 가져가느냐, 광고 산업을 얼마나 독점하고 있느냐일 수밖에 없다. 다시 말하지만, 이건 분명히 심각한 문제다. 전 세계 디지털 광고의 70퍼센트를 구글과 페이스북, 아마존이 가져가는데, 그럴 수 있는 것은 그들의 타기팅이 그만큼 정확하기 때문이고, 그렇게 정확할 수 있는 이유는 그만큼 사용자 정보를 많이 가져가기 때문이다. 하지만 이 말은 곧, 그들의 분석이 20세기에 사용되던 자본주의 작동 방식의 틀 안에 있다는 뜻이기도 하다.

그들과 달리 주보프가 끼고 있는 '자본주의 역사'라는 안경을 통해서 보면 21세기의 테크 대기업들은 전혀 다른 게임을 하고 있다. 대부분의 자본주의 역사가와 마찬가지로, 주보프는 포드를 대량생산을 바탕으로 한 20세기 자본주의의 대표적인 모델이자 개척자로 생각한다. 그리고 그가 이론화한 '감시 자본주의'의 대표적인 모델을 만들어 낸 기업은 구글이다. 이 점에 대해 주보프는 책의 초반부터 조금의 주저함도 없이 분명하게 "감시 자본주의는 미국, 그중에서도 실리콘밸리, 특히 구글에 의해서 창안되었다"(52쪽)라고 주장한다. 그렇게 구글에 의해 탄생한 감시 자본주의의 방법론을 페이스북과 마이크로소프트, 그리고 아마존이 차례로 습득했고, 애플은 그 모델을 두고 조직 내외로 갈등을 겪는 기업으로 묘사된다.

이렇게 포드의 대량생산 기반의 경영 자본주의(managerial capitalism)와 사용자 파악(감시)을 기반으로 한 구글의 감시 자본주의(surveillance capitalism)를 양쪽에 놓고 비교하는 주보프의 설명은 명쾌함을 넘어서 흥미진진하다. (마르크스의 『자본론』을 읽었거나 읽으려고 시도했던 독자들은 주보프의 책을 두고 긴장할 필요가 없다. 풍족한 21세기 미국 아이비리그 경영대학원 교수의 글쓰기는 19세기 런던의 작은 아파트에서 가난과 병에 시달리며 자본주의를 들여다보던 독일 학자의 글쓰기와 전혀 다르다.) 하지만 명쾌한 분석의 결과, 이 책에서 예측하는 우리의 미래는 19세기에 이루어진 자본주의 분석만큼이나 어둡다.

주보프는 19세기에 등장한 산업 자본주의가 사람들이 들판에서, 집에서 하던 행동을 시장 안에서 하는 '경제적인' 행동으로 바꿔 버린 것처럼, 감시 자본주의 안에서 사람들이 하는 행동은 전부 '행동 데이터'로 전환되어 사람들, 아니 '사용자들'이 미래에 할 행동을 예측하고 유도하는 작업에 사용된다고 주장한다. 이는 사회적으로 민주주의의 근간을 흔들 뿐 아니라, 스스로 판단하고 행동하는 개인성(individuality)을 지워 버리는 "위로부터의 쿠데타(coup from above)"(49쪽)다.

그리고 그 핵심에 '데이터 배기가스(data exhaust)'가 존재한다. 우리가 온라인에서 일상적인 활동을 하는 과정에서, 아니 이제는 그저 모바일 기기를 들고 다니기만 해도 발생하는 위치 정보, 네트워크 정보, 임시 파일, 로그 파일, 쿠키처럼 그다지 중요하게 생각하지 않았던 데이터가 그것이다. 한때는 중요하지 않게 생각했던 찌꺼기 데이터를 정제하고 분석하면 자신들의 서비스를 훨씬 더 정확하고 정교하게 다듬을 수 있음을 알게 된 기업이 바로 구글이다.

행동잉여를 먹고 자라는 감시 자본주의

그런데 여기에서 기업의 서비스를 개선한다는 말에는 모호성이 있다. 페이스북 사용자라면 처음 가입한 직후에 '당신이 알 수도 있는 사람들'이라며 페이스북이 제안한 친구 맺기 목록을 보면서 깜짝 놀랐던 기억을 갖고 있을 거다. 페이스북에 가입할 때 사용한 이메일 계정에 있는 모든 연락처를 페이스북에 제공하는 데 동의하는 것처럼 어설픈 행동 따위는 하지 않았는데도 직장에서 혹은 개인적으로 알고 있는 사람들, 심지어 기억도 가물가물한 옛 친구까지 주르륵 친구 맺기 추천 목록에 등장한다. 이게 가능한 이유는 나와 이메일을 주고받은 사람들이 자신의 이메일 연락처를 페이스북에 줘버렸기 때문이다.

페이스북이 내가 일일이 친구를 찾는 수고를 덜어주는 것을 '서비스 개선'이라고 생각하는 사람도 있을 거다. (물론 이들 중에는 마크 저커버그와 그의 엔지니어들도 포함된다.) 문제는 사용자에게 편리하도록 제품과 서비스를 개선하기 위한 데이터와 그렇지 않은 데이터를 구분하는 것이 불가능하다는 데 있다. 마치 자동차 엔진이 연료를 완전히 연소하지 못하고 내뿜는 배기가스처럼, 사용자 데이터 역시 서비스 개선에 사용되지 않고 남는 찌꺼기 데이터가 발생한다. 실리콘밸리에서는 이를 "데이터 배기가스"라고 부르지만, 주보프는 좀 더 세련된 표현으로 "행동잉여"라는 말을 사용한다.

마르크스의 이론에서 잉여노동은 자본가가 노동자들에게 정당한 대가 이상으로 짜내는 착취이고, 마르크스가 보기에는 이 잉여노동이야말로 자본주의를 작동하게 하는 핵심 요소다. 주보프의 감시 자본주의 시스템에서 잉여노동에 해당하는 것이 '행동잉여'다. 기업은 사용자들이 제품과 서비스를 사용하는 과정에서 만들어 내는 다양한 데이터와 개인정보 중에서 제품, 서비스의 개선에 사용되지 않는 데이터, 즉 행동잉여를 사용해서 광고의 타기팅을 정교화하고, 기업 혹은 광고주가 원하는 대로 사용자의 행동을 유도한다. 이렇게 행동잉여를 통해 수익을 창출하는 경제가 바로 감시 자본주의다.

기업들은 행동잉여를 사용해서 각 사용자의 성향을 파악하는 프로파일을 만들고, 끊임없이 들어오는 데이터로 이 프로파일을 무한히 정교하게 다듬어 간다. 이 프로파일은 각 사용자의 취향은 물론이고, 가장 취약한 지점을 보여 준다. 사람들은 공부나, 일, 가족과의 대화에 좀 더 많은 시간을 쓰고 싶어 하지만 플랫폼 기업들은 사람들이 폰을 집어 들게 하고, 웹브라우저를 켜게 만드는 방법을 안다. 어떤 사용자가 유튜브 먹방에 빠지는지, 어떤 사용자가 틱톡 비디오나 인스타그램, 혹은 게임에 쉽게 무너지는지 잘 알고 있는 것이다. 앞서 언급한 트리스탄 해리스가 주장한 "기술이 인간의 강점을 넘어서는 단계가 오기 훨씬 전에 인간의 약점을 넘어서는 단계가 온다"라는 말이 이런 의미다. 실리콘밸리의 기업들은 수백만 명의 사용자들을 대상으로 수천 번의 실험을 통해 사람들의 심리적 저항을 최소화하고 중독이 발생하는 방법을 찾아낸다.

하지만 다른 비평가들과 달리 주보프는 이 모든 문제를 자본의 새로운 작동 방식으로 해석한다. 이제까지 존재했던 상업 자본주의, 대량생산 자본주의 등이 자신만의 이윤 추구 방식을 갖고 있었던 것처럼 감시자본주의는 행동잉여를 통해 이윤을 추구한다는 것이다. 기술과 경제적 논리를 구분해서 들여다봐야 우리가 처한 상황이 분명하게 보인다는 게 주보프의 주장이다. 감시 없이도 플랫폼 기업들은 존재할 수 있다. (구글은 처음부터 감시를 비즈니스 모델에 도입하지 않았다. 저자는 구글이 정확히 언제 '지킬 박사'에서 '하이드 씨'로 변했는지 자세하게 설명한다.) 데이터를 통한 감시 없이도 디지털 기술은 발전해 왔다. 하지만 반대로 감시 자본주의는 디지털 기술이 없이는 존재할 수 없다. 요즘 쏟아져 나오는 비평서들이 기술에 집중한다면 『감시 자본주의 시대』는 기술을 보는 동시에 경제적 논리에서도 눈을 떼지 않는다.

중국을 둘러싼 해석

이 책은 2019년에 출간됐다. 다른 때 같았으면 '최근에 나온 책'이라고 하기에 아무런 거리낌이 없겠지만, 지난 1년은 우리가 알고 있는 그 어떤 해와도 다른 한 해였다. 책이 출간된 후로 코로나19 팬데믹이 있었고, 미국과 중국 사이에는 무역 전쟁과 화웨이와 틱톡으로 대표되는 기술 전쟁이 있었다. (물론 이 글을 쓰는 시점에서는 이들 중 어떤 것도 끝나지 않았다.) 따라서 만약 주보프가 2019년에 이 책을 출간하지 않았다면 2020년에 일어난 일을 소화하고 반영하기 위해서 이 책의 출간은 몇 년 더 미뤄졌을지 모른다. 2020년 한 해 동안 세계는 그만큼 많이 변했다.

이 책이 만약 2022년, 혹은 2023년에 출간되었다면 어떤 부분이 달라졌을까? 모르긴 몰라도 중국을 이야기하는 부분은 지금보다 훨씬 보강되었을 것 같다. 하지만 지난 한 해 동안 일어난 일을 고려하지 않더라도 중국의 인터넷에 관한 부분이 지나치게 적다는 느낌을 지우기 힘들다. 세계의 권위주의 국가들이 서방 세계의 인터넷과 분리되는 '인터넷 분열화(splinternet)' 현상, 특히 중국의 만리방화벽(Great Firewall of China)* 정책은 이미 많이 진전된 상황이었기에 이 책이 단순히 미국 상황만 이야기하려던 게 아니었다면 좀 더 이 논의에 많은 분량을 할애할 필요가 있어 보인다. 그런데 이것이 개정판에서 보강하면 될 문제인지는 잘 모르겠다. 주보프의 책을 가지고 시작한 분석 틀이 중국 사회를 해석하기에는 그다지

---

* 중국 정부가 법적·기술적 방법을 동원해 자국의 인터넷망을 정부의 규제와 감시 아래 두기 위한 정책으로, 중국 내에서 구글 검색엔진, 페이스북, 트위터, 위키피디아 같은 독점 글로벌 서비스에 접근하지 못하게 하는 것이 대표적인 예이다.

적절해 보이지 않기 때문이다.

이 책의 후반부에서 주보프는 '도구주의(instrumentarianism)'라는 단어를 만들어 낸다. 이는 전체주의(totalitarianism)와 비교되는 개념으로, 위에서 말한 데이터를 통한 디지털 감시와 행동 유도를 통해서 사람들의 행동이 조종되는 체제를 말한다. 전체주의 권력이 물리적 폭력과 공포를 이용한다면 도구주의적 권력은 그럴 필요가 없다. 사람들의 생각과 행동이 조종되는 과정은 눈에 띄지 않기 때문이다. 물론 그 목표는 상업적 이익이다.

주보프는 이 모든 과정에서 감시 자본주의는 뒤에 숨어 있는 조종자이며, 이 조종자가 사용하는 디지털 도구는 전체주의 정권의 빅 브라더(Big Brother)와 구분되는 빅 어더(Big Other)라고 정의한다. 이 개념은 뒤이어 등장하는 중국 사회의 모습을 설명하는 데에도 유용하다. 중국 정부는 시장 개방 이후 극도의 사회적 불신(저자는 이를 "중국 사회에 만연한 불신이라는 유행병(pandemic)"(526쪽)이라고 표현한다. 코로나19 이전에 책이 나왔다는 점을 생각하면 흥미로운 우연이다.)을 극복하기 위해 감시와 행동 유도의 도구인 '빅 어더'를 사용하고 있다는 것이다. 이 설명이 틀렸다고 보기는 힘들지만, 중국이나 러시아 같은 국가에서 발견되는 빅 어더 뒤에 숨은 조종자를 감시 '자본주의'라고 할 수 있을까? 이윤을 추구하는 기업들이 주도하는 서구의 디지털 환경과 책 전반부에서 언급했던 '새로운 이윤 추구 방식에 기반한 자본주의 모델'은 중국 정부의 동기를 설명하기에는 맞지 않아 보인다.

물론 저자는 결론부에서 감시 자본주의를 "반민주주의적(antidemocratic)"(687쪽)이라고 규정하고, 그 체제에서 자본주의는 더 이상 포용적인 경제·정치 기관들의 수단으로 작용하지 않는다고 설명한다. 하지만 알다시피 자본은 처음부터 민주주의와는 잘해야 별개로 존재했고, 많은 경우 민주주의를 해치는 힘으로 작용해왔다. "트러스트버스터(Trustbuster)" 시어도어 루즈벨트 이후로 미국의 민주주의 정부가 기업들의 독점을 견제해 온 것은 경제적인 이유라기보다는 정치적인 이유에서였다. 지나치게 큰 경제적 힘은 정치적인 힘으로 이어지고, 국민이 선출하지 않은 어떤 권력도 국민이 선출한 권력보다 커져서는 안 된다는 논리였다.

주보프에 따르면 전례 없이 커진 기업들은 상업적 성공을 유지하기 위해 사람들의 행동을 조종할 필요성이 생기는데, 이렇게 새로이 등장한 독재자(기업)는 전체주의 정권들과 달리 채찍이 필요하지 않다. 이것이 바로 도구주의의 힘이다. 그런데 중국을 설명하는 13장이 가지고 있는 난점은 중국 정부의 동기는 상업적 성공을 유지하는 것과 거리가 멀다는 데 있다. '감시 자본주의'라는 개념으로 시작한 책으로서는 단순한 권위주의에 감시 기술을 적용한 것으로 보이는 중국을 같은 이론적 텐트 안에 포함하기가 까다로울 수밖에 없다.

우리는 모두 전체주의로 가고 있다

만약 중국의 경제적·기술적 파워가 이렇게 빠른 속도로 커지지 않았다면 『감시 자본주의 시대』는 중국을 예외적인 동기를 가진 사회이자 경제 체제로 다루는 것으로 충분했을지 모른다. 하지만 전 세계를 통틀어 민주주의 국가는 절반에 불과하고 그들 중에서 위와 같은 논의를 적용할 수 있는 테크 기업을 가지고 있는 나라는 극히 소수에 불과하다. 그렇다면 '감시 자본주의'는 마르크스가 19세기에 분석했던 자본주의처럼 광범위하게 적용할 수 있는 개념일까?

한국의 테크 기업만 보더라도 주보프의 모델을 상상하기가 쉽지 않다. 프랭클린 포어가 『생각을 빼앗긴 세계』에서 주장한 것처럼, 세상이 작동하는 방식 자체를 바꾸려는 실리콘밸리의 마인드를 판교에서는 찾아보기가 힘들다. 이게 다행인지 불행인지는 사람마다 다르게 판단하겠지만, 한국 사회의 정치 환경과 문화에서 테크 대기업들이 민주 정치를 위협할 수준으로 사용자들의 데이터를 수집해서 행동을 유도하는 것은 (적어도 아직은) 쉽게 상상하기 힘들다.

하지만 미국 테크 기업의 플랫폼을 사용하고 있는 사회라면 이야기는 다르다. 보수적인 사용자를 극보수 채널의 토끼 굴로 이끌어 가는 유튜브의 알고리즘은 한국과 미국에서 동일하게 작동하고, 페이스북이 사회를 분열하는 양상은 미국과 동남아 국가들에서 다르지 않다. 주보프의 책이 실리콘밸리의 테크 기업과 미국적 자본주의와 민주주의 시스템을 가정하고 쓰였다는 한계에도 불구하고 국경을 넘는 미국 빅테크의 힘은 세계의 절반 이상을 같은 고민에 빠뜨렸다. 중국과 러시아 같은 나라들은 예외가 되겠지만, 그들의 존재가 이 책의 중요성을 떨어뜨리지는 않는다.

게다가 주보프의 제안처럼 서구 사회의 민주주의가 빠르게 후퇴하는 현 상황을 바꾸려고 노력하지 않는다면 미래의 서구 사회와 중국 사회 사이에서 차이점을 찾기란 힘들지도 모른다. 마르크스의 『자본론』과 달리, 주보프의 감시 자본주의는 그 발달이 자본주의의 필연적 붕괴를 예고하지 않는다. 저자가 경고하는 것은 민주주의의 후퇴다. 마르크스가, 혹은 마르크스주의자들이 혁명을 필연적이라고 생각했다면, 주보프는 감시 자본주의 자체가 필연적으로 민주주의에 대한 쿠데타라고 주장한다.

한 사회는 자본주의 논리를 통해, 다른 사회는 권위주의 정권의 필요에 의해 같은 모습에 도달했다는 것 말고는 아무런 차이가 없는 순한 양들로 이루어진 전체주의 사회가 인류의 미래가 될까? 지난 몇 년을 돌아보면 그 가능성은 점점 커지고 있다. 온라인, 특히 소셜미디어에서 일어나는 여론의 분극화(polarization)를 보면 "순한 양들"과는 거리가 멀어 보이지만, 이는 궁극적으로 알고리즘이 해낸 일이다. 사회를 분열시키지만 소셜미디어 기업에게는 이익이 되는 결과물이라는 점에서 사용자들은 이미 말을 잘 듣는 양 떼일 뿐이다. 단지 중국처럼 그 뒤에 있는 조종자가 정부가 아니라고 해서 우리도 양 떼가 아니라고 주장할 수는 없다. 2020년 겨울

『**만약 그렇다면(If Then)**』

질 레포레 지음, Hodder & Stoughton,2020, 국내 미출간

페이스북과 캠브리지 애널리티카가 등장하기 수십 년 전인 1950년대 말에 이미 개인 데이터를 분석해서 사람들의 행동을 예측, 유도하는 기술이 사용되었다는 놀라운 이야기. 21세기에 전개되는 상황을 역사적인 맥락에서 바라보게 해주는 책.

『**어떻게 민주주의는 무너지는가**』

스티븐 레비츠키·대니얼 지블랫 지음, 박세연 옮김,
어크로스, 2018

오늘날 민주주의 국가들을 공격하는 것은 외부 세력이 아니라, 민주적인 방법으로 선출된 지도자들이라는 공통점을 통해 세계가 당면한 위협을 분석하는 책. 쇼샤나 주보프의 책과 함께 읽으면 21세기가 좀 더 또렷하게 보인다.

CAPITAL
in the Twenty-First Century

21세기 자본

토마 피케티
THOMAS PIKETTY

장경덕 외 옮김 | **이강국** 감수

글항아리

『21세기 자본』

토마 피케티 지음, 장경덕 외 옮김, 이강국 감수, 글항아리, 2014

역사로 보이고 싶은 것과
역사가 말하는 것

김두얼

새로운 고전의 탄생

경제학에서 어떤 분야의 성쇠는 스타 경제학자에 좌우되는 경우가 있다. 폴 크루그먼(Paul Krugman)이 1992년 발간한 『폴 크루그먼의 지리경제학』*은 (신)지리경제학이라는 분야의 탄생을 가져왔다. 물론 크루그먼 이전에도 지리나 교통, 도시화 등을 연구하는 경제학자들이 있었다. 하지만 크루그먼이 경제 활동의 지리적 분포를 이해하는 사고의 틀을 제시하면서 이 분야에 대한 관심과 경제학에서 차지하는 지위는 완전히 달라졌다. 2008년 노벨경제학상 수상자 선정 위원회가 국제경제학 분야에서 크루그먼이 이룩한

---

* 원제는 *Geography and Trade*(The MIT Press, 2018).

수많은 성과와 함께 경제 활동의 지리적 양태에 대한 분석을 수상 이유로 명시한 이유이다.*

　토마 피케티(Thomas Piketty)도 비슷하다. 2000년대에 불평등 연구가 경제학에서 중요한 분야로 부상하는 데 그는 결정적 역할을 했다. 2013년 간행되고 이듬해 우리나라에 번역·소개된 『21세기 자본』은 그 시점까지 이루어진 자신의 연구를 종합하고 재구성해서 새로운 통찰을 제시한 기념비적 저작이다. "올해 아니 향후 10년 동안 가장 중요한 경제학 저서로 자리매김할 것"이라는 크루그먼의 표지 추천사는 과장이 아니었다. 지난 10년 동안 관련 주제를 연구하는 학자뿐 아니라, 불평등과 관련한 정책을 담당하는 정책 담당자 나아가 일반 대중이 이 책을 읽고 토론했으며, 수많은 새로운 연구가 이어졌다.

　『21세기 자본』이 폭발적 반응을 불러일으킨 이유는 여러 가지겠지만, 피케티가 주요 국가들의 다양한 사료를 발굴해서 불평등의 장기 추세를 포괄적으로 보여 주었다는 것이 갖는 중요성은 아무리 강조해도 지나치지 않다. 사회과학 특히 경제학에서는 특성 주제와 관련해서 논의의 출발점으로 삼을 만큼 기본적이고 중요한 그리고 신뢰할 만한 양태 혹은 현상을 정형화된 사실(stylized fact)이라 부른다. 어떤 문제에 대한 논리적 추론은 무한대의 가능성을 가지기 때문에 순수한 이론적 접근만으로는 의미 있는 결과를 얻기 어려운데, 정형화된 사실은 이론적 논의나 실증적 분석의 토대를 제공하고 연구의 나아갈 방향을 제시함으로써 관련 연구를 활성

---

* 노벨상 웹사이트 참조(https://www.nobelprize.org/prizes/economic-sciences/2008/krugman/facts/).

화한다.『21세기 자본』은 정형화된 사실의 제공을 통해 불평등에 대한 연구를 새로운 차원으로 끌어올렸다. 나아가 자신의 실증 작업을 토대로 불평등에 대해 기존 연구들을 뛰어넘는 새로운 직관을 내놓았다. 저자가 향후 연구의 토대가 될 만한 사실들을 제공하며 흥미로운 주장까지 펼치는 책이 많은 주목을 받은 것은 당연하다.

과연 피케티는 어떻게 이런 접근을 하게 되었을까? 그는 불평등에 대한 역사 자료 분석을 기초로 어떤 주장을 했을까? 그의 주장은 자신이 제시한 논리적·실증적 증거와 잘 부합할까? 이 질문들을 따져 보며『21세기 자본』을 읽는 것이야말로 고전의 반열에 오른 이 책을 대하는 제대로 된 자세일 것이다.

토마 피케티: 경제학계의 이단아?

피케티는 1971년 프랑스에서 태어났다. 그는 22세에 유럽박사프로그램을 통해 영국의 런던정경대학(LSE)과 프랑스의 사회과학고등연구원(EHESS)이 공동 수여하는 박사학위를 받았다. 박사논문은 소득 분배에 대한 이론적 분석이었다. 이 논문에 대한 평가는 그가 졸업하자마자 매사추세츠 공과대학교(MIT)의 경제학과 교수로 임용되었다는 사실이 말해 준다. 그는 얼마 지나지 않은 1995년 프랑스로 돌아와서 프랑스국가과학연구센터(CNRS)에 있다가, 2000년부터 EHESS와 파리경제대학에서 연구와 강의를 하고 있다.*

『21세기 자본』은 이 책이 나올 당시까지 그가 수행한 연구를 집대성한 것이다. 경제학은 다른 사회과학 분야보다 학술지의 위계

---

* 토마 피케티의 웹사이트 참조(http://piketty.pse.ens.fr/en/cv-en).

가 상대적으로 뚜렷한 편인데, 그는 자신의 연구 중 상당수를《아메리칸 이코노믹 리뷰(*American Economic Review*)》,《쿼털리 저널 오브 이코노믹스(*Quarterly Journal of Economics*)》,《저널 오브 폴리티컬 이코노미(*Journal of Political Economy*)》,《리뷰 오브 이코노믹 스터디즈(*Review of Economic Studies*)》,《이코노메트리카(*Econometrica*)》 등 소위 "탑 파이브(Top 5)"라 불리는 경제학 최고 학술지들에 게재했다. MIT 교수를 역임했다는 사실과 함께 이러한 탁월한 연구 이력은 두 가지를 보여 준다.

첫째, 피케티는 2013년 『21세기 자본』의 출간으로 변방에서 갑자기 튀어나온 이단아가 아니라는 사실이다. 우리나라에서는 그가 프랑스에 기반을 두고 활동하고 있다는 점 또는 그의 주장이 진보적 색채가 강하다는 점 등을 근거로 그를 비주류 경제학자라고 짐작하는 경우가 있다. 이것은 사실이 아니다. 피케티의 연구와 이력은 그가 세계 경제학계의 주류 중에서도 주류임을 보여 준다. 아울러 경제학계가 그의 연구를 연구 주제나 정치적 지향 때문에 무시하지 않았다는 뜻이기도 하다. 불평등이 경제학 연구의 중심 주제로 부상할 수 있었던 데에는 그가 뛰어난 연구를 내놓았다는 사실이 핵심이지만, 경제학계 역시 중요한 연구를 연구 외적 이유 때문에 무시하거나 차별하지 않았다는 점도 인식할 필요가 있다.

둘째, 피케티의 연구는 내용이나 접근 방식 면에서 2000년을 전후로 크게 바뀌었다. 박사학위를 받은 뒤 몇 년간 그는 경제학자들 사이에서 흔히 '이론'이라 불리는 유형의 연구를 했다. 주어진 사회 현상을 논리적으로, 보다 구체적으로는 수학 모형을 통해 설명하는, 겉으로 보면 수학 논문이라고 오해할 만한 유형의 연구를 했다. 이런 논문들은 수식으로 가득 차 있지만 구체적 수치는 거의 나오지 않는다. 그러다가 2000년을 전후로 그는 실증 연구자로 돌아선다. 통계를 이용해서 사회 현상을 밝히고 설명하는 방식의 연구를 수행했다. 실증 연구 가운데서도 잘 정리된 자료를 회귀분석 같은 방식으로 분석하는, 경제학자들이 가장 일반적으로 하는 그런 종류의 작업이 아니라, 문서 보관소에 있는 원자료를 발굴해서 자료를 직접 구축하는, 노동 집약도가 가장 높은 경제사 관련 작업을 했다. 그리고 이론 논문들처럼 실증 논문들도 최고 수준의 학술지들에 게재했고, 지금도 계속하고 있다.*

세상에 수많은 경제학자들이 있지만, 이론 연구와 실증 연구 모두를 탁월하게 할 수 있는 학자는 극히 드물다. 피케티의 주장에 대한 찬반을 떠나 많은 학자들이 그의 연구를 쉽게 무시할 수 없는 이유이다.

불평등 연구의 흐름 속에서 피케티의 위치

흔히 천재 연구자가 등장하면, 그의 뛰어남이 부각되는 과정에서 그가 연구를 진행하던 배경은 무시되거나 왜곡되어 평가되는 경우가 있다. 피케티와 관련해서도 그런 측면이 있으며, 오해 중 일부는 스스로 불러일으켰다. 2000년대에 피케티가 소득 불평등에 대한 실증 연구를 선도한 것은 사실이지만, 그의 연구가 외계로부터 갑자기 등장한 것은 아니었다. 앤서니 앳킨슨(Anthony Atkinson)이나 브랑코 밀라노비치(Branco Milanovic) 같은 선구적인 연구자가 있었으며, 2000년을

---

* 연구 목록 역시 토마 피케티의 웹사이트를 참조.

전후로 한 시기에는 불평등 혹은 소득 분포에 대한 연구를 수행하는 학자들이 늘어나고 있었다. 대표적으로 오늘날 피케티와 함께 불평등 연구를 주도하는 이매뉴얼 사에즈(Emmanuel Saez) 등이 같은 시기에 불평등과 관련한 다양한 실증 연구 성과를 냈다.

왜 2000년 즈음일까? 『21세기 자본』은 이 질문에 대한 답을 제공한다. 이 시점은 1980년대부터 전 세계적으로 진행된 소득 불평등의 증가가 가시화되는 때였다. 사회과학 연구는 미래를 예측해서 진행되기보다는, 사실을 인지한 뒤 설명하는 방식으로 이루어지는 경우가 많다. 소득 불평등의 지속적 증가가 일시적인 현상이나 자료상의 오류가 아니라 장기적 추세로 인지되고 정형화된 사실로 받아들여지면서, 왜 이런 현상이 나타나는지, 그리고 이에 대한 정책적 대응이 어떻게 이루어져야 하는지에 대한 논의가 활발해졌다.

2000년 이전에 경제학계에서 불평등 문제가 상대적으로 덜 중요하게 다루어진 이유도 설명된다. 피케티가 책에서 잘 보여 주는 것처럼 소위 자본주의의 황금기라고 불리던 1950-1970년 동안 소득 불평등은 낮은 수준이거나 감소하고 있었다. 이런 상황에서 빈곤이나 소득 불평등에 대처하는 최선의 대응은 경제성장이라는 인식이 널리 받아들여지는 것은 크게 이상한 일이 아니다. 그런 면에서 경제학자들이 성장에만 관심을 가지고 소득 불평등 문제를 의도적으로 무시했다는 피케티의 평가는 적절하다고 보기 어렵다.

아울러 1980년대까지만 하더라도 불평등은 좌파 경제학자들 역시 주목하지 않는 문제였다는 점도 지적할 필요가 있다. 우리나라의 경우, 1980년대에 많은 진보적 경제학자들은 가난이나 빈곤 문제에 깊은 관심을 기울였다. 하지만 소득 불평등을 실증적으로 분석하고 이를 개선하기 위한 정책 제언을 하는 작업은 사회주의 혁명을 통한 문제의 근본적 해결을 포기하고 자본주의 체제에 안주하는 개량주의적 접근에 빠져들었다는 비판을 면하기 어려웠다. 이런 분위기는 다른 나라들 역시 크게 다르지 않았던 것으로 보인다. 그런 점에서 1990년대 이전에 불평등에 대한 연구가 활성화되지 못했던 문제를 경제학계의 보수성으로 설명하는 것은 지나치다.

『21세기 자본』 곳곳에는 특정 경제학자의 이론이나 연구가 현실과 괴리되었다고 비판하면서, 이것은 그들의 생각이 보수적 이데올로기에서 비롯되었기 때문이라는 식의 언급이 자주 등장한다. 이러한 서술은 사실과 부합하지 않는 경우가 많을 뿐 아니라, 이 책이 담고 있는 중요한 메시지를 독자들에게 전달하는 데 도움을 주기보다 방해가 된다고 느껴진다. 불필요한 문장을 더해서 책의 가치를 떨어뜨린 점이 못내 아쉽다.

『21세기 자본』을 10분 안에 소개하기

그러면 『21세기 자본』은 어떤 내용을 담고 있을까? 어떤 자리에서 800쪽에 달하는 이 책의 내용을 10분 안에 설명해야 한다면, 나는 〈그림 1〉을 중심으로 이야기를 풀어갈 것이다.* 〈그림 1〉은 1970년부

---

* 〈그림 1〉이 보여 주는 노동소득 분배율 추이는 2010년대 불평등 논의의 핵심이다. 진 그로스먼(Gene Grossman)과 에즈라 오버필드(Ezra Oberfield)는 최근 발간한 서베이 논문에서 지난 10년간 이 주제를 다룬 책이나 논문, 신문 기사를 구글에서 찾아보면 1만 2천 건이나 검색된다고 언급한다. Gene Grossman and Ezra Oberfield, "The Elusive Explanation for the Declining Labor Share", *NBER Working Paper* 29165.

터 2010년까지 주요 선진국들의 자본소득 분배율 추이를 보여 준다. 재화나 용역의 생산에는 크게 노동과 자본이라는 두 가지 생산 요소가 사용된다. 그리고 생산을 통해 창출된 새로운 가치 즉 부가가치는 생산 과정에 기여한 노동과 자본 제공자들에게 돌아간다. 이때 전체 부가가치 가운데 자본 제공자가 차지하는 비율을 자본소득 분배율, 노동 제공자가 가져가는 비중을 노동소득 분배율이라고 부른다(생산 요소는 노동과 자본뿐이므로, 노동소득 분배율과 자본소득 분배율의 합은 1이다). 피케티는 〈그림 1〉을 제시하면서 1970년부터 2010년까지 40년 동안 자본소득 분배율이 15-25퍼센트에서 25-30퍼센트로 상승했고 그만큼 노동자들에게 돌아가는 몫이 줄어들었다는 명제를 제시한다.(267-268쪽)

이 책의 방대한 내용은 이 그림을 중심으로 놓고 볼 때 두 방향에서 관련을 맺는다. 먼저 책의 4분의 3은 왜 이런 현상이 발생했는지를 이론적, 실증적으로 설명하고 함의를 서술한다. 피케티는 자본소득 분배율의 상승이 경제 또는 자본의 근본적 속성 때문에 필연적이라고 주장한다. 자본수익률이 경제성장률보다 높은 것이 일반적이기 때문에, 자본에 돌아가는 몫이 증가할 수밖에 없다는 것이다. 양차 대전 같은 거대한 파괴가 일어나면 일시적으로 양자 간의 관계가 역전되기도 하지만, 전쟁의 충격으로부터 벗어나면 자본수익률은 다시 경제성장률보다 높아져 자본에 돌아가는 몫이 점점 더 커지게 된다. 물론 한 사람이 자본도 보유하고 노동도 제공해서 돈을 벌 수 있지만, 현실에서는 노동을 통해 소득의 대부분을 벌어들이는 노동자와 자본을 통해 소득의 대부분을 벌어들이는 자본가로 나누어지는 것이 일반적이며, 자산소득의 분

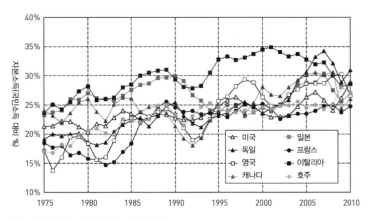

〈그림 1〉 부유한 국가들에서의 자본소득 분배율, 1975-2010
(출처: 『21세기 자본』, 268쪽, 글항아리 제공)

포에 대한 분석은 이러한 추론을 뒷받침한다. 이는 지난 40년간 자본가가 노동자보다 더 많은 몫을 가져가는 방향으로 경제가 흘러왔음을 의미한다.

나아가 불평등의 확대는 자본과 노동이라는 거시적 차원에서뿐 아니라 개인적 차원에서도 심화되고 있다. 소득 상위 10퍼센트, 1퍼센트, 0.1퍼센트가 전체 소득에서 차지하는 비중이 지난 200년간 어떻게 변화했는지에 대한 분석을 통해, 피케티는 자본을 보유한 소수의 개인에게 부가 집중되는 경향이 어떻게 진행되는지 보여준다. 아울러 여러 나라들에 대한 비교를 통해 상속세나 정치 체제 같은 제도적 요인이 이러한 경향에 미친 영향들도 살펴본다.

책의 나머지 4분의 1은 자본소득 분배율 증가로 대표되는 소득 불평등 문제의 개선 방안을 논의한다. 피케티는 불평등의 심화를 막고 자본 축적에 대한 통제를 위해 자본에 대해 글로벌 누진세를 도입하자고 제안한다.(260-261쪽) 자본소득에 대한 누진과세를 통해 불평등의 심화를 막자는 것인데, 이러한 조치를 한 국가만 하게 되면 다른 나라로의 자본 유출 문제가 나타날 수 있기 때문에 전 세계 국가가 협력해서 자본세율을 함께 올려야 한다는 뜻이다. 국제 협력을 통한 자본과세는 조세 회피처 등을 통해 이루어지는 불법적인 부의 축적을 막는다는 점에서도 필수적이다.

세상에 완벽한 연구는 없다

피케티가 이 책에 제시한 증거 자료와 해석 중 상당 부분은 이미 경제학 최고 학술지에서 검증을 거친 내용들이다. 그리고 경제 이론으로부터 연구를 시작한 이력이 돋보일 만큼 그가 증거들을 엮어서 내놓은 큰 그림도 탄탄하다. 매우 복잡한 내용임에도 이 정도로 평이하고 명확하게 이야기를 풀어갈 수 있다는 것은 그가 얼마나 뛰어난 학자인지를 잘 보여 준다.

그렇지만 이 책이 완벽한 것은 아니다. 구석구석 세밀하게 따져보면 여러 가지 흠이 있다. 그 가운데 내가 보기에 가장 두드러진 결함은 〈그림 1〉과 관련이 있다. 앞서 언급한 바와 같이 피케티는 〈그림 1〉을 통해 지난 40여 년 동안 자본소득 분배율이 계속 상승하고 있다고 주장했다. 그런데 이 그림보다 20여 쪽 앞에 내놓은 〈그림 2〉와 〈그림 3〉을 보자. 이 그림들은 200년에 걸친 영국과 프랑스의 자본소득 분배율 동향을 제시한 것이다. 〈그림 1〉이 담고 있는 영국과 프랑스의 자본소득 분배율은 〈그림 2〉와 〈그림 3〉에서 내가 동그라미로 표시한 부분을 다른 나라들과 함께 제시한 것이다.

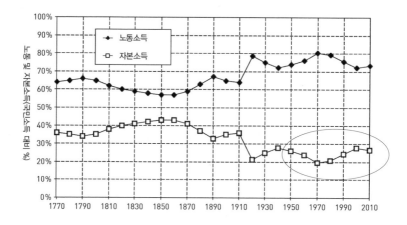

〈그림 2〉영국의 자본-노동소득 분배율, 1770-2010
(출처: 『21세기 자본』, 242쪽, 글항아리 제공)

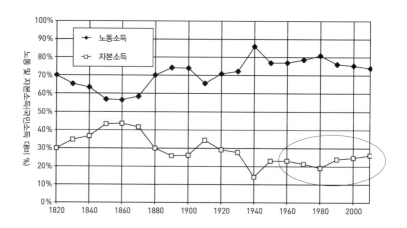

〈그림 3〉프랑스의 자본-노동소득 분배율, 1820-2010
(출처: 『21세기 자본』, 242쪽, 글항아리 제공)

이 그림들을 함께 보면 자본소득 분배율에 대한 피케티의 해석에 의문이 든다. 〈그림 1〉만 놓고 보면 영국과 프랑스의 자본소득 분배율이 지속적으로 상승하는 것 같다. 하지만 〈그림 2〉와 〈그림 3〉을 보면 지난 40년 동안의 동향은 20세기를 걸쳐 나타나는 안정적인 흐름의 일부로 읽힌다. 즉 20세기 동안 영국과 프랑스에서 자본소득 분배율은 평균 25퍼센트 수준을 중심으로 등락하는데, 1970-2010년 기간은 이러한 움직임 속에서 상승 국면에 불과한 것으로 보인다는 뜻이다.

피케티는 사회 현상을 이해할 때 장기 추세를 파악하는 것이 중요함을 책 곳곳에서 명시하고 있다. 이러한 생각을 말로만 한 것이 아니라 앞서 소개한 것처럼 오랜 기간에 걸친 연구를 통해 몸소 실천했다. 그리고 불평등과 관련한 장기 추세를 제시한 것이야말로 그의 연구를 돋보이게 한 핵심이다. 그런데 앞의 그림들 그리고 이와 관련해서 제시한 주장은 그가 책에서 누누이 강조한 점, 즉 사회 현상을 장기 추세 속에서 이해해야 한다는 원칙에 충실했는지, 아울러 자신이 내놓은 증거를 충실하게 해석해서 이야기한 것인지 의문이 들게 한다.

과연 피케티는 이런 문제를 몰랐을까? 그처럼 뛰어난 학자가, 장기 추세의 중요성을 그토록 중요하게 생각한 사람이 이 문제를 인지하지 못했다는 것은 쉽게 이해하기 어렵다. 만일 그가 문제를 알면서도 최근의 흐름만으로 장기 추세와 어긋날 수도 있는 주장을 했다면, 그야말로 자신이 비판했던 문제, 즉 이데올로기가 학술적 주장을 오도하는 실수를 저지른 셈이다. 혹은 하고 싶은 주장이 앞서다 보니 중요한 증거를 무의식적으로 잘못 읽었을 수 있다. 이

토마 피케티, 2014년 파리에서.(출처: 위키피디아)

유가 무엇이건, 이 책의 가장 핵심적인 주장을 뒷받침하는 증거가 이야기하는 것과 피케티가 이야기하고 싶어 하는 것 사이의 괴리는 안타깝게도 이 책의 주장을 약화시킨다.

고전을 대하는 진지한 자세

학자가 쓰는 논문은 대개 특정 질문을 놓고 치밀하게 분석한 내용을 담고 있다. 그런데 그 질문과 답은 세상에 대한 큰 그림을 전제할 때 의미가 있다. 제대로 된 혹은 의미 있는 큰 그림은 세상을 깊이 이해하고 연구 흐름을 포괄적으로 파악할 때 가능하다. 대가가 큰 그림을 내놓을 수 있는 이유이며, 큰 그림을 내놓을 때 대가가 될 수 있다. 물론 아무리 대가라도 큰 이야기를 하다 보면 허점이 생긴다. 그런 허점이 두려워 특정한 문제를 엄밀하게 파고들기만 하면 대가가 되기 어렵다. 혹은 대가의 반열에 들 만한 사람이 큰 이야기 내놓기를 꺼리는 것은 학문 발전에 제대로 기여하지 못할 수 있다. 이런 이유로 나는 "대가는 벙벙한 이야기를 할 권리와 의무가 있다"고 이야기하고는 한다.*

제대로 된 큰 그림을 제시한 연구는 고전이 된다. 나는 『21세기 자본』이 이미 고전의 반열에 올랐다고 생각한다. 이 책이 담고 있는 사실과 추론은 탄탄하며, 이를 엮어 만든 큰 그림 역시 깊은 통찰을 담고 있기 때문이다. 그러나 너무나 당연한 이야기겠지만 이 책은 완벽하지 않다. 피케티가 역사를 통해 보이고 싶어 한 것과 이를 뒷받침하고자 내놓은 증거는 들어맞지 않고는 하기 때문이다.

나는 이런 흠결이 이 책의 가치를 심각하게 훼손한다고 생각하지 않는다. 나아가 이런 문제를 지적하는 이유가 이 책을 흠집 내고 읽을 필요가 없음을 보이려는 것은 더더욱 아니다. 이 글의 목적은 800쪽이나 되는 새로운 고전을 맞이하는 데 도움이 될 사전 지식을 제공하는 것이다. 아울러 아무리 피케티 같은 대가라 하더라도 그가 제시한 증거와 논리를 곱씹어서 이해해야 함을 환기하기 위함이다. 저자의 권위에 의존하거나 책의 서문 정도만 들추어 보고 열광해서는 안 된다. 차분하고 꼼꼼하게 책을 읽고 따져 보아야 한다. 그것이 위대한 책과 저자를 맞이하는 바람직한 자세다. 2022년 봄

---

* 김두얼, 「매끈한 서술과 설익은 통찰」, 《서울리뷰오브북스》 1, 2021, 136쪽.

『자본과 이데올로기』

토마 피케티 지음, 안준범 옮김, 문학동네, 2020

카를 마르크스는 『독일 이데올로기』 다음에 『자본론』을 썼지만,
토마 피케티는 『21세기 자본』을 내놓은 뒤 『자본과 이데올로기』
를 냈다. 역사유물론이 21세기에 재탄생한다면 어떤 모습일지
궁금해하는 분들이 특히 관심 가질 듯하다.

『미국의 성장은 끝났는가』

로버트 J. 고든 지음, 이경남 옮김, 김두얼 감수, 생각의힘, 2017

20세기 미국 경제의 성장 과정을 서술한 최고의 책. 감수를 한 덕
분에 책을 꼼꼼하게 읽을 기회를 가진 것이 큰 행운이었다. 통계
를 바탕으로 한 깊은 통찰을 담고 있으면서도, 흥미로운 사례들
을 가득 담아 이야기책처럼 읽힌다. 분배 문제가 경제성장의 변
화에 어떻게 영향을 받고 상호작용하는지를 생각하는 데 기초를
제공해 준다.

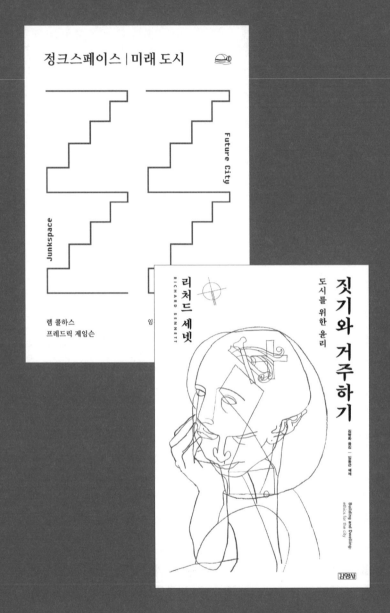

『정크스페이스 | 미래 도시』
렘 콜하스·프레드릭 제임슨 지음, 임경규 옮김,
문학과지성사, 2020
『짓기와 거주하기』
리처드 세넷 지음, 김병화 옮김, 김영사, 2020

밀실에서 나오는 지도를
그릴 수 있는가

강예린

"결국 우리는 쇼핑 말고는 할 것이 없을 것이다"(『정크스페이스 | 미래도시』, 89쪽)라는 슬픈 예견은 코로나19로 인해 현실이 되었다. 되도록 집에만 있으려 하고, 모임과 회합은 자제해야 한다. 출퇴근 이외에 공적인 장에서의 생활은 대부분 쇼핑이 차지한다. "쇼핑은 우리에게 남아 있는 공적 활동의 마지막 형식"(『정크스페이스 | 미래도시』, 97쪽)인 것만 같다.

2020년, 공원 다음으로 사람들이 많이 가는 장소가 '교외형 프리미엄 아울렛'이었다고 한다. 통계개발원에서 발표한 「모바일 빅데이터로 본 코로나19 발생 후 인구 이동과 개인 소비 변화」에 따르면, 2020년 5월 초 대형 아울렛에는 작년과 비슷한 수준으로 사람들이 방문했고 매출은 20퍼센트 증가했다 한다.

왜 백화점도 쇼핑몰도 시장도 아닌 '교외형 프리미엄 아울렛' 이라는 쇼핑 공간이 유독 성행인가? '교외형 프리미엄 아울렛'은 대중교통으로 접근하기 힘든 외곽 인터체인지 부근에 위치한다. 자동차로만 접근할 수 있는 통제된 공간이자, 익선동 한옥 거리 혹은 신사동 가로수길처럼 외부 가로를 통로 삼아 독립 매장들이 모여 있는 다운타운 형태다. 자동차로 움직이는 사람들만 올 수 있는 외부 공간이라는 점에서 익명의 대중이 손쉽게 방문하는 공원보다 편한 마음으로 방문할 수 있다. 스페인의 카탈로니아, 이탈리아 토스카니, 그리스 산토리니 등과 같은 유럽의 도심을 복사한 듯한 이질적인 풍광은, 한국에 발이 묶인 사람들에게 유사 해외여행을 떠난 기분마저 낼 수 있게 해준다. 2020년을 살아가는 우리는 쇼핑을 통해서만 도시 공간을 경험하고 있다.

'정크스페이스'의 예언서

쇼핑 공간이 광장과 거리와 모퉁이를 대신하게 될 것이라고 미래를 예언한 책이 있다. 건축가 렘 콜하스는 에세이 「정크스페이스」에서 쇼핑이 현대 사회의 모든 사회적·공간적 경험을 조직하고 있다고 말한다. 그는 현대 사회에서 유일하게 남은 공적인 활동이 쇼핑이라고 단언하며, 쇼핑을 전형 삼아 만들어진 인공적인 공간을 '정크스페이스'라고 부른다. 정크스페이스가 무엇인지 이 책은 또렷이 정의하지 않는다. 포스트 모던 글쓰기 방식으로 쓰여 읽는 것 자체가 난감한 이 글은, 예언서가 그렇듯 해석의 여지가 많은 동시에 역사의 악몽을 막기 위한 경고를 던진다.

정크푸드가 영양가가 부실한 인스턴트 혹은 패스트푸드를 지칭하는 것이라면, 같은 맥락에서 정크스페이스는 도시나 건축의 역사적인 맥락과 무관하게 쉽고 빠르게 만들어진 공간으로 짐작할 수 있다. 정크스페이스는 건축가의 의도와 설계에 따라 만들어진 것이 아니다. 계산이 디자인을 대신하여, 더 많은 물건의 노출과 거래와 면적을 생성한다. 외부 형태나 건물의 형식은 없고, 마치 번식하듯이 공간은 쉽게 만들어진다. 따라서 정크스페이스는 시장, 아케이드, 쇼핑센터, 쇼핑몰, 백화점, 아울렛 등 구체적인 건축물을 지칭하는 것이 아니다. 쇼핑의 논리만으로 존재하는 내부 공간 혹은 공간이 만들어지는 방식을 추상화한 것이다.

정크스페이스는 땅 위에 놓이기는 했지만, 주변과 무관하게 서 있다는 점에서는 외부가 없는 밀폐된 내부 공간이다. 이 안에서는 물건의 진열만이 생생하며, 어떻게든 구매하게끔 하는 동선이 시간처럼 이어져 있다. 이것은 영속의 공간이 아니다. 브랜드와 상품이 바뀌면 막바로 뜯겨지는 공간이다. 기존 공간을 이루는 조건은 유동자본의 흐름에 따라 금세 사라진다.

정크스페이스는 개선되는 것이 아니라 계속적으로 변화한다. 인테리어는 끊임없이 고쳐진다. 모든 물질적인 구체화는 잠정적일 뿐이다. 건물을 이루는 요소 사이의 이음매와 재료가 연결되는 디테일에 대한 건축적 고민은 불필요하다. 마치 테이프나 스테이플러로 공작하듯이, 공간은 석고보드나 페인트로 금방 생성된다. 쉽게 만드는 공간은 간단하게 연장되거나 더해질 수 있다. 에어컨 디셔너, 에스컬레이터, 방화벽, 공기 커튼을 통해서 정크스페이스는 계속 확산되고 확대된다.

고정되지 않은 공간은 언제나 '현재'이며, 시간이 쌓이지 않기에 건축과 결별한다. 그 내부에 원근법은 없으며, 공간을 사용하는 사람들은 자기 위치를 잃어버린다. 정크스페이스-공간은 정체성을 형성하는 장소가 될 수 없다. 어디든 동일한 공간에서 정체성을 찾을 수는 없다.

「정크스페이스」 원본은 렘 콜하스가 하버드 건축대학원에서 진행했던 도시 프로젝트의 결과물인 『쇼핑 안내서(*The Harvard Design School Guide to Shopping*)』에 실렸다. 이 에세이는 무역과 상업의 연대기, 유동자본, 쇼핑 공간의 변화, 소비의 통계, 싱가포르에서 디즈니랜드까지, 쇼핑이 곧 도시라는 방대한 연구 결과물인 『쇼핑 안내서』의 결론이자 묵시록적 예언이기도 하다.

『정크스페이스 | 미래 도시』에서 「정크스페이스」 이외의 글은 번역되지 않았다. 대신 문화이론가인 프레드릭 제임슨이 '미래 도시'라는 제목으로 『쇼핑 안내서』 전체를 분석한 글이 실려 있다. 프레드릭 제임슨은 렘 콜하스의 글을 탈역사적인 공간을 다시 역사의 위치에 돌려놓는 '기획'으로 바라본다. 그가 보기에 「정크스페이스」는 건축에 대한 비평서가 아니라, 건축을 약호 삼아 실패한 근대의 폐단에 던지는 경고이다. 원래의 것을 지속적으로 부수고 형식을 없애는 일은, 형식이 있는 것들마저 없애고 만다. 정크스페이스의 폐단은 쇼핑 이외의 공간마저 쉽게 잠식한다는 데 있다.

이 점에서 렘 콜하스는 정크스페이스를 '바이러스'로 비유한다. 길 가다 마주하는 수많은 인테리어 공사는 소비의 공간을 만드는 것이라기보다는 공간을 소비하는 방식을 보여 준다. 바이러스는 이곳으로 전파된다. 건물은 담을 수 있는 내부 면적만이 중요하고, 영구적으로 변화하며, 기존 공간마저 재활용한다. 원본이 없어진 공간들은 로마네스크 양식으로, 바우하우스 양식으로, 디즈니 양식으로, 아르누보 양식으로, 마야 양식으로 그 어느 역사의 건축 양식도 쉽게 차용한다. 정크스페이스 바이러스는 쇼핑을 넘어서 사무실, 박물관, 공항, 도심, 학교, 병원, 뉴스와 인터넷 가상 공간까지 거치며 점차 도시 전체로 퍼져 나간다. 특히 그는 사무실이 정크스페이스의 다음 타깃이라고 말한다. 더 편하게 일하기 위해서 사무실은 점차 집이 되어 가고 있으며, 구글이나 페이스북과 같은 IT 기업 본사처럼 심지어 전방위 생활을 다 담는 도시가 되고 있다.

렘 콜하스에 따르면, 지금처럼 바이러스와 전염으로 도시가 불안전하고 예측할 수 없는 상황에서 정크스페이스는 더 분명하게 눈에 띈다. 정크스페이스의 원형이 도심이기 때문이다. 『쇼핑 안내서』의 원래 제목이 '도시였던 곳을 위한 프로젝트'였음을 떠올려 보면, 이는 정크스페이스가 도시를 대체해 가는 것에 대한 차가운 경고였다.

사회적 노출과 교류 및 친분을 대체한다는 점에서, 정크스페이스는 외부와 관계 맺지 않게 만드는 밀실이다. 이 공간에 들어선 것만으로 공공의 교류장에 들어간 것으로 갈음된다. 이 안에서는 위치 감각을 상실하기 때문에, 과거 우리가 있었던 자리나 지금 딛고 있는 자리를 확인할 수 없다. 자리와 입장에 기반한 정치와 사회적 교류 대신, 희열의 감정만이 실존한다.

우리는 사회적 거리두기를 통해 서로의 안전을 약속하고 있지만 다른 한편으로 타인에 대한 두려움을 체화하고 있기도 하다. 마스크 뒤에 숨어서 사회 교류 대신 쇼핑으로만 공공 생활을 이어 간다면, 팬데믹이 지나간 자리에 정크스페이스가 도시를 완전히 대체할지 모른다. 그리고 이 쇼핑-도시로 들어갈 수 없는 집단은 사회적으로 격리될 것이다.

결국 쇼핑이라는 밀실은 들어가는 것이 아니라 나오는 것이 문제이다. 이제 이 밀실로부터 나갈 수 있는 방법을 추리해야 할 시기이다.

'열린 도시'를 가리키는 나침반

밀실에서 나가는 지도와 나침반을 찾을 수 있기를 바라는 마음으로, 리처드 세넷의 『짓기와 거주하기』를 읽었다. '도시를 위한 윤리'라는 부제에서 알 수 있듯, 이 책은 규범적이며 그 규범은 열린 도시, 정확히 말하면 열린 시스템의 도시를 지향한다. 그러나 '열린' 도시는 단어만큼 간단하지 않다. 출구가 없는 밀실에서 문을 열기 위해서는 계획이 필요하다.

리처스 세넷은 본인에게 영향을 주었던 도시 대가 두 명의 논쟁을 빌려 열린 도시의 다층적인 면을 강조한다. 도시 역사가이자 비평가인 루이스 멈퍼드에게 열린 도시란 여러 사람의 삶과 그 모든 측면을 끌어안는 것이다. 도시 활동가인 제인 제이콥스는 도시에 대한 의사결정이 상부에서 내려지지 않고, 지역사회의 사람들에게 열려 있는가에 주목한다. 이 두 입장의 차이는 『짓기와 거주하기』라는 제목과 연결된다.

세넷은 도시를 '빌(ville)'과 '시테(cite)', 두 가지로 구분한다. 빌은 물리적인 공간으로서의 도시이며 계획가의 공간, 곧 '짓기'다. 시테는 도시를 살아가는 사람들이 만드는 경험적 공간, 곧 '거주하기'를 의미한다. 루이스 멈퍼드는 짓는 사람의 관점에서 빌을 구성하고 계획하는 구체적인 방법이 도시를 개방할 수 있기를 바랐다. 제인 제이콥스는 거주의 관점에서 느린 시간(slow-time)을 두고 기회가 닿을 때마다 일상생활을 점진적으로 개선할 수 있는 도시를 꿈꾸었다.

세넷은 두 관점 모두를 옹호하고, 빌과 시테의 절충안을 찾는 데 책 지면 전체를 할애한다. 느리고 비공식적인 지역사회의 참여만으로는 빠르게 변하고 성장해야만 하는 도시 계획을 수행할 수 없다. 참여 못지않게 디자인이 필요하다. '건설되는 것'과 '사는 것' 양자를 화해시키려는 세넷에게, 제인 제이콥스가 퉁명스럽게 반문한다. "그래서 당신은 어떻게 할 겁니까?" 이 책은 이 질문에 대한 대답이다.

책의 전반부에서는 빌과 시테를 통합해서 도시를 활성화하고자 했던 근대 도시 계획가들의 노력을 보여 준다. 오스만의 파리 계획은 도로망 확장과 도시 네트워크 시스템 형성을 통해 도시의 흐름을 원활하게 하려고 했다. 일데폰스 세르다는 도시를 세포 구조처럼 직조함으로써 바르셀로나를 평등한 도시로 구현하고자 했다. 프레데릭 로 옴스테드는 도시 안에서의 갈등을 해결하기 위해 갈등을 잊고 모두가 평등하게 즐길 수 있는 센트럴파크를 뉴욕 중심부에 만들었다.

그러나 이 위대한 계획가들의 의도와는 달리 각각의 노력은 빌과 시테의 단단한 분리를 낳았다. 파리는 네트워크를 담당하는 공간의 흐름만 중시했고, 사람들이 머무는 장소에 무심했다. 바르셀로나의 격자는 평등성과 사회성을 담은 공간이 되었으나 단일한 유형만을 앙상하게 만들어 냈다. 식물과 땅을 만끽하는 근사한 경험을 통해 인종과 계급을 넘어서 사회적 통합을 이루려 했던 뉴욕의 센트럴파크는 역설적으로 가장 값비싼 집들에 둘러싸였다.

사는 것과 짓는 것을 통합하려는 품위 있는 야망은 금방 결별을 맞이했고, 도시는 사람들의 경험을 빈곤하게 만들 수 있는 닫힌 방식으로 변화해 왔다. 남아프리카공화국에서는 인종별로 거주지가 분리되었으며, 고속 성장하는 아시아에서는 도시의 물리적인 형태가 거주보다 앞서 만들어졌다. 테크놀로지가 도시에서의 삶을 쉽게 만들어 타자와 나의 격차를 줄일 수 있을 거라는 믿음으로 스마트시티가 만들어졌지만, 시범 사업에서 벗어나지는 못했다. 그 안에 삶의 모든 구성을 담아 놓으려 한 구글플렉스와 같은 21세기형 유토피아는 도시에 위치하지만 출퇴근할 때 외에는 도시와 이어지지 않는 게토로 남았다. 빌과 시테의 균열과 간극은 더욱 벌어졌다.

도시 이론가이면서 도시 계획에도 참여했으며 지역사회와 국제기구 프로젝트를 골고루 경험한 리처드 세넷의 배경 때문에, 짓는 것과 사는 것의 균열을 비틀어서 열린 도시로 나아갈 수 있는 방법에 대한 그의 제안이 무척 궁금했다.

이 책은 구체적인 사례를 통해 대답을 우회한다. 실패 사례로는 본인이 참여한 워싱턴 D.C 내셔널 몰의 남쪽 부분 재설계 프로젝트를, 성공 사례로는 칠레의 빈곤층 정착촌 이키케의 주택 프로젝트를 들고 있다. 리처드 세넷이 구성원으로 참여한 워싱턴 D.C 내셔널 몰 활성화 프로젝트의 목표는 잘 사용되지 않았던 한적한 장소를 활성화는 것이었다. 대상지의 활성화는 많은 건축가와 계획가가 공감하는 목표이지만, 그 방법을 둘러싼 일반적인 해법은 없다.

세넷은 뉴욕 센트럴파크처럼 사회적 차이를 무마하려는 장소가 아니라, 시장처럼 서로의 다름을 마주할 수 있는 시테의 동시성에서 그 방법을 찾았다. 세넷의 팀은 비어 있는 공간을 동시적인 일이 일어날 수 있는 플랫폼과 같은 공간으로 바꾸려고 했다. 비슷한 일들이 아니라 상이한 일들이 벌어지는 활기찬 공간으로. 도시의 모든 활동을 수용할 수는 없기에, 몇 가지 일이 한 공간에서 동시적으로 일어나는 게 가능한지 설정하기 위해 멀티태스킹 연구자들의 논의를 빌리기도 했다. 그러나 문제는 다음에 있었다. 사람들을 어떻게 자연스럽게 끌어들일 수 있을까?

책에서 성공 프로젝트로 언급된 칠레의 이키케 주거지는 건축가의 범위를 사용자에게까지 확장한 열린 프로젝트다. 건축가 알레한드로 아라베나는 빠르게 증가하는 이주지에 다 짓지 않은 미완성 형태의 집을 보급하는 정주 프로젝트를 진행했다. 빈곤층 주거 정착촌 형성에 투여된 예산으로는 집의 절반만 설계해서 지어 주고, 나머지 미완의 부분은 거주민이 직접 완성하도록 유도했다. 제한된 예산으로 필요한 모든 면적을 지었을 때 나타나는 저품질을 극복하기 위한 방법이었다. 주민 혹은 거주민 자신이 환경을 만드는 자가 되어 직접 개입할 수 있는 기회를 주었다는 의미도 있다. 집을 보급하는 과정의 책임을 계획가에게만 지우는 것이 아니라, 사용자들의 참여에도 열어 둔 것이다. 절반만 지어진 집은 씨앗이 되었고, 거주자들이 다양하게 경작해 본인의 삶에 맞게 채워 가고 있다. 도시의 물리적 형태를 만드는 과정을 시테에 개방하고, 완성된 계획을 세우는 대신 거주자들이 계획을 진행할 수 있는 플랫폼을 만들었다는 점을 높이 평가받아 아라베나는 2016년 프리츠커상을 받았다.

이 두 사례를 통해서 『짓기와 거주하기』는 '동시적이고, 간간이 중단되고, 다공적이고, 불완전하고, 다중적인 방식'으로 열린 도시를 만들어 낼 수 있다고 말한다. 세넷이 대동한 단어들은 모두 열린 시스템을 가리킨다. 도시를 만드는 주체, 과정, 단계, 집단, 방식 모두가 고정되지 않았으며 여지와 빈틈이 있다고 주장한다. 열린 도시는 정태적인 형태가 없으며, 사람들이 개입하는 바에 따라서 변화가 가능한 시스템에 가깝다.

따라서 세넷의 열린 도시는 도시 계획의 해법이라기보다는 나아갈 방향과 가치 지향에 가깝다. 지도가 아닌 나침반이다. 세넷은 '개방형'과 '빌'이라는 단어를 합성해서 '개방형 빌'이라는 단어를 만듦으로써, 계획가가 모두를 포용하거나 결정하지 않는 이상적인 상태를 표현한다. '개방형 빌'은 시테의 일부를 원형 삼아서 만들어졌기에, 단순한 사용자의 참여가 아니라 시테의 근간에 영향을 미칠 수 있다.

공공 공간은 동시적 행동을 증진시킨다. 그것은 경계에 비해 접경지대를 우선시하며, 도시의 부분들 사이의 관계를 다공적으로 만드는 것을 목표로 한다. 그것은 단순한 재료를 사용하고 평범한 장소를 집중 조명하기 위해 자의적 표시물을 설치하는 등 도시를 소박한 방식으로 표시한다. 그것은 도시의 건물에서 일반형을 활용하여 테마와 변주 양식의 도시적 버전을 만든다. 마지막으로, 씨앗 계획을 통해 테마 그 자체——학교, 주택, 상점, 공원을 어디에 배치할지——는 도시 전역에서 독립적으로 발전할 수 있어서, 도시 전체의 복잡한 이미지를 만들어 낸다. 개방형 빌은 반복과 정태적 형태라는 우를 범하지 않으려 할 것이다. 그것은 사람들이 집단적 삶의 경험에서 두께와 깊이를 키울 수 있는 물질적 여건을 창출할 것이다.(『짓기와 거주하기』, 361쪽)

바이러스가 만들어 낸 타인에 대한 만성적인 두려움에도 불구하고 '개방형 빌'을 만들 수 있는 방법은 무엇인가? 이탈리아의 건축 잡지 《도무스(DOMUS)》에서 세넷은 역시 구체적인 사례를 언급하는 것으로 답을 대신한다. 그는 상하이의 세포 같은 도시조직이자 집단적·지역적 거주 양식인 '시쿠멘(SIKUMEN)'을 소개한다. 시쿠멘은 태평천국의 난을 피해 상하이에 이주한 난민들을 위한 촌으로, 벽에 둘러싸인 앞마당과 뒷마당 중간 벽에 집이 있는 주거 단위체를 일컫는다. 이 단위가 점차 집합되고, 앞마당 혹은 뒷마당을 공유하는 이웃의 결합이 생기면서 이 외부 공간의 쓰임새는 다채로워진다. 마당의 불완전한 다공성을 중심으로 삶의 일부가 함께 짜여진 시쿠멘을 통해 부족한 내부 공간과 가난한 삶을 보완할 수 있는 것이다. 칠레의 이키케 프로젝트처럼 사용자들이 바꿀 여지가 있다는 점에서 다공성의 공간이라고 할 수 있다. 공동체가 동시적으로 점유할 수 있는 곳이기 때문에, 도시 전체가 통제될 때 숨 쉴 수 있는 여유를 주는 공간이 될 수 있다.

한국의 밀실에 어떻게 균열을 낼 수 있을까?

지금, 한국에서는 어떻게 밀실에서 벗어날 수 있을까? 한국은 시쿠멘과 같은 세포조직은 없지만 공동주택이 주거 형태의 절반을 넘는 도시의 체세포가 되어 가고 있다. 공동주택에 '집단적 삶의 경험'이 가능하도록 개별 주거 단위가 이웃과 만나는 경계부를 조정한다면, 시테가 태동할 수 있다. '단지 안-지하 주차장-엘레베이터-방화문-내 집 안'으로 연결되는 단선적인 얇은 경계가 그 타깃이다. 공동주택의 복도, 수직 동선, 홀과 같은 공용 공간을 흐트러뜨릴 수 있다면, '주거와 노동을 바싹 묶어 버리고 쇼핑 이외에는 도시와 관계 맺지 않으려는 삶'에 균열을 낼 수도 있다.

이를 위해서는 우선 한국의 공용 공간 비율의 기준이 조정되어야 한다. 개별적인 거실로 쓰는 전용률을 높이는 것만이 유일한 가치가 되지 않도록, 공용 공간이 주는 '삶의 여지'에도 가치를 부여해야 한다. 공용 공간에 쓰는 최소한의 면적 비율과 스케일을 재조정함으로써, 주거가 다 담지 못하는 기능을 수용하도록 할 수 있다. 도시 바깥에서 내 집까지 연결하는 최소한의 연결 공간을 넓히고, 구멍을 내고, 입체화해서 도시에서 각자 집까지 다다르는 공간을 느슨한 공동체의 단위 공간으로 활용할 수 있다.

이제 질문은 내게로 돌아온다. "그래서 당신은 어떻게 할 것입니까?" 2020년 겨울

『쇼핑 안내서(*The Harvard Design School Guide to Shopping*)』
제프리 이나바·렘 콜하스·스충렁 지음, TASCHEN, 2002,
국내 미출간
「정크스페이스」가 실려 있는 원본 도서이다. 채택되지 못했던 제목 '도시였던 곳을 위한 프로젝트'가 암시하듯, 쇼핑이 곧 도시라는 가설을 가지고 통섭으로 도시를 조사한 복합적인 책이다.

『무질서의 디자인』
리처드 세넷·파블로 센드라 지음, 김정혜 옮김, 현실문화, 2023
열린 도시에 대한 리처드 세넷의 한 발 더 나아간 주장이 담겨진 책이다. 저자는 빠른 변화에 유연하게 적응할 수 있는 도시가 되려면 경직되고 완결되지 않은 도시를 디자인해야 한다고 주장한다. 이 비워진 공간에 커뮤니티가 개입하여 다양하게 채워 갈 수 있는 도시야말로, 능동적이고 활기찬 '거주하기'를 유발할 수 있으리라는 선언이 담긴 책이다.

5부   전쟁을 읽다

HUMANE

How the United States Abandoned Peace and Reinvented War

Samuel Moyn

『인도주의(*Humane*)』

새뮤얼 모인 지음, Farrar, Straus and Giroux, 2021,
국내 미출간

인도주의는
평화를 가로막는가

총력전과 인도주의, 인도주의와 평화주의

새뮤얼 모인(Samuel Moyn)은 인권학계에서 뜨거운 논쟁을 일으킨 책을 연이어 써온 역사학자이자 법학자이다. 그는 초기작 『인권이란 무엇인가』*에서 국제 인권 운동은 더 야심 차고 진보적인 다른 유토피아 운동——사회주의 운동, 식민해방 운동, 1970년대의 신국제 경제 질서(New International Economic Order) 운동——이 마침내 실패했을 때 비로소 성장한, 극도로 소박하고 실은 여러 면에서 보수적인 타

---

* 새뮤얼 모인, 공민희 옮김, 『인권이란 무엇인가』(21세기북스, 2011). 원작은 *The Last Utopia: Human Rights in History*(Harvard University Press, 2010). 원작 제목이 주는 도발적인 인상을 생각하면 번역서 제목이 아쉽다.

협이라고 주장한다. 후속작 『충분하지 않다』*에서는 인권 운동이 인종과 젠더 차별을 개선하는 데에는 어느 정도 기여했지만, 우리 시대의 국제 경제 질서가 양산하는 극심한 경제 불평등에 대응하는 데에는 무력했다고 주장한다. 두 저작에서 드러나는 국제인권법과 제도는 만연한 국제 부정의(injustice)에 충분히 맞서지도 못하면서 국제 정치도덕의 무대를 독차지하는, 거대한 무용지물의 모습이다.

모인의 인권 연구서는 그 역사적 정확성이나 추론의 엄밀함이 비판받고는 하지만,** 현대 국제 질서가 어딘가 고장난 듯한 시대적 불안감을 우아하게 표현했고 인권 운동가들에게 많은 고민을 안겼다.*** 모인의 신작 『인도주의: 미국은 어떻게 평화를 버리고 전쟁을 재창조했는가(*Humane: How the United States Abandoned Peace and Reinvented War*)』는 전작들의 도발을 국제인도법(international humanitarian law)의 영역에서 이어 간다.

국제인도법은 전쟁 상황의 무력 출동을 인도주의적 관점에서 규제하는 법이다. 불필요한 파괴를 삼가고 인명 피해, 특히 민간인 피해를 최소화하는 것을 목적으로 한다. 이러한 목적을 추구하는 노력이 전쟁의 긴 역사에서 전무했던 것은 당연히 아니지만, 그 국

---

* 새뮤얼 모인, 김대근 옮김, 『충분하지 않다』(글항아리, 2022). 원작은 *Not Enough: Human Rights in an Unequal World*(Harvard University Press, 2018).

** Kathryn Sikkink, *Evidence for Hope*(Princeton University Press, 2017); Jiewuh Song, "Human Rights and Inequality", *Philosophy and Public Affairs* 47(4), 2019, pp. 347-377 등 참고.

*** 특히 『충분하지 않다』는 한동안 국제적으로 인권학계의 학술회의와 언론 매체의 인권 담론, 그리고 앰네스티 인터내셔널 등 시민사회 단체의 연구 활동의 초점이 되었다.

제법적 체계화는 현대 국제질서의 특징이고 주류 견해에 따르면 일종의 성취이다. 승리를 위해 모든 수단을 동원하고 적국의 모든 것을 정당한 군사 표적으로 간주하는 '총력전(total war)'이 난무하는 세상보다는 국제인도법이 관철되는 세상이 낫다는 것은 당연해 보인다.

『인도주의』는 이런 상식적 판단에 어두운 이면이 있다고 주장한다. 참혹함을 최소화한 인도적 전쟁의 시대는 또한 조용하고 정밀하지만 동시에 분명한 종착점도 없는, 영구 전쟁(forever wars)의 시대가 되어 가고 있다는 것이다.

언제나 더 나은 유토피아를 꿈꾸는 모인에게 국제인도법이 내세우는 인도주의(humanitarianism)의 대척점은 총력전이 아니라 평화주의(pacifism)이다. 모인의 전쟁사는 "19세기의 가장 놀라운 참신함 가운데 하나"였던 "대서양 횡단 평화 운동"으로 이야기를 시작한다.(19쪽) 이후 역사에서 모인은 레프 톨스토이, 베르타 폰 주트너와 같은 평화주의자와 앙리 뒤낭과 같은 인도주의자의 일화를 엮으면서 한때 "또 다른 가능성"이었던 평화주의가 번번이 인도주의에 가려지는 구도를 읽어 낸다.

19세기 인도주의 운동은 평화주의의 야심 찬 목표 대신, 어차피 전쟁을 할 것이라면 인도적으로 싸우자는 목표를 택했다. 운동에 동참한 이들 가운데 일부는 점진주의자였다. 전쟁에서는 아무런 윤리도 법치도 없다는 총력전의 시대에서 불필요한 파괴를 제한해야 한다는 인도적 전쟁의 시대로 넘어가면, 그에 따른 감수성의 변화에 힘입어 궁극적으로 평화의 시대를 열 수 있으리라는 것이었다. 반면 일부 인도주의자는 무조건적인 평화주의를

제4 제네바 협약(1949)에 서명 중인 각국 지도자들.(출처: 위키피디아)

거부했다. 이들은 때로 더 큰 악을 막기 위해 전쟁이라는 수단을 활용해야 할 수도 있다고 믿었다. 이른바 인도적 개입(humanitarian intervention)의 여지를 남겨 두는 현대 인도주의자는 후자의 전통을 잇는다.

평화주의에 대한 인도주의의 우위가 총력전에 대한 인도적 전쟁의 우위를 뜻하는 것은 아니었다. 현대 인도주의 규범은 유럽 열강들의 정치적 셈법과 각종 우연, 우여곡절에 휘둘리며 확장이 더뎠다. 1864년 제1 제네바 협약은 육지전 부상자의 처우 문제에 국한되었고, 1949년 제4 협약에 이르러서야 민간인 보호 규범이 확립됐다. 비국제적 무력 충돌 희생자의 보호를 상술하는 협약 제2 의정서(1977)까지는 100여 년의 시간이 걸렸다.

더딘 발전의 단계마다 부정의와 위선이 드러났지만, 국가들이 그렇게 조금씩 확립된 규범이나마 제대로 지키기 시작한 건 20세기 후반의 일이다. 모인이 한국전쟁을 포함한 20세기 전쟁사를 통해 서술하듯이, 유럽을 벗어난 지역의 전쟁에서는 인종주의와 제국주의적 야욕이 국제인도법의 허술함을 뚫어 버리고는 했다. 필리핀, 일본, 한국에서는 "살인이 아시아인의 자연적 본능"(111쪽)이고 "전쟁의 규칙과 생명의 가치는 인종에 따라 달라진다"(102쪽)고 믿은 장성들의 주도로 군인과 민간인을 구분하지 않는 총력전 시대의 전술이 사용되었다. 한편 게릴라전은 국제인도법이 규제하는 '무력 충돌'이 아니라는 법적 해석이 지구 곳곳의 해방 운동을 잔혹하게 탄압하는 빌미가 되고는 했다.

정밀 폭격, 전 지구적 전쟁터, '영구 전쟁'

20세기 후반 국제인도법 수용의 중요한 계기는 미국이 베트남에서 저지른 만행이었다. 이 전쟁에서 경악스러운 민간인 학살이 일어났다는 보도는, 정부 고위층의 의심스러운 정책 결정과 기만, 미국 국내 정치의 역학과 엮이면서 광범위한 사회 운동으로 이어졌다. 베트남에서 미국은 보수 법학자들도 인정할 수밖에 없을 정도로 군사 목적의 범위를 넘어서는 파괴를 저질렀고, 사회적으로 전쟁 중 잔혹 행위에 대한 경각심이 고조되었다. 이런 분위기에서 현재까지 이어져 오는, 확장된 국제인도법 체계가 한층 견고해졌다.

불분명한 명분으로 "젊은 중상류층의 징집 가능한 남성에 과도하게 의존했던" 베트남전은, 평화주의의 이례적인 부활과 강렬한 반전 운동을 낳기도 했다. 하지만 모인의 서술에 따르면 이 운

관타나모 수용소 입구(위)와 아부 그라이브 교도소 감시탑(아래).(출처: 위키피디아)

동은 곧 사그라들었고, 9·11 테러를 계기로 조지 W. 부시 행정부
가 테러와의 전쟁을 추진할 때는 좀처럼 힘을 발휘하지 못했다. 부
시 행정부의 전쟁 명분도 불분명하기는 마찬가지였지만, 9·11 직

5부 전쟁을 읽다

후 여론은 명분을 꼼꼼하게 고민하는 분위기가 아니었고 강성 평화주의자들도 제대로 목소리를 낼 수 없었다는 것이 모인의 냉소적인 평가이다. 모인은 20세기 미국의 가장 영향력 있는 인권 변호사 가운데 한 명인 마이클 래트너(Michael Ratner)를 9·11 이후 평화주의의 고전을 보여 주는 인물로 제시한다. 확고한 평화주의자였던 래트너마저 전쟁의 정당성 자체보다는 관타나모 수용자들의 기본권 쟁취에만 열중했고, 아부 그라이브 교도소의 경악스러운 고문이 전쟁의 핵심 화두로 떠오르며 평화주의는 관심의 대상에서 멀어졌다는 것이다.

물론 전쟁에 대한 피로감은 빠르게 쌓였다. 모인의 매끄러운 서사에서 혼란이 발생하는 지점이 바로 이곳, 구체적으로는 버락 오바마가 대통령이 되는 시점이다. 한편으로 오바마는 대선 캠페인에서 "자유주의 매파" 힐러리 클린턴과 대비되는 외교 정책을 내세우며 지지를 모았고, "평화주의 후보"로 부각되었다.(278쪽) 하지만 모인은 이런 바람에서 평화주의에 대한 견고한 지지를 읽어낼 수 없다고 본다. 대신, 메시지의 애매함을 예술의 경지로 끌어올린 정치인인 오바마는 후보 시절의 이상주의적 이미지를 부정하지 않으면서도 전쟁을 가장 오래 한 대통령이 되어 버렸다고 비판한다.

오바마와 도널드 트럼프, 조 바이든 대통령은 공통적으로 미국이 전쟁에 휘말리지 않기를 원했고, 이라크 전쟁의 여파 후에는 미국 내 여론도 줄곧 같았다. 하지만 모인의 냉소적 서사에 따르면, 이들 전현직 대통령과 다수 미국 국민이 정말 원하지 않는 전쟁은 미국인의 희생과 미국 재원의 출혈을 수반하는 전쟁이다.

모인에게는 무척 실망스럽게, 오바마 행정부는 대선 캠페인 당시의 이상주의를 더 정밀한 인도적 전쟁 지침을 확립하는 쪽으로 풀어냈다. 알카에다와 관련 조직을 향하되 부수적 피해는 최소화하는 '정밀 폭격(target killing)' 전략이 일상화되었고, 드론 무기가 적극적으로 활용되었다. 오바마는 "평화(주의) 후보에서 인도적이지만 영구적인 전쟁 대통령"으로 빠르게 변모했고 임기 첫해에 전임자의 임기 전체보다 빈번하게 드론을 사용했다.(278쪽, 283쪽) 그리고 미국 대통령 가운데 최초로 임기의 전 기간 전쟁 중이었던 대통령이 되었다.

모인은 이러한 사실, 그리고 이 사실이 별다른 반발 없이 받아들여진 것에 초점을 맞춘다. 오사마 빈 라덴의 암살처럼 모두의 관심과 대다수의 환영을 받은 사건도 있었지만, 대통령이 매주 직접 검토한 "살인 목록"을 중심으로 미군이 지구 곳곳에서 항시적 대테러전을 벌이고 있다는 점은 특별히 화제가 되지 않았다. 오래 틀어도 불편하지 않은 무풍 무소음 에어컨처럼, 소수정예 특수부대와 드론이 주도하는 정밀 폭격 전쟁은 있는 듯 없는 듯 미국과 국제 정치의 일상이 되어 버린 것이다. 이런 세상에서 "우리는 전쟁 범죄(war crimes)와 싸우지만, 전쟁이라는 범죄(crime of war)는 잊어버렸다."(10쪽)

평화를 이루지 못한 이유

이 책의 약점은 이전 저작들의 약점과 유사하다. 모인의 서술은 유려하지만 결정적인 순간에 애매해지는 경향이 있고, 언론을 거쳐 전달될 때는 좀 더 도발적인 독해가 주목받고는 한다. 모인의 인권

사는 때로 국제 인권이 '신자유주의'라 불리는 파괴적인 경제 이데올로기의 확산을 적극적으로 도왔다고 주장한 것으로 이해되기도 한다. 이는 모인의 서술에서 이따금 암시되는 주장이고, 크게 봤을 때 모인과 비슷한 시각에서 인권을 비판하는 비판법학자들이 실제 제기한 바이기도 하다. 하지만 모인의 최종적 입장은, 야심 찬 진보 운동들은 인권 운동의 적극적인 방해 없이도 실패했고 인권 운동은 신자유주의의 공모자였다기보다 "무력한 동반자"였다는 것이다.* 그리고 이렇듯 강한 주장(공모) 대신 약한 주장(방관)에 정착하는 것은 사실 학문적으로 불가피하다. 강한 주장은 입증하기 어렵고, 관련 경험 연구에서 아직은 간접적인 지지 근거도 발견되지 않고 있다.

『인도주의』에서도 마찬가지로, 강한 주장들이 암시되지만 흡인력 있는 레토릭을 걷어 내고 보면 약한 주장만 남고는 한다. 세 가지 사실을 구분해 보자.

파격적 사실: 인도주의의 확산은 오히려 영구 전쟁을 조장한다.

문제적 사실: 인도주의의 확산은 평화주의의 성장을 막는다.

슬픈 사실: 인도주의의 확산은 전쟁의 종식으로 이어지지 못했다.

책을 둘러싼 화제는 대체로 모인이 파격적 사실과 문제적 사실을 주장했다는 인식을 전제로 한다.** 하지만 이러한 주장이 타

---

* Samuel Moyn, "A Powerless Companion: Human Rights in the Age of Neoliberalism", *Law and Contemporary Problems* 77(4), 2015, pp. 147-169.

** 그래서 더 첨예한 논쟁으로 번지기도 한다. 예를 들어 Dexter Filkins, "Did Making

당한지와 별개로 모인이 분명하게 주장하고 제대로 뒷받침하는 것은 슬픈 사실뿐이다. 인도주의가 총력전과 영구 평화 사이의 징검다리가 되리라는 일부 인도주의자의 희망을 생각하면, 중요한 지적이다. 그러나 모인은 가끔 한발 더 나아가는 듯한 얘기도 한다. 가령 "애초 무력 사용을 조절해야 한다는 강고한 신념과 함께하지 않는 이상, 이 새로운 형태의 (인도적) 전쟁은 시간상 지속하고 공간상 퍼질 가능성이 특히 높다"와 같은 문장을 보자.(13쪽) 명백한 인과관계를 주장하는 것은 아니지만, 인도적 전쟁이 평화의 시대로 이어지지 못한 이유가 바로 인도적 전쟁의 잠재적 영원성 때문인 듯 읽히기 좋은 발언이다. 이런 주장은 언론과 독자의 눈길을 끌지만 입증하기는 어렵다. 또 책 전체를 꼼꼼하게 읽어야 알 수 있는 점이지만, 도발적이기는 해도 무책임한 학자는 아닌 모인의 최종 견해가 아니기도 하다.

그럴 수밖에 없는 것이, 사실 인도주의와 영구 전쟁의 인과관계를 따질 때 통제되지 않은 다른 변수들이 많다. 예를 들어 영구 전쟁을 가능하게 하는 건 인도주의 신념이 아니라, 자국민의 세금이나 생명이 걸린 사안이 아니면 어떻게 되든 큰 상관 없다는 심리일지 모른다. 전쟁 범죄와 극심한 인권 침해의 근거가 속속 드러나고 있는 러시아-우크라이나 전쟁만 해도, 직접 분쟁을 벗어난 대다수에게는 우울하지만 스쳐 가는 헤드라인일 뿐이지 않은가. 20년 전 전시 만행의 상징으로 떠오른 관타나모 수용소가 아직도 폐쇄되지 않았다는 사실에 사람들이 조용한 것도, 수용소에서 갑

the Rules Better Make the World Worse?", *The New Yorker*, September 6, 2021.

자기 인도주의의 꽃이 피어서가 아니다. 만약 상황이 이렇다면, 인도주의와 평화주의의 대결 구도는 현실과 동떨어진 드라마에 불과할 것이다. 평화의 이상을 가로막는 건 인도적 전쟁이 아니라 대다수 인간의 윤리적 곤궁일 테니 말이다.

전쟁의 성격이 변모했다는 사실도 상황 평가를 복잡하게 만든다. 모인은 비타협적 평화주의자였던 톨스토이의 일화로 책을 여닫지만, 톨스토이가 경험했던 전쟁은 현대 전쟁과 다르다. 톨스토이가 "우리 시대의 노예제"로 규정하고 강하게 규탄했던 전쟁은, 정치 지도자들의 야욕에 국민이 목숨을 걸어야 했던 시대의 분쟁 해결 수단이었다. 켈로그-브리앙 조약(1928)과 제2차 세계대전을 지난 현대 국제 질서에서 전쟁은 이제 국가 간 분쟁 해결 수단으로 용인되지 않는다. 대신 전쟁은 극도로 예외적인 경우에—예컨대 극심한 인권 침해를 막기 위한 최후의 수단으로—다자간 절차를 통해서만 허용된다는 규범이 정착했다.* 우리가 부정의에 맞서기 위해 무력 충돌이 정당화되는 경우도 있다고, 그래서 전쟁을 노예제에 비유하는 것은 지나치게 단순하다고 느낀다면, 이처럼 전쟁의 촉발 조건 자체가 변한 시대에 살아서일지 모른다.

윤리적 안일함과 상상력의 빈곤함

그런데 이 책의 장점도 이전 저작의 그것과 유사하다. 『인권이란 무엇인가』와 『충분하지 않다』에서 모인은 국제 인권 운동이 지구정의(global justice)의 전부인 듯 착각해서는 안 된다고 경종을 울

---

* 강대국들이 때로 이 규범을 위반한다는 것은 또 다른 문제이다.

린다.『인도주의』는 인도적 전쟁은 윤리적으로 괜찮다고, 우리가 현실적으로 희망할 수 있는 최대치라고 믿으려는 경향을 경계한다. 그의 저작을 관통하는 문제의식은 진보 진영의 윤리적 안일함과 상상력의 빈곤이다. 비록 인과적 차원에서 인도주의가 평화주의를 죽여 버린 게 아니라 하더라도, 인도적 전쟁에 만족한 나머지 더 견고한 평화의 가능성을 떠올리지도 못하는 상황은 분명 이상적이지 못할 것이다. 이런 가능성을 환기하는 용도로 모인의 도발적인 전쟁사는 의미가 있다. `2022년 겨울`

『인권이란 무엇인가』

새뮤얼 모인 지음, 공민희 옮김, 21세기북스, 2011

국제 인권 운동이 1945년의 세계인권선언 채택 시점이 아니라, 사회주의 운동을 비롯한 다른 "유토피아"의 꿈이 소멸한 1970년대에 이르러서야 주목받기 시작했으며, 다른 유토피아들과는 달리 탈정치화, 탈이데올로기화된 소박함을 무기로 결국 "마지막 유토피아"의 자리를 차지했다는 비판적 서사로 화제가 된 책.

『충분하지 않다』

새뮤얼 모인 지음, 김대근 옮김, 글항아리, 2022

국제 인권 운동과 경제 불평등의 관계를 검토하며 전자가 후자에 제대로 대응하지 못했다는 비판적 시각으로 화제를 모은 책. 지난 몇 년 사이 가장 널리 논의(논쟁)된 인권 연구서 가운데 하나이다.

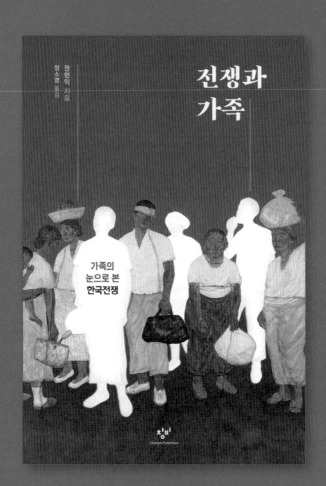

『전쟁과 가족』

권헌익 지음, 정소영 옮김, 창비, 2020

가족, 서로 죽이고 구원하는:

전쟁 사회의 양극적 대립을 넘어서

권보드래

불만부터 털어놓자면

현장 조사가 부족하다. 개념이 혼란스러우며 때로 자의적이다. 전작의 서술이 거의 그대로 들어간 부분도 있다. 6·25에 맞춰 서두른 탓이겠지만(원저와 번역서 사이 간격은 고작 3개월이다.) 번역도 퍽퍽하다. 불만부터 쏟아내 봐도 될까. '그 권헌익이 드디어 한국에 대해?'라는 기대가 컸노라고, 코로나19가 모든 화제를 압도해 버린 2020년에 그래도 이 책이 출간돼 다행이었노라고 쓰는 대신 말이다.

    한국전쟁 70주년을 맞아 출간된 권헌익의 『전쟁과 가족』은 일반적인 전쟁사와 다르다. 한국전쟁의 발발과 전개 과정을 추적하는 대신 전쟁 중의, 그리고 이후의 화해와 치유의 노력을 톺아본다. 저자를 세계적 학자로 만든 『학살, 그 이후: 1968년 베트남전

희생자들에 대한 추모의 인류학』과 동일한 구도다. 화해와 치유와 재출발. 그것은 물론 여태 '전쟁 사회'를 벗어나지 못한 한반도에 꼭 필요한 역사적·윤리적 계시다.

박완서의 '구렁재 호랑 할멈'을 기억하면서

한국전쟁에 대해서도 긍정적 기억이 가능하다고 주장해 보고 싶다. 박완서가 『그 산이 정말 거기 있었을까』에서 보여 주었듯 '빨갱이와 흰둥이'를 함께 포용했던 기억이 골골마다 있다면 얼마나 좋을까. 이 책, 『전쟁과 가족』에서 발굴해 냈듯 "느그 할매들이 이 마을 분들이고 느그 고모들이 이 마을로 시집을 왔다. (……) 어떻게 감히!"(130쪽)라는 말로써 마을 사이 학살을 막은 것이 전쟁 속 내막이었다면 그 얼마나 반가울까. 아프가니스탄이나 앙골라나 예멘에서 싫도록 목격해 왔던, 목격하고 있는, 내전으로 인한 참혹한 살상이 한국전쟁의 압도적 현실이었다는 사실을 돌이키기는 언제라도 버겁다.

부여 낙화암 아래 고란사, 여수 앞바다 엄마섬과 애기섬, 서귀포 가까이 섯알오름. 마치 '올여름 휴가는 어디?' 목록 같지만, 이곳들은 한국전쟁 때 민간인 학살이 벌어졌던 장소다. 거창 박산골과 영동 노근리와 경산 코발트 광산, 고양 금정굴, 공주 왕촌, 거제 지심도…… 내 집 가까이 남양주 진건지서 뒷산과 곁에 앉은 선배의 집 근처 마산 여양리 숯막까지, 한반도 곳곳은 70년 전 억울한 떼죽음의 기억으로 얼룩져 있다. 인민군과 좌익이 자행한 학살을 빼고 미군과 대한민국 군경과 우익이 저지른 학살만 기억해도 그렇다.

한국전쟁은 이중의 내전이었다. '한 민족 두 국가', 즉 대한민국과 조선민주주의인민공화국 사이 전쟁이자, 대한민국 국민 사이에 서로 총칼을 들이댄 전쟁이었다. 한국전쟁기 민간인 학살 중 상당수는 군경에 의해서가 아니라 민간인들 사이에서 발생했다. 국군·경찰이나 인민군이 총괄하는 가운데 마을 사람들끼리 적과 부역자를 고발했고 그 처형을 집행했다. 부역자뿐이랴, 부역자의 부모와 자식, 동생과 조카까지 겨냥한 폭력이 다반사였다. "누군가 그녀(64세)를 가리키면서 경찰 아무개의 어머니라고 소리쳤고, 이에 인민군이 그녀와 손자(5세)를 총살했다. (……) 음력 7월 24일에는 동생(32세)과 그의 부인(30세) 및 아들(10세), 두 딸(7세, 4세)이 끌려가 처형되었다."* 그렇게.

영국과 한국을 오가며 활약 중인 인류학자 권헌익은 한국전쟁 70주년을 맞아 출간한 『전쟁과 가족』에서 그 같은 전쟁 기억을 새로이 쓸 것을 시도한다. 물론 저자가 전쟁기를 지배했던 '공포의 정치', '죽음의 정치'를 외면하는 것은 아니다. 원저의 표제마따나 저자는 학살 자체에 대한 진상 규명이 아니라 '전쟁 이후(After the Korean War)'의 경험에 초점을 맞추고 있지만, 1980년대까지 국가가 어떻게 "비국민 가족"(96쪽)을 만들고 차별했는지 읽다 보면 '공포의 정치'의 역사가 더 생생하게 느껴지기도 한다. 그럼에도 권헌익은 이 모든 "냉전의 유산"(92쪽)에 맞서 대안적 기억을 발굴하기를 포기하지 않는다. 저자가 요약하는 바로는 이렇다. "주민들은 (……) 놀랍도록 창의적인 방식으로 압도적인 전쟁의 이념과 물리력에 맞섰다. 매우 자주, 기왕의 공동체적 연대 위에서 신체적·도

---

* 박찬승, 『마을로 간 한국전쟁』(돌베개, 2010), 106쪽.

1951년 6월 9일, 행주에서 한 소녀가 동생을 등에 업고 멈춰 선 탱크 앞을 지나는 모습.
(출처: 미국 해군, AP, 조선중앙통신)

덕적 생존의 길이 마련되곤 했다."(68쪽) 그는 더 나아가 한반도에서 국가 아닌 '기왕의 공동체'를 통해 일궈 낸 평화의 가능성을 아직 전쟁의 악몽에 시달리는 세계에 제안한다.

국제전, 내전, 내전 속 내전

한국전쟁은 내전이자 국제전이었다. 이란 위기(1946)나 그리스 내전(1946-1949)에서부터 실증되었듯 그렇게 중첩된 성격 자체가 냉전기의 특징이다. 권헌익이 거듭 상기시키는 대로, 미·소 사이 '전쟁 없는 전쟁'으로 20세기 후반을 기억하는 것은 강대국 중심의 서사일 뿐이다. 미국과 소련은 '직접 한판'은 한사코 피하면서도 상대에 맞서는 '방어선' 혹은 상대를 압박하는 '교두보'를 최대한 확보하길 원했고, 그 결과 아시아·아프리카·라틴아메리카 여러 지역에서 '냉전 속 열전'을 자극하고 지원했다. 이들 전쟁은 내전인 동시에 (잠재적) 국제전이었던 까닭에 그만큼 더 복잡하고 잔혹하다.

권헌익은 전작 『학살, 그 이후』와 『베트남 전쟁의 유령들』에서 냉전기 베트남 역사와 그 기억을 조명한 바 있다. 이들 책을 지배하는 것은 제목 그대로 1990년대에 되돌아본 '학살'과 '유령'이다. 20여 년 전 마을 사람들이 몰살당한 기억이 생생한데, 전쟁 때 죽은 사람들이 되돌아오기 시작한다. 피아(彼我) 구분 없고 시간도 뒤섞인 채. 미군 병사의 유령 둘이 다정하게 짝지어 다니는가 하면, 지뢰로 죽은 남쪽 군인이 외다리로 껑충거리며 개천가를 오가고, 외국 군대에 학살당한 모녀가 자기들 무덤 위에 오도카니 자리 잡는다. 베트남사회주의공화국에서 추도될 수 없었던 이 죽은 자들을 환대하면서 주민들은 비로소 전쟁기의 원한을 치유해 간다.

10여 년간의 현장 조사를 통해 냉전 너머 베트남 사회의 풀뿌리 동력을 찾아내고 전파한 데 이어 『전쟁과 가족』에서 권헌익은 마침내 한국전쟁에 도달한다. 어찌 보면 예상됐던 행로다. 베트남 전쟁을 경유하고 인류학의 렌즈를 통해 본 한국전쟁은 어떤 사건일까. 한국전쟁은 한반도에서야 중요했지만 바깥에서는 오래도록 '잊혀진 전쟁'이었다. 그러나 20세기 후반 세계사의 굴절에 있어 한국전쟁은 핵심적 계기였다. 미국은 한국전쟁을 계기로 군사 제국으로 거듭났고, 미·중 사이 적대는 한국전쟁을 통해 개시됐으며, 전 지구 수준에서 자본주의와 공산주의 사이의 무장 대립 또한 한국전쟁 때부터 첨예화됐다. 거꾸로 말하자면, 지역과 세계 곳곳의 냉전 구도를 넘어서기 위해서는 한국전쟁을 기억하고 이해하려는 노력이 필수적이다.

폭격, 피난, 부역, 고발, 학살. 한반도 주민들이 생활 세계에서 겪은 전쟁은 아마 세계사에서 한국전쟁이 지닌 의미와는 조금 어긋날 것이다. 물론 전쟁의 향방을 좌우한 것은 국제전으로서의 성격이었다. B-29 폭격과 중공군의 '인해전술', 미국의 원자탄 투하 위기는 한국전쟁의 결정적 순간이다. 그러나 생활 세계 속 전쟁은 '국제전'과 '내전'이기 앞서 '내전 속 내전'이었다. 애국지사와 민족 반역자와 모리배를 한꺼번에 포용한 남녘의 경우는 더욱 그러했다. 비판 세력을 압박·방출하면서 체제 안정성을 이룩했던 조선민주주의인민공화국과 달리 신생 대한민국에는 극우와 중도파와 전향 좌파가 공존했다. 평생 항일 투쟁에 몸 바친 이시영·이범석·이청천과 대일 협력 경력의 윤치영·임영신과 전향 사회주의자 조봉암을 망라한 초대 내각 구성이 보여 주듯.

전쟁 없이 역사가 전개되었더라면 대한민국의 포용의 힘은 더 커질 수 있었으려나. 그러나 대통령 이승만의 '편집증적' 개성까지 겹쳐, 전쟁기 대한민국을 지배한 것은 '나' 아닌 타자를 강박증적으로 의심하고 말살하고 그에 의한 전염 가능성마저 소탕하려는 난폭한 충동이었다. 그 영향은 '내전 속 내전'의 최전선, 마을과 가족에까지 미쳤다. 권헌익은 베트남전쟁 연구에서 "이웃 관계가 (신체적·도덕적) 생존에 결정적인 역할을 했"*던 사례를 풍성하게

---

* 권헌익, 박충환·이창호·홍석준 옮김, 『베트남 전쟁의 유령들』(산지니, 2016), 156쪽.

복원했던 경험을 살려 한국전쟁 당시 이웃 간 미담을 찾아내려 하지만, 『전쟁과 가족』에서 발굴한 그런 일화는 딱 둘뿐, 그것도 같은 지역의 사례다. 저자는 대신 '전쟁 이후' 가족-친족-이웃이 화해와 공존의 동력을 일궈 낸 사연을 찾아내 소개하는 데 주력한다.

가족과 이웃을 믿을 수 있는가

한국전쟁기 고발과 학살의 기록을 읽다 보면 그 모든 참극이 '이웃임에도 불구하고'가 아니라 '이웃이라서' 벌어진 일이라고 여기게 된다. 친밀성은 안전뿐 아니라 위험도 높인다. 누군가 죽어야 내가/내 가족이 살아남을 수 있다면 그때 나는 누구를 지목하게 될까.(혹은 끝내 지목을 거부하는 용기를 발휘할 수 있을까.) 이웃은 담 너머 음식을 나누고 일마다 품앗이한 사이인 동시에 민망한 약점까지 속속들이 아는 관계, 앵돌아졌던 속내를 차곡차곡 쌓아 놓은 관계이기도 하다. 신분과 가문과 이념과 종교의 문제가 속속들이 얽힌 가운데, 차별당했다는 원한과 무시당했다는 앙심과 위축됐었다는 자괴감이 폭발하면, 그것은 악무한의 폭력을 낳는다.

친밀한 존재끼리 휘두른 폭력(intimate violence)의 세계. 근대를 상징하는 것은 관료제적 국가폭력이지만, 한 민족·지역·마을 내부에서의 폭력이야말로 20세기에 더 기승스러웠던 종류다. 권헌익의 『전쟁과 가족』은 바로 이 문제와 씨름한다. 비록 전쟁에서 친밀성이 구원보다 재앙으로 작용했을지라도 지금이라도 그 용법을 바꿔 낼 수 없겠느냐며. 저자는 전쟁기에도 '가족'은 늘 좌우를 넘나들었음을, 또한 좌우 양쪽의 피해자였음을 상기시킨다. 한 집안에 학살당한 경찰과 월북한 사회주의자가 공존하는 것이 오히

1950년 7월, 미군이 촬영한 국민보도연맹 학살 사건 현장.(출처: 미국 국립문서기록관리청)

려 통례가 아니냐고 묻는다. 2000년대 이후 전쟁 희생자들에 대한 '애도'와 '위령'이 자칫 원한을 자극할 법한 상황에서 양쪽 피해자를 다 가진 가족들이 나서 어렵게 화해를 일궈 냈던 기억을 거듭 일깨우기도 한다.

"우리들은 이제 하늘의 몫은 하늘에 맡기고 역사의 몫은 역사에 맡기려 한다. 오래고 아픈 상처를 더는 파헤치지 않으려 한다. (……) 지난 세월을 돌아보면 모두가 희생자이기에 모두가 함께 용서한다는 뜻으로 모두가 함께 이 빗돌을 세우나니 죽은 이는 부디 눈을 감고 산 자들은 서로 손을 잡으라."(242쪽) 권헌익이 반복해 소개하는 제주 하귀리 4·3 희생자 추모비의 문구다. 하귀리 외에도 제주의 봉개동과 상모리, 경북 가일마을과 전남 구림마을 등 분단·전쟁의 시기에 '친밀한 존재' 사이 학살을 경험했지만, 탈냉전의 1990년대 이후 '가족'에 기대어 '마을'에서부터 화해를 이룩해 간 사례는 적지 않다. 진정, 저자가 소망하는 대로 가족에서부터 시작해 냉전기의 해묵은 대립을 청산할 수 있을까?

한국 사회에서 가족은 유난한 존재다. 권헌익은 인류학의 보편적 개념 '친족(kinship)'으로 한국의 '가족'을 수렴시키려 하지만 그 시도는 자주 삐걱거린다. 악명 높은 가족주의를 경계하고 가족의 개방성을 최대화하려 하지만 그 같은 시도 또한 역사적 실제와 빈번히 어긋난다. 저자가 생각하는 '가족'은 현실적이라기보다 규범적이다. 그는 '가족'이란 말로써 모계와 방계는 물론이요 떠도는 혼령들까지 품어 내는 공동의 마음을 지칭하고자 한다. 가족만이 반세기가 지나도록 억울한 죽음을 기억하지 않았느냐면서, 벌거벗은 생명을 끝내 애도하고자 하는 마음이 곧 가족 된 마음이라고 설득하고자 한다. 저자의 안내를 따라가다 보면 가족은 그야말로 '정치'의 주체, '인간(집단) 사이 관계를 조정하는' 역능(力能)의 수행자로 보이기마저 한다.

실상 '사적 영역=가족' 대 '공적 영역=시민사회'라는 분리·대립의 구도는 의심스럽다. 비서구 사회에서라면 더욱 그렇다. 『전쟁과 가족』에서 거듭 상기시키듯 국가권력부터 그 같은 분리를 부정해 왔다. 연좌제라는 낙인으로써 사라진 가족의 존재를 남은 구성원들의 신체에 아로새기는 체제에서, 관계로부터 독립된 개인의 삶이란 애당초 불가능하다. 조부 대 이력을 추궁하고 자식의 잘못을 책임지라고 압박하는 정치·사회적 관습은 지금껏 고스란하지 않은가. 그 역사성을 하루아침에 뒤집을 수 없다면, 차츰 그 용법을 바꾸고 조금씩 새 질서를 모색해 갈 수밖에. 권헌익 또한 그 때문에 '가족'을 시민사회 저발전의 원인으로 꾸짖는 대신 사회적 문제를 치유해 온 자생적 동력으로 평가하려는 것일 테다.

한국전쟁을 평화의 기초로 쓰기 위하여

그런 전략적 낙관에 동의할 수 있을까.『전쟁과 가족』이 요청하는 낙관이란 '가족'을 제외하면 한반도의 자원은 더더구나 빈약하다는 비관의 다른 얼굴 아닐까. 오늘날 '가족'은 관습적 사회화의 압박 기제인 동시("결혼해야지?"), 닳지 않은 젠더 불평등의 현장이며(결혼 거부와 출산 거부에는 다 이유가 있다.), 떼쓰고 빽 쓰고 원칙을 짓밟는 행태의 진원지 중 하나다.『엄마를 부탁해』의 미담 뒤에는 영화 〈마더〉(2009) 같은 악몽이 있다. 국가 불신의 '피난 사회'였던 한국에서 그 악몽은 더욱 질기다. 한국 사회의 가족은, 나를 위해서라면 저지르지 않을 불공정과 비리마저 내 자식을 위해서라면 질끈 해치워 버릴 갑남을녀를 핵심 멤버로 한다. 그런 가족이 개방적 연대의 터전이 될 수 있을까? 가족-친족-이웃이 연속적 관계로 재조정될 수 있을까?

　한반도 북녘을 생각한다면 더더구나 머릿속이 복잡해진다. '수령제 가족국가'인 조선민주주의인민공화국에서 전쟁 체제가 어떻게 끝날 수 있을지 생각한다면 말이다. 여전히 '미제(米帝)'와 가상의 전투 중인 북한은 한국전쟁기 '내전 속 내전'의 양상은커녕 '내전'의 양상마저 인정하지 않고 있다. 마을 사람들끼리 죽고 죽였던 신천 사건*도 북한의 공식 역사에서는 여전히 '미제에 의한 학살'이다.『전쟁과 가족』은 이런 문제에 대해서는 거의 언급하지 않는다. 남북 간 '내전'에 침묵한 채 남녘의 '내전 속 내전'에만 주목하는 모양새다.『극장국가 북한』(정병호·권헌익 공저)이란 책을 집필할 정도로 북한 사회에 정통한 저자가 설마 쓸 말이 없었던 것은 아닐 게다. 1990년대 탈냉전 이후 시시각각 분명해지고 있는 사실, 즉 평화란 결코 국가 간 조약만으로는 달성할 수 없다는 사실이 더 절실했기 때문이리라.

미·소간 대립이 끝나면 전쟁도 사라질 것이라 생각한 시절이 있었다. 실제로는 냉전의 유산, 그리고 냉전 때문에 뒤틀렸던 탈식민의 과제가 지구 곳곳에서 폭발하는 상황이 전개되고 있다. 남북 간 '종전 선언'은 중요한 과제지만, 그것만으로 한반도에 절로 평화가 도래할 리 없다. 지금도 대한민국 내부에서 이념·세대·젠더를 축으로 한 갈등은 '준(準)내전'이라 불릴 정도로 심각하지 않은가. 냉전의 악몽에 붙들린 채 북한은 여전히 한국전쟁을 미국과 싸운 '조국해방 전쟁'이라고 우기고 있지만, 빠르게 탈냉전을 겪은 남한에서는 냉전 구도에 의해 억눌렸던 '내전 속 내전'이 계속 터져 나오는 참이다.

1990년대 이후 남한에서는 식민지기와 전쟁기에 '국가에 의

---

* 황해도 신천에서 1950년 10월에서 12월 사이 수차례 자행된 대규모 학살 사건을 가리킨다. 북한 당국은 이를 '미군에 의한 학살'로 규정·선전하고 있다. 한국전쟁을 한반도에 대해 '식민지 예속화'를 획책한 미국에 맞선 전쟁으로 기억하는 북한의 공식 역사에 중요한 근거를 제공하는 사건 중 하나다. 2000년대 이후 남한에서 자료와 증언을 통해 조명된 결과, 신천 사건은 지역 내 좌파와 우파가 서로를 학살한 사건으로 밝혀졌다. 황석영의 장편소설『손님』이 이 사건을 다루고 있다.

해 기념·애도되지 못한' 억울한 사연을 겪었던 이들이 비로소 목소리를 내기 시작했다. 위안부가 그렇고 학살 피해자들이 그렇다. 세계적으로도, 지난 '폭력의 세기'에 자행됐던 식민지적·냉전적 폭력에 대해 사죄와 보상을 요구하는 목소리는 꾸준히 높아지는 중이다. 그러나 한국에서는 '진실과 화해'마저 냉전적 양극 대립을 넘어서지 못하고 그 대립 속에서 소진되는 경우가 비일비재하다. 권헌익은 국가가 외면했던 희생에 대한 '애도'를, 그에 바탕한 '진실과 화해'를 요청하지만, 지금 한국은 죽음조차 존엄을 재생시키지 못하는 비인간의 상황 속에 있다. 재난의 시대를 살고 있다는 실감 속에서 '애도'의 윤리가 부상한 것이 불과 몇 해 전이건만, 오늘날 '애도'는 정치적 돌파의 힘이 되기보다 대립의 관성 속에 소진되고 있다.

아쉬움과 아울러 기대를

한국전쟁을 계급 간 내전으로 분석해 충격을 안겼던 브루스 커밍스의 『한국전쟁의 기원』이 출간된 지 40년, 방대한 자료를 통해 전쟁의 국제적 성격을 확인한 박명림의 『한국전쟁의 발발과 기원』이 출간된 지 20여 년이 흘렀다. 그 후 냉전 아카이브가 개방되고 연구가 축적되면서, 탈냉전 시대에 걸맞은 새로운 한국전쟁 상(像)에 대한 갈증도 그만큼 더해져 왔다. '공산주의의 도발에 맞선 정의로운 전쟁'이란 틀로는 물론, '미·소의 대리전'이나 '한반도 내 계급전쟁'이란 이해로도 한반도의 평화를 준비하기란 부족했으니 말이다. 『전쟁과 가족』은 그 과제에 즉답하지는 못했으나 우회적 응답을 시도한 저작이다. 미·소 중심 냉전사를 제3세계의 냉전

사로 바꿔 놓은 오드 베스타의 『냉전의 지구사』가 출간된 지 10여 년. 권헌익은 『전쟁과 가족』에서 세계적 범위에서의 냉전사 연구에 화답하는 한편 '가족/친족'이라는 개념을 통해 한국전쟁의 경험을 보편화할 것을 시도하고 있다. 한국전쟁을 '인간의 역사'로서 조명한 최초의 영미권 연구서라는 점도 기억해 둘 만하다.

그럼에도, '다름 아닌 권헌익'인 만큼 더 많은 것을 요청하고 싶다. 저자는 여러 해 전 케임브리지에서, 3·1운동에만 골몰해 있던 내게 제1차 세계대전 전후 세계사에 대한 무지를 뜽겨 준 적이 있다. 아마 본인은 기억하지 못하겠지만 내게는 개안(開眼)의 순간이었다. 나를 알기 위해서는 타인을 알아야 한다는, 한국이 궁금하다면 세계를 아울러야 한다는 당연한 사실을 그 후 더 깊이 새기게 됐다. 어쩌면 권헌익의 베트남 연구 또한 세계사적 안목과 '한국의 닮은꼴'에 대한 관심이 결합된 결과였는지도 모르겠다. 실제로 저자는 『전쟁과 가족』을 전후해 한국을 주제로 한 연구를 속속 발표하는 중이다.

인류학자가 언제 어떻게 현장을 선택하는지 문외한인 나로서는 알지 못한다. 저자 권헌익에게 세계적 학자라는 명성의 짐은 가볍지 않을 터이고, 한국인 속에서 한국에 대해 말한다는 부담은 아마 새로울 터이다. 게다가 동아시아의, 한반도의, 한국 내의 문제는 (탈)식민과 (탈)냉전이 얽힌 양상으로 나날이 어지럽다. 냉전이 끝났는데 정치·경제적 격변 속 갈등만 기승스러워지다니. '너도 빨갱이(의 가족)인가?'라는 겁박에 모두가 시달렸던 세월을 겨우 벗어났는데, '좌빨'이나 '수구꼴통'이란 적대(敵對)의 레테르가 횡행하는 세태라니. '가족'은 무력하고 '애도'도 무기력하다. '진실'은 어디까지 추구돼야 하고 '화해'는 어디서 시작해야 하는지, 어지간한 지혜는 충돌의 불쏘시개감이 되고 마는 시절이다.

　권헌익의 『전쟁과 가족』은 이 상황에 부치는 격려의 언어라고 할 수 있으리라. 우리는 "냉전의 유산"에 맞설 만한 기억을, 그럴 능력을 갖고 있다고 말이다. 따뜻한 제안이자 격려다. 그렇지만 권헌익이라는 이름에 기대하는 것은 그 이상이다. 격려 이상의 발본적 성찰, 존재를 다독거리기보다 현 존재를 흔드는 충전된 언어다. 어설픈 희망보다 냉철한 진단을, 어정쩡한 위안보다 심장을 후려치는 일갈(一喝)을! 이 소망에 비하면 더 많은 지역 조사가 필요하다거나, 한국적 '가족' 개념을 좀 더 정련하길 바란다는 등의 감상은 췌언에 지나지 않는다. 지나친 욕심일까. 그렇지만 영화 〈스파이더맨〉의 대사마따나 '커다란 힘에는 커다란 책임이 따르기 마련(With great power comes great responsibility)'이 아니던가. 늙지 마시고, 물러서지 마시라. 아직은. 2020년 겨울

『전쟁 쓰레기』

하 진 지음, 왕은철 옮김, 시공사, 2008

미국에서 활동 중인 중국 출신 작가 하 진(金哈)이 쓴 강렬한 소설
이다. 한국전쟁에 참전했던 중국인 장교를 주인공으로 하여, 한국
전쟁에 대해, 그 국제전적 성격과 포로의 문제와 냉전의 유산에
대해 곰곰 생각하게 해준다.

『마을로 간 한국전쟁』

박찬승 지음, 돌베개, 2010

근현대사 최고의 권위자 중 한 명, 언제나 믿음직한 저자가 낸 구
술사의 모범 같은 책. 충청도와 전라도 지역 마을의 역사를 통해
식민지 시기에서 지금까지 신분·이념·종교 갈등을 아우른 우리
삶의 내력을 추적한다. '지금도 살아 있는 한국전쟁'을 생생히 보
여 주는 역사서이다.

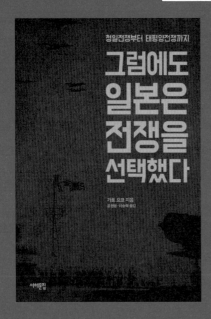

『러일전쟁』(전2권)

와다 하루키 지음, 이웅현 옮김, 한길사, 2019

『그럼에도 일본은 전쟁을 선택했다』

가토 요코 지음, 윤현명·이승혁 옮김, 서해문집, 2018

구한말,
21세기 벽두의 데자뷔?

박훈

다시, 귓전을 울리는 '구한말'

한국 시민들은 나라가, 특히 국제 정세가 어려울 때면 곧잘 구한말을 입에 올린다. "구한말 때도 이랬다"든가 "정신 못 차리면 구한말 때처럼 나라 망한다"든가 하는 말들 말이다. 70년가량 버텨 온 샌프란시스코 체제가 동요하고 있는 요즘, '구한말' 소리가 부쩍 자주 들린다. 그런데 구한말에 무슨 일이 있었다는 것인가. 무슨 일을 떠올리며 구한말을 말하는가. 친일파, 친청파, 친러파로 나뉘어 사생결단하던 내부 분열, 세상 물정 모르고 중화 문명 수호를 외치던 위정척사파, 혹은 그에 대항하던 독립협회, 만민공동회 등등일지 모른다.

그러나 구한말 한국에 가장 큰 영향을 끼친 것은 청일전쟁

(1894-1895)과 러일전쟁(1904-1905)이다. 이 두 전쟁으로, 그중에서도 러일전쟁으로 대한제국의 운명은 결정되었다. 그러나 우리들이 대한제국이나 「시일야방성대곡」에 비해 이 전쟁들을 얼마나 깊게 알고 있는가 자문해 보면 당혹스럽다. 이 시기의 역사 서술은 이 전쟁들을 주축으로, 나머지를 종축으로 하여 서술해야만 시대의 진상에 육박해 들어갈 수 있다. 현재의 역사 서술은 그렇지 않은 것 같다. 지금까지 한국 학계에서는 한국과의 관련에서만이 아니라 국제 정치적 맥락에서 이 두 전쟁을 본격적으로 다룬 연구서는 드문 형편이다. 아쉽게 생각하며 이 서평이 앞으로의 연구 활성화에 작은 촉매라도 될 수 있다면 다행이겠다.

이번에 소개할 책들은 이 두 전쟁에 관한 일본 역사학계의 도달점을 보여 주는 연구들이다. 저자들은 이른바 '양심적 일본인'들로 과거사 문제에 엄정한 반성의 자세를 견지하고 일본의 우경화에 매우 비판적인 학자들이다. 와다 하루키(和田春樹) 도쿄대학 교수는 아마도 한국에 가장 널리 알려진 일본 학자 중 한 명일 텐데, 주전공인 러시아사뿐 아니라 북한과 한국 연구에도 업적을 남겼다. 대표적인 친한파 지식인으로 오랫동안 한일 관계, 특히 위안부 문제 해결을 위해 노력해 온 인물이다. 가토 요코(加藤陽子) 도쿄대학 교수는 2020년 10월 국내에도 보도됐던 '일본학술회의 임명 거부 소동'의 당사자다. 스가 정권이 평소 자민당 정권에 비판적이었던 지식인들을 일본학술회의 신임 회원 후보에서 제외한 사건인데, 그중 한 명이다. 즉 이 책들은 저 두 전쟁에 대해 일본 내에서는 가장 리버럴한 축에 속하는 견해를 보여 준다는 점을 염두에 두면 좋겠다.

1880년대라는 시기

청일전쟁과 러일전쟁이 일본의 야욕에서 비롯되었다는 것은 주지의 사실이다. 특히 한국의 역사학계에서는 재론의 여지가 없는 테제다. 메이지 유신부터 한국 병합에 이르기까지 일본은 일관되게 악의 축으로 설정되었고, 두 전쟁은 그 필연적인 표현이었다. 그러나 이러한 확고한 태도가 이 시기 복잡미묘하게 펼쳐진 국제 정세의 전개와 다양한 면모에 대해 더 이상의 학문적 탐색을 봉쇄해 버린 측면이 있다. 역사에서 '재론의 여지가 없는 일'이란 없다. 이렇게 되면 우리는 이 시기 역사에서 '일본은 나쁜 나라다'라는 것 말고는 지적으로도 교훈으로도 아무것도 얻지 못할 것이다. 그거 하나만으로 충분한가. 그러기에는 이 시기 우리 민족이 치른 대가가 너무 크다.

먼저 청일전쟁 이전까지 일본은 강대국이 아니었음을 놓치지 말아야 한다. 일본인 스스로는 오히려 약소국 의식이 있었다. 그게 거꾸로 과민한 위기의식을 불러일으켰다. 그도 그럴 것이 일본은 아직 산업혁명을 이루지도 못했고, 군사력도 제대로 갖춰지지 않은 신생국에 불과했다. 1873년 벌어진 정한론정변(메이지 정부의 일각에서 사무라이들의 불만을 해소하고자 조선을 정벌하고자 했는데, 그 가부를 둘러싸고 권력 투쟁이 벌어졌다)은 해프닝에 가까운 일이었다. 불만에 가득 찬 오합지졸의 사무라이들이 인구 1,000만 명의 조선을 상대로 전쟁을 벌였다면 임진왜란의 재판이 되었을 것이고 메이지 정부는 무너졌을 것이다. 1880년대 임오군란, 갑신정변에서 청군과 충돌하면서도 결국 전쟁에 뛰어들지 못한 것도 일본은 아직 약소국이라는 판단 때문이었다. 야욕은 넘쳐났으나 현실 판단은 살아 있었다. 일본이 움직이지 못한 것은 해군력 때문이었다. 우리의 인상과는 달리 이 시기 청나라는 양무운동 이후 '근대화'하고 있었고, 특히 해군력은 일본보다 훨씬 우세했다. 1886년 청 해군 함대는 나가사키를 '친선' 방문하여 일본을 주눅 들게 한 바 있었다.

이런 관점에서 가토 요코는 청일전쟁까지를 청과 일본이 치열하게 국력 경쟁을 하던 시기로 파악한다. 단순히 군사 분야뿐 아니라 문화적, 사회적, 경제적 분야에서 청과 일본 간 경쟁의 시대였다는 것이다. 비판을 의식해서인지 그는 "일본의 전쟁 책임을 부정하는 것이 절대로" 아니라고 사족을 달고 있지만, 이렇게 본다면 청일전쟁은 그 경쟁에서 일본이 청을 제압한 결과라는 것이니 '일본의 야욕 프레임'을 희석하는 내러티브가 될 가능성도 있는 발상이다. 최근 일본 리버럴 역사 인식의 변화 조짐을 엿볼 수 있는 대목이다. 이를 충분히 경계한 위에 이 관점을 도입해 보면 양무운동, 막부 말기 개혁, 대원군 개혁이 거의 동시에 시작된 1860년대부터를 한중일의 개혁 경쟁사로 읽을 수 있는 시야가 생긴다. 그렇게 볼 때 1880년대는 주목할 만하다. 청은 양무운동의 성과 위에서 병자호란 이후 처음으로 조선에 군대를 파견했고, 산업혁명을 시작한 일본의 군사비는 정부 예산의 25퍼센트를 돌파했다. 서양 열강과 연이어 국교를 맺은 조선에게도 운신의 공간이 생겨났다. 김옥균 일파의 갑신정변은 이 경쟁에 너무 조급하게 뛰어들고자 했던 시도다. 갑신정변 실패로부터 청일전쟁 발발까지의 10년간 한국인은 뭘 하고 있었는가. 가토는 이 지점에 눈길을 주지 않지만 다시 중일 간의 경쟁이 본격화된 지금, 되돌아볼 만한 시기다.

일본의 야욕, 러시아의 무능

러일전쟁은 서로가 원치 않은 전쟁이었다. 그래서 그동안 그럼에도 전쟁이 왜 일어났으며 개전 책임은 누구에게 있는가가 연구의 초점이었다. 와다 하루키의 책은 러시아와 일본의 외교 문서를 망라해 이 문제의 전모를 치밀하게 밝힌 거작이다. 시간별로 방대한 외교 문서를 샅샅이 파헤친다. 그 분석이 1,200쪽을 넘기니 읽기에 버겁다. 이런 책은 일거에 통독하겠다는 호기를 부렸다가는 낭패 보기 십상이다. 관심 가는 시기를 골라 나눠 읽는 것도 한 방법이겠다. 이 책을 읽고 있노라면 야욕뿐 아니라 상호 공포와 오해가 어떻게 거대한 전쟁을 일으키는지를 살필 수 있다. 불과 3-4년 전까지만 해도 일반 국민은 물론 양국의 당국자도 설마 했던 전쟁이 '어? 어!' 하는 사이에 실제로 일어났다.

일본에게 러시아는 두려운 상대였다. 1895년의 삼국간섭으로 러시아의 힘을 통감했다. 대러전은 자신이 없었다. 가토 요코는 대러 협상파였던 이토 히로부미(伊藤博文)가 전쟁을 피하기 위해 치열한 외교전을 전개한 것뿐 아니라, 군부의 오야붕(親分)으로 대외 강경파였던 야마가타 아리토모(山縣有朋)조차 전쟁 두 달 전까지도 개전을 주저하는 모습을 묘사한다.

그럼 도대체 전쟁은 왜 일어난 걸까? 와다 하루키의 책은, 싸우려면 시베리아 철도가 완공되기 전에 개전해야 한다는 일본 지도부의 초조감이, 어떻게 그 거대한 리스크를 무릅쓰고 전쟁 결정을 하게 됐는지를 생생하게 보여 준다. 전쟁에 점점 다가감에 따라 일본은 한층 일치단결해 갔다. 청일전쟁 때와 마찬가지로 러일전쟁도 거국일치의 전쟁이었다. 이에 반해 와다가 분석한 러시아의 사정은 놀랍다. 시시각각 다가오는 전쟁 가능성에도 불구하고 니콜라이 2세의 제일 관심사는 임신한 황후가 아들을 낳을 것인가였다. 재무상 세르게이 비테 같은 노련한 정치가들을 쫓아내고 대신 만주에서 사업으로 잔뼈가 굵은 인물을 중용했다. 모스크바와 극동 현지는 전혀 소통이 되지 않았고, 모스크바 정부 내에서도 대일 정책은 놀라울 정도로 우왕좌왕했다. 극동군을 총괄하는 사령관은 전쟁 발발 직전까지 줄기차게 사직서를 내고 있었다. 개전을 알리는 일본의 전통문을 읽고도 그것이 정말 개전을 의미하는가에 이견을 보였다.

일본의 러시아 공포와 전쟁 결정은 한반도 때문이었다. 와다가 소개하는 방대한 양의 외교 문서를 보면, 일본이 한반도 확보에 얼마나 집착하고 있었는가가 확연히 드러난다. 징그러울 정도로 집요하다. 왜 그랬을까? 한반도 정세가 일본 안보에 직결된다는 우려는 이해할 만하다. 그러나 러시아가 한반도를 직접 통치할 가능성이 거의 없는 상황에서, 여러 선택의 가능성을 팽개친 채, 자칫 일본을 패망에 이르게 할지도 모를 위험한 전쟁에 뛰어든 이유를, 이 방대한 문서들도 명확히 설명해 주지는 못하는 듯하다. 결과는 달랐지만 러일전쟁에 이르는 일본의 상황을 보면서 태평양전쟁 개전 결정 과정을 떠올린 것은 나만일까?

대한제국의 '분투'

대한제국에게 러일전쟁의 발발은 재앙일 것이다. 한반도가 전쟁터가 될 테니까. 때문에 한국 정부는 개전 직전 전시 중립을 선언하고 상하이 주재 각국 공사들에게 알렸다. 그러나 일본은 한국 외부대신에게 "중립도 중립을 유지할 힘이 있는 국가라야 가능하다"라며 이를 휴지 조각으로 만들었다. 전쟁터가 되는 것보다 더 두려운 것은 어느 한쪽이 승리해 대한제국이 그 나라에 일방적으로 종속되는 상황이었다. 한국의 입장에서는 러일 양국이 균형을 이뤄야 그 틈을 이용해 뭐라도 해볼 수 있을 것이었다. 삼국간섭으로 러시아가 일본 세력을 억눌렀을 때 고종이 반색한 이유다. 1896년 니콜라이 2세의 대관식이 열려 세기의 외교 이벤트가 펼쳐지던 때, 조선은 민영환을 대표로 하는 사절단을 파견했다. 청은 이홍장, 일본은 야마가타 아리토모(메이지 정부의 원로, 일본 군부의 대부, 수상 두 번 역임)가 대표였다.

한국 외교 사절단이 강력하게 개입을 요청했건만, 러시아는 소규모 군사 교관단 파견으로 슬쩍 한 발만 걸쳤다. 그런 점에서 독립협회와 만민공동회 등 개화파 세력이 고종의 친러 정책을 비판하며 러시아 세력을 축출한 것은 논쟁적이다. 와다는 이에 대해 "(독립협회가) 일본과 러시아에 낀 나라로서, 자립의 어려움에 관한 충분한 이해가 되어 있다고는 할 수 없었다. 획기적인 국민적 움직임이 시작되려 하고 있었지만, 그 출발점에는 너무나도 소박한 반러시아 감정"(『러일전쟁』 2권, 1407-1408쪽)이 있었다고 아쉬움을 토로하고 있다. 이에 대한 평가는 더 깊은 숙고를 요한다고 할 수밖에 없다. 숨 막히는 장면이다.

사실 국제 정세를 축으로 이 시기를 서술할 때 한국을 주요 플레이어로 설정하기는 힘들다. 냉정하게 말해서 러시아와 일본뿐 아니라 당시 모든 국가들의 자세를 보면, 한국을 주요 플레이어는 커녕 플레이어 자체로 인정하지 않았다는 게 실상에 가까울 것이다. 그러니 가토 요코의 책에서 한국의 입장이 거의 전적으로 배제되어 있는 것은 야속하기는 하지만 탓할 수만도 없다. 그런 가운데 와다 하루키는 러시아와 일본 간의 격렬한 공방을 서술하는 와중에서도, 한국사에 대한 애정 탓인지 적지 않은 지면을 한국 상황에 할애하고 있다. 사실 한국 학계에서 조선(대한제국)이나 고종에 대해 극단적으로 상반되는 견해가 난무하는 가운데, 나는 이 책을 통해 당시 한국의 객관적인 상황과 입장, 가능성을 이해할 수 있었다. 한국을 주인공으로 한, 이 시대에 관한 '역사 서사'가 하루빨리 나타나길 기대한다. <u>2021년 봄</u>

『러일전쟁의 세기』

야마무로 신이치 지음, 정재정 옮김, 소화, 2010

러일전쟁의 역사적 성격을 잘 설명해 준다. 인종전쟁론, 매스 미디어를 통한 선전전의 중요성, 대량 전사자의 발생, 기관총·참호진지전의 등장 등이 그것이다. 이런 면에서 러일전쟁은 제1차 세계대전의 전초전이었다.

『제국 일본의 전쟁 1868-1945』

박영준 지음, 사회평론아카데미, 2020

일본의 근대는 전쟁의 시대였다. 70여 년간 도대체 어떤 전쟁을 왜 그렇게 줄기차게 했는지 찬찬히 보여 주는 책이다. 근대 일본 전쟁사의 전개를 평이한 서술로 잘 정리해 놓았다.

6부   차별과 연대를 읽다

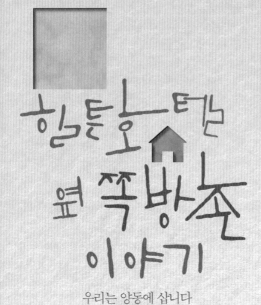

우리는 양동에 삽니다

홈리스행동 생애사 기록팀 지음

『힐튼호텔 옆 쪽방촌 이야기』

홈리스행동 생애사 기록팀 지음, 후마니타스, 2021

가난한 개인은
그 자체로 세계다

조문영

벌거벗은 빈자

"가난한 사람들을 후원하는 방송 프로그램이 한국은 정말 많아. 그것도 프라임 시간대에. 정말 신기해. 일본에서는 상상하기 힘들어. 버스에서 노인한테 자리를 양보하는 일도 일본에서는 흔치 않지. 그 나이에도 버스를 탈 수밖에 없는 건 결국 본인 탓이라고 생각하거든." 이십여 년 전 대학원 동료였던 일본인 친구가 한 말이다. 일찍이 영등포 산업선교회의 역사를 연구했던 그는 내가 드나들던 판자촌 지역에 관심이 많았다. 이제는 'IMF'로 곧잘 축약되는 아시아 금융 위기 직후에 이 연구를 시작했던 터라 "서울의 대표적 달동네" 난곡은 주민들의 의사와 상관없이 유명세를 치렀다.

지역이 "결식아동", "실업 사태" 등 한국 사회 위기를 단박에 확인할 장소로 언론에 심심찮게 오르내리면서 정부, 기업, 교회, 시민단체 지원도 급증했다. 후원자는 돕고 싶다며 간단히 '선의'를 전하지만, 고만고만하게 가난한 사람들을 줄 세우고 선발하는 과정에서 벌어지는 난장은 온전히 지역이 감당할 몫이었다. 동사무소 직원은 기초생활보장 수급자 조사만도 벅차서 불우 이웃 후원 방송에 적합한 가족을 내게 고르라고 할 정도였다. 후원 대상을 '물색'하러 온 방송작가는 가난하지만 "씩씩한", "희망찬", "뭐라도 하려고 발버둥 치는" 사람들을 원했다. 이들의 가난이 생각보다 복잡하고 애매하다 싶으면 방송 대본을 고쳐 쓰고 카메라 각도를 조정해서라도 (한 작가의 표현대로) "그림"을 만들려고 애썼다. 그렇게 완성된 프로그램은 사회에 온기를 전하고, 유료 전화 'ARS 700' 붐을 만들며 더 많은 시청자-후원자를 모았다. 내 일본인 친구가 의아해했을 만큼.

17년간 토요일 저녁마다 방영됐던 〈사랑의 리퀘스트〉는 2014년을 끝으로 사라졌다. 일본처럼, 한국의 버스에서도 노인한테 자리를 양보하는 일은 이제 드문 풍경이 되었다. "서울의 대표적 쪽방촌" 동자동은 이십여 년 전 난곡처럼 물품 지원이 쇄도하고, 주민들이 받는 데 "길들여졌다"는 낙인이 뒤따른다. 하지만 시선은 달라졌다. 2021년 말 KBS 〈시사기획 창〉에서 제작한 〈쪽방촌 계급사회〉는 동자동 주민들의 "씩씩한" 표정 대신 사회적 버려짐의 풍경을 담았다. 장판을 활보하는 바퀴벌레, 김칫국물이 들러붙은 온수 매트 조절기, 머리에 박힌 철심, 초점을 잃은 두 눈을 클로즈업했다. 다큐는 내레이션과 자막을 배제하고 시청자에게 판

쪽방촌은 길이 좁고 복잡한데다 화재가 빈번해 소방 당국은 색으로 구분된 임의 번호를 부여했다.
ⓒ 홍서현

단을 맡겼지만, 방영 후 동자동은 시끄러웠다. 재밌는 이야기도 많았는데 우는 모습만 담았다고, 열심히 살아 보려고 안간힘을 쓰는데 비참한 면만 보여 줬다고 속상해했다. 다큐 영상에 달린 댓글도 요란했다. 감상평 다수는 열심히 살아서 절대 저들처럼 되지 말아야겠다는 다짐이었다.

무엇이 바뀐 걸까? 난곡의 따뜻한 "그림" 대신 가난의 진짜 현실을 우리가 보게 된 건가? 아니면 온기도, 비참도 "그림"에 불과한 건가? 더 중요한 질문이 남는다. 그 "그림"을 왜 그리는가? 가난을 왜 쓰고, 찍고, 편집하고, 떠드는가? 빈자의 경우와 달리, 부자에 관한 다큐나 에스노그라피(ethnography)는 극히 드물다. 인터뷰를 요청하는 순간 거절될 게 뻔하고, 설사 동의를 얻어 촬영하고 조사했더라도 그 결과물이 명예 훼손부터 사생활 침해까지 온갖 공방에 무사할 리 없다. 물론 빈자를 향한 시선도 예전과 비교하면 신중해졌다. 자극적인 연출로 동정심을 유발하는 '빈곤 포르노'에 대한 경각심도 높아졌고, 대학의 연구 윤리 심의도 제법 까다롭다. 그럼에도 빈자 개인을 전면에 등장시키는 작업은 위태롭게, 끈질기게 계속된다. 이 작업은 때로는 가난한 사람들과의 정치적 연대를 선언하고 활동하는 사람들, 가난이 개인의 책임이 아니라 구조의 문제임을 누차 강조해 온 사람들에 의해 수행된다. 그들은 왜 이 일에 뛰어들었을까? 가난한 개인을 등장시키는 순간 빈곤의 구조 대신 빈민의 품행을 왈가왈부하는 위험천만한 공론장에 왜?

섬세한 선언문

『힐튼호텔 옆 쪽방촌 이야기』의 저자는 홈리스행동 생애사 기록팀이다. 서울역 맞은편 양동 쪽방촌 주민 여덟 명이 말하고, 홈리스 야학 교사, 인권지킴이 등 반빈곤 활동에 참여해 온 열한 명이 듣고, 쪽방 주민들 곁에 오래 머문 활동가 둘이 이야기를 보탰다. '홈리스행동'은 2001년 만들어진 노숙인복지와인권을실천하는사람들(노실사)의 활동을 이어받아 2010년 출범한 반빈곤 운동 단체다. 홈리스 상태를 자본주의의 내적 모순과 신자유주의 금융 세계화에 따른 빈곤의 한 형태로 보고, "홈리스 문제를 게으름, 무능 등 개인의 책임으로 떠넘기는 인식에 반대"한다는 점을 분명히 한다.* "거리의 삶과 불안정 주거 상태를 오가는 가난한 사람들"을 두루

---

* 홈리스행동 웹사이트(homelessaction.or.kr) 참조.

포함하기 위해 정부의 공식 범주인 '노숙인(露宿人)' 대신 '홈리스(homeless)' 명칭을 고집한다.*

그간 후원회원으로 지켜본 홈리스행동의 활동은 새삼 놀랍다. 한국 사회 홈리스 통치의 난장을 집요하게 쟁점화한다. 가장 최근의 활동만 간추려도 부지기수다. 정부가 공공 병원을 코로나19 전담 병원으로 지정하면서 국립의료원에서 취약 계층 환자들을 쫓아낸 데 대해 규탄 성명을 냈고, 개정된 서울시 건축 조례가 고시원의 안전 기준만 강화했을 뿐 적절한 주거 환경에 대한 기준이 미흡하다며 논평을 냈다. 머물 집이 없는 홈리스 확진자한테 돌아다니지 말고 한 곳에 있으라고 한 정부 지시에 항의하며 대책 마련을 촉구했고, 까다로운 방역 지침으로 홈리스 급식 참여자 수가 줄었는데 이를 빌미로 예산을 깎은 서울시에 항의했다. 그 와중에 홈리스 야학과 거리 홈리스 현장 지원 활동, 홈리스 추모 문화제를 상시로 진행했다. 정부나 기업 지원을 거부하고 민간 후원으로만 어렵게 운영한 덕택에 당당한 급진주의자로 남았다.

책의 배경이 된 양동** 쪽방촌 재개발도 반빈곤 운동의 개입을 거치며 변화를 맞았다. 볕이 잘 든다는 양동(陽洞)은 그늘진 곳, "가난이 고여 든 곳"이다.(19쪽) 한국전쟁 이후 난민들의 판자촌으로, 성매매 집결소로, 일명 부랑인들의 거처로 오명을 쌓다 IMF 경제 위기 이후 도시 빈민의 최후 거주지인 쪽방촌으로 남았다. 1980년대 초 남산 자락에 들어선 힐튼호텔은 "한국 건축의 중요한

---

* 조문영 엮음, 『우리는 가난을 어떻게 외면해왔는가』(21세기북스, 2019), 212쪽.
** 서울시 행정구역 개편으로 남대문로 5가동에 편입되었지만 '양동'이란 이름이 더 널리 통용된다.

이정표"로 회자되지만,* 그 호텔이 지어지는 과정에서, IMF 총회를 맞아 외국인용 주차장을 만드는 과정에서 쪽방촌의 세입자는 꾸준히 쫓겨났다. 1978년 재개발 구역으로 지정된 이래 큰 철거는 없었던 지역은, 2017년 공원 부지에 건물을 지을 수 있도록 정비 계획이 변경되면서 개발의 급물살을 탔다. 건물주들은 쪽방 주민에게 재개발 사실을 숨긴 채 사전 퇴거를 종용했고, 서울시도 이들을 인근 쪽방과 고시원으로 분산 이주할 계획을 세우며 세입자를 쫓아내는 데 공모했다. 2020년 6월, 정부가 지구 개발 계획을 변경해 쪽방 주민에게 영구 임대 주택을 공급하기로 방향을 선회한 것은 순전히 홈리스행동과 주거권 운동 단체들이 주민들과 함께 저항한 덕택이다. 싸움은 진행형이다. 중산층의 '벼락 거지' 한탄이 부동산 공론장을 잠식한 코로나 시국에, 양동 쪽방 주민회는 까다로운 임대주택 입주 자격과 호당 면적 14제곱미터(약 4.2평)에 불과한 "아파트 쪽방" 건설에 반대하며 분투하고 있다.

홈리스행동 생애사 기록팀은 이 싸움의 일부로 구술 작업을 하고 가난한 개인을 전면에 등장시켰다. 건물주들이 구상하는 개발에 세입자가 들어설 자리가 없는 게 당연한지, "쪽방에서의 삶은 왜 양동의 미래를 함께 그릴 자격을 보증하지 못하는지"(25쪽) 가난한 사람들이 살아온 궤적을 독자들이 들여다보며 직접 판단하길 요청하고 있다. 그렇다고 구술 버전의 성명서를 쓴 것은 아니

---

* 「김우중과 전투하듯 지은 '힐튼'… 철거된다니 마음 아파」, 《조선일보》, 2021년 12월 11일 자. 호텔의 설계자인 김종성 건축가는 힐튼호텔이 "건물"이 아닌 "건축"이었다며 투자 논리에 매몰된 세태를 한탄하고 호텔 철거 소식을 아쉬워했다. 그가 생각하는 "건축"이 건물 바깥과의 관계 맺음을 고려하지 못하는 게 아쉽다.

다. 이 책의 장점은 가난의 고투에 연대하는 목적을 분명히 하면서도 이 연대가 만만한 과제가 아님을 깨닫게 한다는 데 있다. 가난은 쉽게 이해하고 해결할 수 있는 '이슈'가 아니다. 오랫동안 반빈곤 운동에 참여해 온 저자들에게도 화자의 구술을 듣고 쓰는 과정은 녹록지 않았다. 연령, 성별, 문화적 배경의 차이로 "화자의 말과 청자의 질문이 서로 미끄러"(311쪽)지자, 저자들은 다른 지식을 동원해 일부를 메웠고, 일부는 그대로 여백으로 남겼다. 연대에 응답할 태세를 갖추고 느긋하게 책장을 넘길 요량이던 독자는 긴장할 수밖에 없다. 빈자의 몸은 외부인이 망치를 힘껏 내리칠 때마다 '희망'이나 '절망'을 뱉어내는 두더지 게임기가 아니다. 오랜 시간 여러 형태의 폭력이 누적되고 마모되어 무엇 하나 쉽게 도려내기 힘든 끈끈이에 가깝다. 그래서 나는 이 책을 빈자의 품행론에 맞선 '섬세한 선언문'이라 부르기로 했다.

고된 범죄

이 책의 화자들은 살면서 연루됐던 범죄를 가감 없이 드러낸다. 나와 다른 취향, 윤리, 태도를 보이는 사람을 '손절'하는 시대에, 범죄 이력은 가난한 자에 대한 연민을 거두기 가장 쉬운 구실이다. 앞서 언급한 KBS의 〈쪽방촌 계급사회〉 다큐에서도 "피해자"인 줄 알았던 주민들이 알고 보니 "가해자"였다며 분노하는 댓글이 심심찮게 올라온다. 피해자성을 부각하는 방식의 '안전한' 글쓰기가 최선일까? 저자들은 장애인 여성을 상대로 사기를 치고 폭력 전과로 감방을 드나든 권용수에게 가명을 부여한 대신, 그의 범법 이력을 숨기지 않기로 했다. 고통의 전시가 아닌 화자의 "사회적 위치", 그를 짓누르는 "사회적 구조"를 부분적으로라도 드러내는 것을 기록의 목적으로 삼았다. "인생이라는 삶의 덩어리가 얼마나 입체적이고 분열적인지 드러낼 수 있어서 좋았다. 소위 '착한' 소수자로 기록되고/기록하고 싶은 화자/청자 모두의 허영을 깰 수 있었고, 우리가 소수자들의 삶을 기록하는 이유를 다시 벼리게 했다."(224쪽)

범법을 생애 궤적에 따라 바라볼 때 우선 포착되는 것은, 이 책의 화자 대부분이 옳고 그름, 합법과 불법을 따질 만한 교육의 기회를 얻지 못했다는 점이다. 권용수는 낳아 주기만 한 친모보다 어린 자신을 거둬 주고 "세상 사는 기술"을 가르쳐 준 장모가 더 그립다. 장모의 일수놀이, 사채놀이를 돕기 위해 글을 배웠고, 판을 키우다 브로커와 말썽이 생겨 감옥도 드나들었지만, 처음 상경했을 때 "아가야, 너 집이 어디니?"라고 따뜻한 말을 건네며 제집 쪽방에 머물게 해준 사람에 대한 고마움에 시시비비를 따질 생각이 없다.

이들의 감옥행이 어렸을 때, 너무나 쉽게 이뤄졌다는 점도 공통적이다. 문형국은 열여덟 살에 기술을 배우러 광주 명패집에서 일했다. 사장이 월급도 안 주고 부려 먹자 2만 원을 들고나왔다가 잡혀 교도소에 갔다. 출소 후 월급을 주겠다는 "주인"의 말에 먹고 자는 게 해결되니 다시 돌아갔다. 일곱 살 때부터 남의집살이를 한 이석기는 서울 갈 차비를 마련하러 친구와 쌀가마를 훔쳤다가 소년원에 갔다. 출소 후 구두닦이, 넝마주이를 전전하다 시장에서 허드렛일을 도왔는데, 빙설기를 훔쳤다는 누명을 썼다. "환장하겠더라고요."(34쪽) 키도 작은 어린애가 그 무거운 걸 어떻게 업고 가냐고 "팔짝팔짝" 뛰었지만, 결국 다시 소년원에 갔다.

감옥행만큼이나, 가난한 이들을 상대로 한 폭력과 범죄도 너무나 쉽게 일어났다. 이석기는 신안 염전에서 노예살이를 했다. "10년 동안 아무 데도 안 갔어요. 아무도 안 만나고, 세 명이 같이 살았어요."(37쪽) 장영철은 박정희 시대 넝마주이를 조직한 근로 재건대에서 걸식하고 고물을 팔아 왕초들을 모셨다. 이 책의 유일한 여성 화자인 이양순은 같은 언어 장애가 있는 남자와 결혼했는데, 엄마는 키우지도 못한다며 자신을 병원에 끌고 가 "애를 지웠다." "발로 막 나를 갖다가 지글지글 밟"는(118쪽) 남편의 폭력을 견디다 못해 집을 나왔지만, 엄마의 외면에 서울로 도망쳤다. 하지만 그는 자존감을 가르쳐 주지 않은 엄마에 대해 말을 아낀다. "아유 나도 키우기 싫었어."(117-118쪽) 장영철은 오히려 왕초를 두둔한다. "그 양반도 한쪽 팔이 없거든. 힘들었을 거야."(137쪽) 큰형과 싸우다 전과자가 된 김기철은 대전 구치소가 하루 세 끼 국도 반찬도 다 다르고 간식까지 줬다며, 솔직히 나오기 싫었다고 말한다. "바깥은 또 뻔하잖아."(172쪽) 존중받지 못한 경험이 누적되면서, 분노 대신 폭력과 구속에 익숙해진 모습이 등장한 것이다.

　홈리스가 명의를 도용당하거나 대여해 주는 명의 범죄는 벌거벗은 삶을 이윤의 직접적인 원천으로 전환하고,* 빈자에게 다른 삶의 선택지를 빼앗는 약탈적 금융의 대표 사례이다. 책의 화자 대부분은 이 '고된' 범죄에 자연스럽게 연루되었다. 먹여 주고 재워 주고 담배 사준다는 얘기에 솔깃해서 따라갔다가 낯선 장소에 감금된 채 제 명의로 대포차, 대포폰을 뽑아 주고 회사도 차려 줬다. 각종 요금과 세금 체납으로 평생 도망과 구속을 오갔다. 자기 명의

---

* 크리스티안 마라찌, 심성보 옮김, 『금융자본주의의 폭력』(갈무리, 2013), 52쪽.

의 핸드폰이나 통장을 갖는 게 요원해졌을 때, 이석기는 "내 이름으로는 암것도 못해요"(41쪽)라며 무력감을, 장영철은 "돈을 좀 모아도 뺏기지 않는다는 희망이 있었으면"(153쪽) 좋겠다고 간절함을 내비쳤다.

일상에서 가난한 사람들을 잠재적 범죄자로 만든 것은 역설적이게도 국민기초생활보장법(기초법)이다. 기초법은 근로 능력 여부나 연령 등에 관계없이 국가의 보장을 필요로 하는 최저 보장 수준 이하의 모든 가구를 대상으로 생계·의료·주거·교육 급여를 지급하는 것을 골자로 한다. 2021년 1인 가구의 생계급여 기준(중위소득 30퍼센트)은 548,349원이다. 각종 질병과 장애로 대부분 수급권자로 살아가는 쪽방 주민에게 50만 원의 생계비는 목숨줄이지만 삶의 다른 여지를 주지는 못한다. 몇 푼이라도 보태려고 폐지나 고물을 주우러 다니면 '부정 수급'으로 적발될 수 있다.* 나가서 일하면 되지 않냐고? "어디 가서 일할래도 인제 누가 써주지도 않아요. 손이 떨려서 숟가락질도 제대로 못해요. 하긴 하는데 막 떨리니까 남 보기 챙피하고."(이석기, 39쪽) 기초법의 부양의무제와 장애등급제의 경우 반빈곤 운동 진영이 무려 5년에 걸친 투쟁으로 정부로부터 폐지 약속을 받아냈지만, 여전히 완전 폐지가 아닌 기준 완화에 머물러 있다. 구청 직원은 문형국의 가족 관계가 '해체'되었다고 판단해 수급 적격 판정을 내렸지만, '부정 수급'을 의심하는 시선 때문에 그는 경계심을 거두기 어렵다. 부양의무제에 따른 고통을

---

* 2020년에 보건복지부는 20년 만에 처음으로 25-64세 수급자에 대해 생계급여 근로 소득의 30퍼센트 공제를 적용하기로 했다. 하지만 공제 폭이 크지 않아서 일하면 수급비가 끊긴다는 두려움이 쉽게 해소되지는 못하고 있다.

6부 차별과 연대를 읽다

양동 쪽방촌에서 보이는 힐튼호텔 건물. ⓒ 홍서현

익히 봐온 이재임 활동가는 이심전심으로 문형국을 대변한다. "서로의 경제적 궁핍을 해결해 줄 수는 없으나 이따금 얼굴을 보고 안부를 물으며 정서적 지지와 교류를 나누는 것이 이 가족의 방식이지만, 그는 직원에게 구태여 이를 해명하지도 가족의 '해체'를 부정하지도 않았다. "말해 봐야 걔들이 이해를 해?"(78쪽) '부정 수급' 범죄자가 될지, 관계를 모두 끊어 내고 수급이라는 연명 장치에 의지해 가장 비참한 상태로 남을지 양자택일의 기로밖에 없으니 수급'권'자라는 권리의 언어가 공허할 수밖에 없다.

익숙함에 대하여

이 책 화자들의 범법 목록을 나열하다 보니 '범죄'란 단어가 외려 멋쩍게 보인다. 이탈리아의 마르크스주의 이론가 프랑코 '비포' 베라르디(Franco 'Bifo' Berardi)가 사회적 게임의 핵심에 적극적으로 자살을 들여앉힌다는 점에서 금융이야말로 이상적 형태의 범죄라고 말한 대목과 비교하면 더더욱 그렇다. "금융 게임의 전제가 사물이 말살될수록(즉, 공장이 폐쇄되고 일자리가 없어지며 사람이 죽고 도시가 해체될수록) 투자한 돈의 가치가 올라간다는 것이라면, 금융을 통한 부당이익 창출은 필연적으로 세계의 붕괴에 대한 베팅으로 이루어지는 것이다."*

세계를 붕괴시킬 능력도 없지만, 법과 제도를 경유하면서 낙인을 문신처럼 새긴 사람들이 양동 쪽방촌에 모였다. 상대를 통해 제 비참을 들여다보는 관계가 화목할 리 없다. 뜨신 물로 양치질을 하겠다고 1층까지 내려와 깩깩거리는 사람이 반가울 리 없고(김강태), "젊고 멀쩡한 애들"이 서울역 광장에 죽치고 앉은 모습도 볼썽사납다(김기철). 이 동네 와서는 사람이 제일 무섭다고 강성호는 말한다. "나는 방 안에 잘 안 있어요. 서울역에 아무 목적도 없이 미친놈처럼 무작정 돌아다녀요. 그게 오히려 마음이 편해."(245쪽)

취약한 삶들은 그렇게 서로를 밀쳐 내지만, 다른 출구가 없는 상태에서 서로의 돌봄에 가장 기댈 수밖에 없다. 이양순은 술만 마시면 복도에 오줌을 싸는 끝방 아저씨를 향해 "염병"이라며 욕을 퍼붓지만, 오랫동안 눈이 안 보이는 앞방 할아버지의 빨래와 설거지를 도왔다. 공영 장례의 상주 부탁을 받은 김기철은 "씨발. 죽은 거면 죽은 거지"라며 푸념을 내뱉다가도 인간은 어차피 다 연결된 거라며 도울 채비를 한다. "어차피 나도 뒤지면 거 갈 건데, 안 그

---

* 프랑코 '비포' 베라르디, 송섬별 옮김, 『죽음의 스펙터클』(반비, 2016), 113쪽.

래?"(187쪽) 이석기는 동두천 교회에서 알던 사람을 양동에서 다시 만나 함께 밥을 먹는다. "그래도 죽을 때까진 같이 다녀야 할 긴데, 내가 '어딜 같이 갈까? 공동묘지?' 그러면 방긋 웃어요."(42쪽)

2019년 홈리스 주거팀의 실태 조사에 따르면 양동 쪽방 주민들의 83.1퍼센트는 재개발 이후 다시 돌아오고 싶다고 했다. "동네가 익숙하다"라는 게 가장 큰 이유였다. 홈리스 운동에 오랜 기간 헌신해 온 이동현 활동가의 생각도 같다. 가난한 이들일수록 도심에 있어야 먹고살 수 있고, 오래 살던 곳, 익숙한 관계들이 있는 곳이라 떠나기가 쉽지 않다는 것이다. 이 책 화자들이 전하는 '익숙함'의 서사는 세세하다. 지방은 서울보다 수급비가 적고, 시내의 병원까지 가려면 택시를 불러야 한다. 중구에서 제공하는 어르신 공로 수당 10만 원도 큰돈이다. 서울역 노숙인들이 쓰다 버린 박스도 쏠쏠한 재활용감이다. 가난한 사람이 모여야 정부나 기업, 교회의 후원도 모인다. 수도 서울의 중심지를 부동산 논리로 따지는 사람들, 자립과 자활을 탈빈곤의 경로로 전제하는 사람들이 쉽게 이해할 만한 서사는 아니다.

하지만 이 책을 읽고 나서, 나는 양동 쪽방촌 주민들이 얘기하는 "익숙함"이란, 기회와 자원을 힘겹게, 가까스로 연결해 낸 결과이자 성취라는 생각이 들었다. 쪽방, 도시락, 인력사무소, 사랑의 집, 교회, 급식소, 지원센터, 상담소, 해피인, 홈리스행동, 기록팀, 병원, 앞집·옆집 사람, 박스, 신문지, 고물상, 남대문, 서울역, 남산 공원……. 가족, 학교, 일터를 중심으로 한 사회적 네트워크에서 일찌감치 탈락한 사람들, 명의 범죄에 휘말려 신용 불량자가 된 사람들, 환자 숫자가 병원 수익과 직결되는 의료 시스템의 먹잇감이 되어 수년간 요양병원을 전전하다 약물 중독자가 된 사람들이 연결해 낸 사람과 사물의 목록이다. 이렇게 구축된 빈자의 연결망이 출구 없는 미궁처럼 보인다면 누굴 탓해야 하나? 가난과 싸워 온 사람들이 가난한 개인을 전면에 등장시켰을 때, 이 개인의 몸이 다른 사람, 사물, 법, 정책과 연결되면서 펼쳐지는 세계를 서사화·역사화할 때, 우리는 은막의 구조가 아니라 울퉁불퉁한 배치(assemblage)를 들여다보고, 숙고의 시간을 갖는다. 거대한 불평등의 시대, 선진국 진입을 자축하는 나라에서 이 배치가 정말 최선인지, 우리가 이 배치에 어떻게 연루되어 있는지, 어떤 연결이 생명에 대한 동료 인간의 예의일 수 있는지에 대해서. **2022년 봄**

『IMO: 평택 기지촌 여성 재현』

장영미·지니·최윤선·이경빈·이은진·전민주 지음, 디페랑, 2018

기지촌 여성 증언집을 기획했던 세 연구자가 평택을 드나들며 세 여성을 만났다. 그 결과 독립 출판물이 나왔지만, 빼곡한 언어들은 '기지촌 여성'에 대해서도, '증언'에 대해서도 명확한 설명을 제공하지 못한/않은 채 연무처럼 떠다닌다. '기지촌 여성'을 정치적 선언으로 만드는 것과 기지촌 여성을 개인으로 돌려놓는 것, 명령과 중얼거림 사이에서 대화자들은 계속 표류하고, 독자에게도 그 무게를 감당해 보기를 권한다.

『가난의 문법』

소준철 지음, 푸른숲, 2020

재활용품을 수집하는 여성 노인의 가난을 분석하기 위해 1945년생 윤영자라는 가상의 인물을 등장시켰다. 위에 소개한 『IMO』와 상반되는 접근인데, 저자는 수집한 노인들의 자료가 고르지 못한 데다 개인정보를 보호해야 해서 현장에서 만난 조각들을 접붙이는 "위험한 시도"를 했다고 말한다. 주체의 '잡음'이 소거된 대신, 제도에 대한 문제제기는 명징해졌다.

『이상한 변호사 우영우』(전2권)

문지원 지음, 김영사, 2022

'진짜' 자폐인과
자폐인 캐릭터 사이에서

장하원

2022년 여름 방영된 〈이상한 변호사 우영우〉는 '착한 드라마'로 불리며 우영우 신드롬을 일으켰다. 자폐성 장애를 지닌 주인공이 대형 로펌에 입사해 갖가지 사건들을 맡아 해결해 가는 과정이 많은 시청자를 매료시켰다. 종영 후 문지원 작가는 이를 두 권의 대본집에 담아 출판했는데, 책으로 다시 보니 총 16화의 내용이 매우 짜임새 있게 구성되어 있었다. 회차마다 새로운 사건이 등장하는데, 저자는 중증 자폐인, 영세한 기업체, 탈북 싱글맘, 지역민, 어린이, 지적 장애인, 해고 노동자 등을 사건의 당사자로 내세워 우리 사회의 민감한 문제들을 고루 다룬다. 다양한 소수자의 입장을 법정에서 균형 있게, 그러면서도 뻔하지 않게 대변해 냈기 때문에 인기가 높아졌겠지만, 이 서평에서는 법정물로서의 매력보다는 자폐인 우영우의 직장 생존기에 초점을 맞추려고 한다.

'이상한'이라는 형용사로 표현되는 '자폐성'은 우영우 캐릭터의 가장 중요한 특징이다. 대본은 우영우의 아버지가 의사로부터 다섯 살 딸이 '자폐성 장애'를 가졌다는 말을 듣는 장면으로 시작한다. 현재 자폐인을 묶는 의료적 범주는 '자폐스펙트럼장애'로, 법적으로는 '자폐성 장애'라는 용어가 주로 쓰인다. 정신의학에서 자폐스펙트럼장애는 두 가지 증상 영역에서 특징이 나타나는 발달 장애의 한 유형으로, 사회적 의사소통 및 상호작용에서 지속적인 결함이 나타나고, 행동과 관심이 제한적이고 반복적인 양상으로 나타난다고 알려져 있다. 이러한 뇌 발달 장애는 유전적 소인을 강하게 지니며, 평생 지속되는 장애로 개념화되어 있다. 따라서 우영우처럼 어느 시점에 의사로부터 자폐성 장애로 진단되었다면, 이후 훈련이나 교육을 통해 여러 증상이 완화되더라도 뇌와 유전자의 차원에서는 그 특징이 남아 있다는 점에서 자폐성 장애인에 속한다.

흥미로운 점은 이 드라마가 나오면서 우영우가 '진짜' 자폐인인지 논란이 일어났다는 것이다. 극 중 우영우는 법조문을 줄줄 외우고 한번 보거나 들은 것은 잊어버리지 않는 천재적인 면모를 보인다. 이처럼 뇌 기능 장애를 지니면서도 특정 영역에서 뛰어난 능력을 나타내는 서번트 증후군은 전체 자폐인 중 매우 소수에 불과하다는 통계적 사실을 근거로, 이러한 캐릭터가 자폐인 집단을 대표하지 못하며 오히려 오해를 심화시킨다는 비판이 제기되었다. 자폐인과 함께 살아가는 가족 구성원들이 실제로 경험한 장애에

2019년 1월, 변호사 선서를 하고 있는 헤일리 모스.(출처: ALM)

대한 증언들은 이러한 비판에 근거로 보태졌다. 그러나 다른 한편
에서는 다양한 영역에서 두각을 나타내는 자폐인들이 예시로 꼽
혔고, 미국 법조계에서 일하는 자폐인의 사례가 조명되기도 했다.*

　더 중요한 비판은 우영우가 지니는 어려움의 정도가 크지 않
기 때문에 자폐성 장애인의 상황을 충분히 보여 주지 못한다는 것
이다. 우영우처럼 서울대 로스쿨을 수석으로 졸업하고 대형 로펌
에 입사하는 정도라면, 어색한 시선이나 어설픈 몸동작 등 몇몇 특
성만을 캐릭터에 더해 자폐인으로 부각하는 것이 부적절하다는
것이다. 일각에서는 극 중 우영우 정도의 지능과 능력을 지닌 자폐

---

* 드라마 방영 당시 일부 네티즌들이 자폐성 장애인이면서 미국 플로리다에서 변호사
로 활동하는 헤일리 모스(Haley Moss)를 우영우의 실사판으로 꼽았고, 몇몇 언론을 통
해 그녀에 대한 인터뷰가 보도되었다.(「'우영우' 실제 모델 헤일리 모스 인터뷰 해보니」,
《YTN》, 2022년 8월 5일 자.)

인이라면 몸짓이나 어투를 꾸며 자폐인임을 드러나지 않게 감출 수 있다는 주장까지 나왔다. 우영우 같은 자폐인은 없다고 단정하는 것은 다소 지나쳐 보이지만, 이러한 지적은 '장애'의 의미를 다시 생각해 보게 해준다. 자폐스펙트럼장애를 진단하는 의학적 기준에는 주요 증상뿐 아니라 그러한 증상이 '사회적, 직업적, 또는 다른 중요한 현재 기능 영역에서 임상적으로 뚜렷한 손상을 초래한다'라는 점이 포함된다. 뇌의 이상, 즉 장애(disorder)는 실제 사회생활에서 어려움으로 이어질 때 개인의 불능, 즉 장애(disability)로 진단된다. 이런 기준을 고려한다면, 몇몇 증상뿐 아니라 그로 인해 우영우가 일상에서 겪는 어려움과 불리함이 일정 수준 이상일 때 장애가 된다는 점을 명확히 할 수 있다.

이름표를 넘어서는 성장의 서사

이렇게 자폐인인 변호사가 존재할 수 있는지 따지는 것은 소모적이지만, 이는 저자가 우리에게 던진 질문이기도 하다. 작가 인터뷰에서 저자는 주인공이 변호사로서 갖는 직업적 약점과 강점 모두를 자폐성 장애의 특성 안에서 찾았다고 밝혔다.* 자폐인 중에는 '시각적 사고'에 크게 의존하는 사람의 비중이 높다고 알려져 있는데, 이들은 무엇이든 사진을 찍어 저장하듯 기억하는 '포토그래픽 메모리'라는 특출한 능력을 갖기도 한다. 우영우 역시 그러한 사고방식으로 방대한 양의 법조문을 다른 사람들보다 훨씬 잘 기억하고 인출해 낸다. 반면, 우영우 특유의 몸짓과 어투는 자폐인임

---

* 임수연, 「'이상한 변호사 우영우' 문지원 작가 인터뷰 ①」,《씨네21》, 2022년 9월 1일자, http://www.cine21.com/news/view/?mag_id=100846.

을 드러내며 때로는 변호사로서의 자질과 변론의 신뢰도에 부정적인 영향을 미친다. 여기에 더해, 저자는 '자기 안에 갇혀 있다'라는 '자폐'의 말뜻을 빌려와, 우영우의 가장 큰 특징이자 약점이 타인의 생각과 감정을 이해하기 어려워한다는 것이라고 강조한다. 이런 사람이 '남의 입장을 헤아려 변호하는 일'을 하겠다고 하니, "과연 자폐인은 변호사가 될 수 있을까?"라는 질문을 던지지 않을 수 없다.(1권, 8쪽)*

이렇게 보면, 우영우가 직업 세계에서 적응해 가는 서사는 장애인이라는 이름표에 딸려 오는 통념들을 벗어나는 과정이기도 하다. 우선 저자는 우영우가 흔히 말하는 자폐인의 특성인 비사회성과 공감 능력 부재를 직업적 실천을 통해 넘어서는 모습을 보여준다. 법정에서는 범죄의 의도를 따져 죄명을 정하기 때문에, 우영우는 사건마다 타인의 마음을 읽는 실습을 하게 된다. 처음 맡은 사건에서 우영우가 변호해야 하는 사람은 남편을 죽이고 싶다면서도 잠든 남편이 깰까 봐 커튼을 쳐주고 목소리를 낮추는 부인이다. '남편을 죽이고 싶은 마음이 들었다'라는 부인의 진술은 검사에게 살인미수죄의 근거가 되지만, 우영우는 의뢰인의 말과 행동을 대조하며 상대의 의중과 사건의 맥락을 파악한다. 또 다른 사건에서는 중증 자폐인인 피고인과 소통하기 위해, 상대가 좋아하는 '펭수'를 매개로 대화를 시도하고 그의 눈높이에서 세상을 바라보

---

* '자폐(自閉)'라는 한자어의 의미가 자폐인의 상태를 설명하기에 적절하지 않다는 비판은 이미 자폐인 옹호 단체, 의학계 등에서 제기되었다. 하지만 여기서는 주인공의 장애의 특성과 직업이 요구하는 특성을 대비하기 위해 쓰였다는 정도로 이해하고자 한다.

다가 중요한 증거를 찾아낸다. 또한, 어린이 납치범으로 기소된 피고인이 실은 어린이를 끝없는 학습으로부터 해방시켜야 한다는 사상을 지닌 사상범이라는 독특한 변론을 펼치며, 피고인이 망상장애라고 주장하며 형량을 낮추기보다는 피고인의 목표와 사상을 법정에서 변호한다.

이에 더해, 저자는 우영우가 의뢰인의 법적 권리뿐 아니라 인간으로서 누려야 할 자유를 보장하려고 힘쓰는 가운데 우영우 개인의 주체성을 확립해 가는 과정을 흥미롭게 보여 준다. 아버지에게 등 떠밀려 원치 않는 정략결혼과 파혼 피해 소송의 당사자가 된 의뢰인을 변호하게 되자, 의뢰인 스스로 결혼과 소송을 그만둘 수 있도록 도우면서 동시에 자신 역시 아버지로부터 독립해야 함을 깨닫는다. 또한, 지적 장애 여성을 성폭행한 혐의로 기소된 남성을 변호하는 과정에서, 그가 상습적으로 장애 여성을 노리는 '나쁜 남자'든 아니든 장애인 또한 자신이 사랑할 대상을 선택할 권리가 있다고 주장한다. 사건 당사자인 여성에게 자신이 경험한 것이 사랑이었는지 성폭행이었는지 판단할 기회를 주면서, 우영우 자신 또한 연인과 관계 맺는 방식을 스스로 고민하고 결정한다.

이러한 개인적 성장은 변호사로서의 직업적 성장과 맞물려 있다. 두 ATM 회사의 저작권 소송 사건과 대기업의 부당 해고 소송 사건을 다루는 회차에서는, 법정 드라마의 일반적인 플롯과 달리 우영우는 상대적으로 정의롭지 않은 편의 변론을 담당한다. 이 과정에서 우영우는 '소송에서 이기는 유능한 변호사'와 '진실을 밝히는 훌륭한 변호사' 사이에서 갈등한다. 이런 사건들을 거치며 우영우는 의뢰인의 권리와 이익을 위해 법을 활용하는 '법 기술자'가 되기보다는, '변호사는 기본적 인권을 옹호하고 사회 정의를 실현함을 사명으로 한다'라는 변호사법 조항에 맞는 변호를 지향한다. 결국 마지막 사건에서 우영우는 미성년자의 자백 영상을 증거물로 확보하지만, 이를 활용해 손쉽게 소송에서 이기는 대신 미성년자의 사생활을 보호하면서도 사건을 해결하는 새로운 방식을 찾는다. 그의 성장을 곁에서 지켜본 상사의 말대로 우영우는 '그냥 보통 변호사가 아닌', 자신만의 원칙과 전문성을 지닌 변호사가 된 것이다.

몸의 차이가 장애로 이어지지 않으려면

드라마 속에서 자폐인이면서 변호사라는 얼핏 불가능해 보이는 일이 가능했던 이유에 대해 많은 사람들이 우영우 주변인들의 수용과 지지를 꼽았다.* 이 드라마의 판타지는 자폐인 변호사 자체가 아니라 그를 기꺼이 지지하는 주변인들이 포진한 환경이라는 말도 나왔다. 맞는 말이다. 우영우를 큰 편견 없이 팀원으로 인정하고 일을 배분하는 상사, 우영우의 소통 방식에 맞춰 공적·사적 관계를 이어 가는 동료들이 없었다면 우영우는 이처럼 활약하기 어려웠을 것이다. 그러나 우영우가 자폐인을 대변할 수 있느냐는 비판이 나올 정도로 장애의 정도가 경미했다는 점을 상기한다면, 드라마 속 주변인들이 비현실적이라는 진단은 서글프기까지 하다. 우영

---

* 김준혁, 「우영우에겐, 장애를 장애로 만드는, 장애가 없다」, 《한겨레》, 2022년 7월 25일 자, https://www.hani.co.kr/arti/science/science_general/1052204.html; 최영권, 「우영우보다 우영우 주변 인물이 더 판타지 같아」, 《서울신문》, 2022년 7월 29일 자. https://www.seoul.co.kr/news/newsView.php?id=20220729500168.

『이상한 변호사 우영우』 각본집.(사진 촬영: 임효진)

우의 '이상함'은 지나치게 '무해'하고, 그래서 그것을 받아들이는
데는 그리 큰 노력이 들지 않는다. 문 열고 들어오기 전 셋을 세는
시간, 어색한 시선과 단조로운 억양, 이상한 자기소개, 불쑥 튀어나
오는 고래 이야기, 비폭력적인 형태의 감각붕괴(meltdown). 이 정도
의 차이조차 견디지 못하는 사람들 앞에서 우영우는 얼어붙지만,
이러한 특성을 그 사람의 (잠재적) 능력과 연결 짓지 않는 사람들 속
에서 우영우의 '이상함'은 전문성과 창의성으로 발휘된다.

　　다시 저자의 질문으로 돌아가 보자. 이 대본집은 자폐인 우영
우가 어엿한 직업인으로 살아갈 수 있을지 실험해 보는 과정이 기

록된 연구 노트이다. 일단 드라마에서 이 실험은 성공했다. 경미하게 설정된 주인공의 장애와 특출난 능력, 그리고 착한 조연들 덕분이다. 이제는 우영우 실험이 남긴 잔상과 질문들에 집중할 시간이다. 좋은 조건이 갖추어졌을 때, 직업 세계에서 비장애인이 성장하듯 장애인도 성장하며 즐거움과 성취감을 느낄 수 있었다. 그러나 드라마가 아닌 현실에서 우영우는 공동체의 일원으로 살아갈 수 있을까? 우영우와는 다른 자폐인, 다른 장애인이라면 어떨까? 현실의 자폐인과 장애인이 사회에서 직업인으로 살아가기 위해서는 어떤 조건이 마련되어야 할까?

이런 질문들에 답하기 위해서는 이 드라마를 계기로 삼아 실제 현장에서 쏟아진 의견들에 귀 기울여야 할 것이다. 우선, 장애인 당사자들이나 가족들은 우영우라는 캐릭터에는 열광하면서도 정작 주변의 장애인을 이웃으로 받아들이지 못하는 사람들의 모습에 씁쓸해했다.* 우영우를 대표로 세워 사회에 무해하면서도 도움이 되는 장애인만을 재현하는 것은, 사회가 바뀌기보다는 장애인 개인에게만 자신의 한계를 극복할 책임을 지울 위험이 있다. 여기에 더해, 우영우의 차이를 장애로 만들지 않는 '사회적' 조건들이 주로 착한 개인들이 제공하는 사적 관계에 기반하고 있다는 비판도 제기되었다. 직장이라는 공적인 공간을 배경으로 함에도 불구하고, 자폐인이 적절히 노동할 수 있는 조건은 공적 제도가 아니라

---

* 김상희, 「우영우엔 열광하지만 '이웃 장애인은 싫다'는 사람들」, 《비마이너》, 2022년 7월 27일 자. https://www.beminor.com/news/articleView.html?idxno=23730; 류승연, 「'우영우'에 빠진 여러분, 장애인은 '무해' '유익' 입증해야 할까요?」, 《한겨레21》, 2022년 7월 22일 자. https://www.hani.co.kr/arti/culture/culture_general/1051996.html.

좋은 상사나 친구, 연인과 같은 사적 관계에 의존하고 있다는 것이다.* 이러한 비평들은 장애가 개인의 특성이면서 동시에 '사회적 상태'라는 것을 강조하며, 장애인 개인이 아닌 비장애중심주의의 사회가 바뀌어야 한다고 힘주어 말한다. 〈이상한 변호사 우영우〉를 판타지로 남겨 두지 않으려면, 이제 우리 사회가 어디까지 변화하고 성장할 수 있을지 질문하고 실험해야 할 것이다. `2022년 겨울`

---

* 안희제, 「우영우가 침묵한 것」, 《비마이너》, 2022년 8월 19일 자. https://www.beminor.com/news/articleView.html?idxno=23818.

『낯설지 않은 아이들』

로이 리처드 그린커 지음, 노지양 옮김, 애플트리태일즈, 2008

인류학자이자 자폐인 딸을 둔 아버지가 역사적으로, 또 문화적으로 자폐증에 대한 해석이 달라지는 것을 보여 주면서, 장애의 경험에 문화가 미치는 영향을 드러낸다.

『나의 뇌는 특별하다』

템플 그랜딘·리처드 파넥 지음, 홍한별 옮김, 양철북, 2015

저명한 동물학자이자 자폐인 당사자인 템플 그랜딘이 자신의 뇌를 뇌과학적으로 탐구해 자폐인의 뇌의 특징과 독특한 사고방식에 대해 풀어놓는다.

『성서, 퀴어를 옹호하다』

박경미 지음, 한티재, 2020

예수라면 어떻게 했을까?:

성소수자를 배척하는 개신교에 대한 한 신학자의 비판

홍성욱

2020년 10월, 서울대학교의 인권헌장 초안을 놓고 진행된 온오프라인 공청회 자리에 개신교 계열의 교수, 학생, 일반인들이 몰려와서 토론과 댓글로 강한 반대 의사를 표명했다. 이들은 성적 지향과 성정체성을 이유로 서울대 구성원을 차별해서는 안 된다는 헌장의 조항에 격하게 반대했다.* 이 조항이 성과 사랑에 대한 표현의

---

* 여기서 성적 지향(sexual orientation)이란 성적으로 또는 정서적으로 어떤 성별에 이끌리는지를 지칭하는 개념이며, 성정체성(gender identity)이란 자신이 스스로 인식하는 자신의 성별을 의미한다. 후자는 성별정체성이라고도 쓰인다. 성적 지향과 성정체성이라는 말은 성소수자의 인권 관련 문서나 선언문에서 국제적으로 널리 사용된다. 성소수자를 범주 짓기 위해 일상적으로 많이 쓰이는 말은 LGBT인데, 이는 레즈비언(L), 게이(G), 바이섹슈얼(양성애자, B), 트랜스젠더(T)를 의미한다. 요즘은 여기에 I(intersex,

자유를 가로막을 수 있고, 동성애자에서 이성애자로 '전향'한 사람들에 대한 역차별을 낳을 수 있기 때문이라는 이유에서였다. 이들은 이런 주장을 정당화하기 위해서 최근의 과학 연구는 동성애가 선천적인 것이 아님을 보여 주고 있으며, 따라서 실제로 노력에 의해서 동성애에서 이성애로 성적 지향이 바뀐 경우가 있다고 역설한다. 이러한 비판과 반대는 개신교의 '죄는 미워하되 죄인은 미워하지 말라'는 교리와 부합한다는 것이 이들의 입장이었다.

물론 모든 개신교 교회가 포괄적 차별금지법이나 동성애*에 반대를 하는 것은 아니다. 일부 진보적인 교계나 신학자, 목사와 신도들은 동성애자와 같은 성소수자가 한국 사회에서 억압받고 소외된 자들이며, 이들을 끌어안는 것이 예수의 뜻을 이 땅에 구현하는 것이라고 생각하고, 또 이런 뜻을 실천하고 있다. 그렇지만 다른 주제에 비해서 볼 때, 동성애에 대한 반대에는 보수적인 개신교 교회만이 아니라 중도적이고 일부 진보적인 교계까지 광범위한 의견의 일치를 보이고 있다. 차별금지법 제정에 찬성하고 퀴어 축제에서 축복을 했다고 징계를 받는 목사도 있다. 왜 한국의 개신교는 동성애에 대한 반대에 이렇게 집착하는 것일까? 동성애는 진정으로 기독교의 교리와 어긋나는 것일까?

간성), Q(questionable 혹은 queer), A(asexual, 무성)를 더해서 LGBTIQA라는 표현도 종종 쓰이며, 더 많은 성소수자들을 아우르기 위해 LGBTQ+ 또는 LGBTIQA+라고 쓰기도 한다.
* 한국 개신교의 공격은 성소수자 전반을 겨냥하고 있지만, 많은 경우 '동성애'에 그 비판의 초점을 맞춘다. 이 글에서 리뷰하는 『성서, 퀴어를 옹호하다』의 저자 박경미도 동성애자가 성소수자의 전부가 아님을 잘 알고 있지만, 한국 개신교계의 주장을 논박하기 위해서 주로 동성애에 초점을 맞춰서 논지를 전개하고 있다.

'오독'에 기초한 개신교의 성소수자 혐오

이화여대 기독교학과에서 신학을 가르치는 박경미의 『성서, 퀴어를 옹호하다』는 이런 질문에 대한 답을 얻을 수 있는 책이다. 우선이 책은 이반 일리치와 루이-조르주 탱의 연구에 근거해서 기독교가 지배하던 서양에서조차 동성애를 죄악시하기 시작한 시기가중세 이후라는 것을 보여 준다. 그전에는 동성애가 악하거나 추한것이 아니라 사람의 성행위의 일종으로 간주되었고, 심지어 고대그리스 사회에서는 (남성 동성애의 경우) 이상적이거나 바람직한 성적행위로 간주되었다는 것이다. 서구 사회에서, 특히 기독교에서 동성애를 죄악시한 것은 교회가 결혼에 개입해서 가족의 구성을 통제하기 시작한 12세기 이후라는 것이 여러 역사적 연구를 참조해서 얻어 낸 저자의 판단이다. 이렇게 이성애와 동성애를 정상과 비정상으로 엄격하게 나눈 교회의 교리는 이후 근대 산업 사회에서더 강화되었다. 남녀가 결합해서 아이를 낳아 가정을 이루고, 남녀가 각각 공적 영역과 사적 영역을 담당하는 가정을 이상화하는 젠더 이데올로기(gender ideology)는 동성애를 비정상이라는 병적인 구역으로 몰아넣었기 때문이다.

박경미에 의하면 개신교의 동성애 반대 논리에는 이런 서양의 기독교 전통과 산업 사회의 이데올로기에 덧붙여 한국 교계의관습이 녹아들어 갔는데, 이는 바로 성경에 대한 문자주의적 해석이다. 성경에는 「창세기」, 「레위기」, 「고린도 전서」 등의 몇몇 구절에동성애를 비판하고 죄악시하는 표현이 있는데, 성경을 글자 그대로 이해하는 문자주의적 해석에 경도된 교회는 이런 표현을 다른해석의 여지가 없는 신의 말씀으로 받아들이면서 이를 어기면 지옥 불에 떨어지는 큰 죄를 짓는다고 신도들을 겁박한다는 것이다.

『성서, 퀴어를 옹호하다』는 동성애를 배척하는 한국의 교회와 기독교인들이 증거로 삼는 성경의 몇몇 구절들에 대해서 대안적인 해석이 존재할 수 있음을 설득력 있게 보여 준다. 예를 들어 구약의 「레위기」 18장 22절에 나오는 "너는 여자와 교합하듯 남자와 교합하면 안 된다. 그것은 망측한 것이다"라는 구절은 동성애 전반을 금하는 것이 아니라 남성에게 여성의 역할을 강제하는 것에 대한 금지로 받아들여져야 한다는 것이 저자의 주장이다. 히브리어 원문을 보면 "너는 남자와 '여자와 자는 것'을 하면 안 된다"는 식으로, 이 구절만이 아니라 비슷한 구절들이 모두 남자에게 여자 역할을 강요해서 젠더의 위계를 깨는 것에 대한 금지를 명시하고 있기 때문이다.(261-262쪽)

사도 바울의 편지로 구성된 「고린도 전서」 16장 9절에 있는 "음란한 자나, 우상을 숭배하는 자나, 간음하는 자나, 남창 노릇을 하는 자(malakoi)나, 동성연애를 하는 남자(arsenokoitai)나, 도둑질하는 자나 (……) 남의 것을 약탈하는 자들은 하느님의 나라를 상속받지 못할 것이다"는 경구 역시 동성애를 패악시한다고 해석되는데, 박경미는 'malakoi'가 일반적인 남창이라기보다는 나약하고, 비겁하거나, 성적으로 욕망이 강한 (여성 같은) 남자를 의미했고, 'arsenokoitai' 역시 남성에게 삽입함으로써 남성성을 잃게 하는 행위를 의미했다고 해석한다. 즉, 「고린도 전서」의 이 구절도 바울이 살았던 당시 헬레니즘 시대에 만연한 젠더의 고정된 역할과 위계를 깨는 행위를 경고하는 계율이었지, 동성애 전반에 대한 금기를 적은 내용이 아니라는 것이다.(301-313쪽)

2017년 7월 서울퀴어문화축제 당시 예수 분장을 한 참가자의 모습. 뒤에서는 기독교 단체가 '반(反)동성애' 구호를 외치고 있다.(출처: flickr.com)

휠씬 널리 알려진 것은 「창세기」에 등장하는 소돔과 고모라에 대한 이야기다.『성서, 퀴어를 옹호하다』에 따르면 11세기 주교 피에르 다미엥이 소돔의 멸망 원인을 소돔인들의 동성 성교에서 찾은 뒤부터 소돔과 고모라 얘기가 동성애와 연관되기 시작했다. 그렇다면 11세기 이전에는 어떠했을까? 박경미에 의하면 구약성서와 유대교 전통에서 소돔과 고모라 이야기는 낯선 이방인에 대한 폭력과 강간의 죄를 범한 소돔인을 벌한 민담이었다. 낯선 남성 방문자들을 환대하기는커녕 이들을 강간한 죄의 대가로 소돔 사람들(sodomites)이 벌을 받았다는 것이다. 즉, 여기서의 성교는 흔히 우리가 생각하는 동성애자들 사이의 항문 성교가 아니라, 이

방인을 대상으로 한 강간이었다. 그런데 11세기 다미엥 주교 이후에 이 이야기가 남성 동성애를 죄악시하는 방식으로 해석되었고, 이런 해석이 굳어지고 이어지면서 'sodomy'라는 단어가 남자끼리 하는 항문 성교를 비하하는 말로 정착되었다는 것이다.(218-226쪽)

이런 사례들을 통해서 성경에서 동성애를 패악시한다고 알려진 구절들이 지금 우리가 알고 있는 성적 지향으로서의 동성애를 죄악으로 간주한 것이 아니라, 당시 성경이 저술된 시대의 사회적, 문화적, 사상적 맥락 속에서 특정한 젠더 이데올로기를 담고 있는 것임을 알 수 있다. 박경미는 성경이 신의 말을 적어 놓은 책일 뿐만 아니라 그것을 적은 인간의 말이 함께 담긴 책이며, 따라서 성경을 제대로 해석하기 위해서는 거기서 묘사하는 사건이 구전되고, 기록되고, 공유된 당시의 시대적 맥락을 재구성해서 이런 맥락 속에서 성경이라는 텍스트를 이해해야 한다고 강조한다. 이렇게 봤을 때 동성애의 죄목을 적은 것처럼 보이는 성경의 구절들은 대부분 남성에 대한 성폭력이나 강간, 혹은 당시 사회에서 성적으로 고정된 남녀의 역할을 파괴하는 것에 대한 경고를 담고 있는 것이지, 지금 우리가 얘기하는 성적 지향으로서의 동성애를 언급하거나 이를 금하는 계율이 아니라는 것이다.

한국 개신교의 새로운 교리, 반동성애

역사를 돌이켜 보면, 11세기 이후 유럽의 가톨릭 교단에서 만들어진 동성애에 대한 종교적인 비난은 이후 발전한 근대 과학과 결합했다. 서양의 의학은 동성애를 비정상으로 분류하고, 심지어 정신병의 일종으로 간주했다. 그렇지만 동성애자들과 이들에 동조하는 사람들이 이런 분류에 반대하고 저항하기 시작했다. 이런 저항적인 외침은 보수적인 정신의학에도 영향을 미쳐서, 1970년대 이후에 정신의학의 영역에서 동성애를 고쳐야 할 질병으로 보는 관점이 사라졌다. 이성이 아니라 동성에게 애정을 느끼거나 성적인 끌림이 있을 수 있는 사람이 있고, 이성애자들이 왜 이성에 끌리는지를 이해하거나 통제할 수 없듯이, 동성애자들도 마찬가지라는 것이 점차 받아들여졌다. 그러면서 성적 소수자를 색안경을 쓰고 보는 사람들이 줄었고, 이들도 이성애자들이 당연하게 누리는 여러 권리들—사랑을 하고, 같이 살고, 결혼을 하고, 아이를 양육하는—을 누려야 한다는 인권적 차원의 요구가 강하게 부상했다. 20세기 말부터 법적인 시민 결합으로서의 동성 커플을 인정하는 나라들이 생겼고, 2001년 네덜란드를 필두로 동성혼을 법제화한 나라들이 늘어났다. 2019년에는 대만이 아시아 최초로 동성혼을 합법화했다.

왜 다른 나라와 달리 한국의 개신교계는 동성애에 대해서 이렇게 극렬하게 반대를 할까? 중세 이후에 발전한 개신교의 교리 자체에 반동성애적 요소가 있지만 이것만 가지고는 지금 한국 개신교에서 일어나는 반동성애 운동을 이해하기 힘들다. 개신교계가 퀴어 퍼레이드 같은 성소수자 행사를 물리적으로 방해하거나, 포괄적 차별금지법 같은 법제도의 제정을 조직적으로 반대한 것은 상당 부분 지난 20년 사이에 형성된 것이기 때문이다.

『성서, 퀴어를 옹호하다』는 이 원인을 한국 개신교계의 위기에서 찾는다. 1995년에서 2005년 사이에 가톨릭 신자 수는 대폭 증가했고, 개신교 신자 수는 소폭 감소했다. 특히 개신교 인구의 감소는 젊은 층에서 확연했다. 종교인의 수가 줄어들면서 개신교는 동시에 고령화했고, 이에 위기의식을 느낀 교계는 개신교인을 하나로 묶어 줄 새로운 이념을 찾게 되었다는 것이다. 과거에는 반공주의가 한국 개신교의 가장 큰 이념적 정서였는데, 반공주의의 이념만 가지고 개신교가 위기에서 탈출할 조짐이 보이지 않자 교계는 개신교인들을 새롭게 결속할 이념으로 반동성애라는 새로운 교리를 채택했다는 것이다.

교회의 이런 보수적이고 반동적인 회귀에도 불구하고 동성애에 대한 한국 국민들의 의식은 다른 어느 나라보다도 더 빠르게 우호적으로 바뀌고 있다. 2013년에 40개국을 대상으로 한 퓨연구센터(Pew Reserch Center)의 여론조사에서 한국은 동성애와 관련한 관용도에서 20위를 차지했다.* 한국 국민 중 57퍼센트가 동성애를 "윤리적으로 받아들일 수 없다"고, 21퍼센트가 "윤리적으로 받아들일 수 있다"고 했으며, 18퍼센트는 동성애가 "윤리적 이슈가 아니다"고 했다. 당시 중국이 우리보다 조금 못한 21위였고, 일본은 훨씬 관용적이었다. 2013년의 설문 결과도 10년 전과 비교하면 크게 향상된 것이었지만, 몇 년 뒤인 2019년에 한국갤럽이 수행한 조사 결과는 2013년보다 더 발전된 양상을 보인다. 이 조사에서 동성애가 사랑의 한 형태라고 답한 응답자는 53퍼센트, 그렇지 않다고 답한 응답자는 37퍼센트였다.** 흥미로운 사실은 이 질문에 대해서

---

* 퓨연구센터 웹사이트 참조(https://www.pewresearch.org/global/interactives/global-morality/).
** 한국갤럽, 「동성결혼, 동성애, 서울퀴어문화축제에 대한 인식」,《한국갤럽 데일리 오피니언》, 2019년 5월 31일 자, 11쪽.

그렇다고 답한 응답자를 연령별로 볼 때, 20대가 77퍼센트, 30대가 68퍼센트, 40대가 64퍼센트, 50대가 44퍼센트, 60대 이상이 27퍼센트라는 것이다. 당시 10대와 20대에서는 심지어 동성결혼의 법제화를 찬성하는 비율이 반대하는 비율보다 더 높게 나왔다.

개신교의 반동성애 운동이 교인들을 결속하는 교의로 작동하고 있고 포괄적 차별금지법의 제정에 제동을 걸고 있다고 해도, 이 영향력이 모든 연령대를 파고드는 것 같지는 않다. 인과관계를 밝히기는 힘들겠지만, 개신교계의 반동성애 운동이 강해지던 2005년에서 2015년 사이에 개신교를 믿는 인구 중에서 젊은 층이 급격하게 감소했고 노령층이 증가했다. 이는 한국 사회가 급격하게 노령화되었던 것과도 무관하지 않겠지만, 개신교의 몇몇 교리가 젊은이들의 감수성을 따라가지 못했기 때문일 수도 있다. 포괄적 차별금지법이나 인권헌장의 제정을 반대하고 성소수자 문화 행사를 물리적으로 방해하는 행동 같은 반동성애 운동은 젊은 층의 이탈이라는 불씨에 기름을 붓는 결과를 가져올 수 있다. 앞에서 언급한 한국갤럽의 설문조사에서도 나타나지만 한국인 중 67퍼센트는 동성애자의 방송 출연이 문제없다고 생각하고,* 90퍼센트가 동성애자도 일반인과 동일한 취업 기회를 가져야 한다고 생각하며, 81퍼센트가 동성애자의 해고가 부당하다고 생각한다.** 2020년에 이루어진 인권위원회의 설문조사는 국민의 88.5퍼센트

* 같은 글, 10쪽.
** 한국갤럽, 「동성결혼, 동성애에 대한 여론조사」, 《한국갤럽 데일리 오피니언》, 2017년 6월 8일 자, 4쪽.

가 차별금지법의 제정에 찬성함을 보여 준다.* 이는 2019년 조사보다 무려 15퍼센트 높아진 수치였다. 개신교계의 반동성애 운동에도 불구하고 한국 사람들 대부분이 성적 지향이나 성정체성 때문에 성소수자가 차별받는 것이 부당하다고 생각하는 것이다.

한국 개신교의 반동성애 운동에서 흥미로운 사실은 이들이 동성애가 후천적인 선택이라는 점을 강조하면서, 동성애에서 이성애로 성적 지향이 바뀐 사례를 강조한다는 것이다. 이들은 더 나아가서 교회가 이런 '전향'을 이루는 장이 되어야 한다고 주장한다. 사실 성적 지향에도 여러 형태가 존재한다. 오래전인 1953년에 나온 킨제이 보고서는 미국 남성 중 37퍼센트가 성적인 쾌감을 동반한 동성애를 경험했다는 설문조사를 발표했다. 이들 중 다수는 동성애를 잠깐 경험한 사람으로, 또 일부는 양성애자라고 볼 수 있다. 이후의 조사에서는 이런 비율이 상당히 낮게 나왔지만, 그래도 10명 중 1명이 동성애를 경험했다고 대답했다.

아마 이런 조사 때문에 많은 사람들이 동성애가 양육이나 환경의 영향에 의한 것이며, 일정 정도 자신이 선택하거나 바꿀 수 있는 것이라고 생각하는 것 같다. 2019년 한국갤럽의 조사에서도 동성애가 선천적으로 타고나는 것이라고 생각하는 사람이 25퍼센트, 양육이나 사회적 환경에 의해 길러진다고 생각하는 사람이 47퍼센트, 선천적/후천적 요인에 모두 영향받는다는 사람이 16퍼센트였다. 흥미로운 사실은 동성애가 후천적이라고 생각하는 47퍼센트의 사람들이 동성애에 대해서 덜 호의적인 태도를 보였다는 것

---

* 국가인권위원회, 「2020년 차별에 대한 국민인식조사」, 2020, 57쪽.

이다. 이 글의 앞머리에서 보았듯이 한국의 개신교는 이런 지점을 파고들고 있다.

종교의 진정한 역할

신학자 박경미는 신이 이성애자와 동성애자 모두를 만들었다고 하지만, 나는 인간의 진화 과정이 이성애자와 동성애자 모두가 만들어지는 방식으로 진행되었다고 본다.* 동성애에 대한 최근의 과학 연구들은 성적 지향으로서의 동성애가 선천적인 유전적 요소, 태아 시기의 호르몬의 영향, 출산 초기와 영유아 시절의 환경의 복합적 영향 때문에 생기며, 개인이 선택하거나 바꿀 수 없는 경우가 대부분임을 보여 주고 있다.** 즉 이성애자가 왜 이성에 끌리는지 알 수 없고 이를 바꿀 수 없듯이, 동성애자가 왜 동성에 끌리는지 알 수 없고 이를 바꿀 수 없다는 것이다. 동성과의 성행위나 성적 접촉을 경험하는 사람은 상대적으로 많을 수 있지만, 동성에 대해 지속적인 사랑의 감정을 갖거나 성적으로 끌리는 성적 지향을 갖는 사람은 비교적 소수이다. 이런 사람들을 대상으로 성적 지향이 바뀔 수 있고, 바뀌어야만 한다고 강요한다면 이것은 폭력이자 반인권적 처사이다. 아마 예수가 살아 있다면 가장 먼저 호통치고 야단칠 대상이 지금의 한국 교회일 것이다.

---

* 동성애가 오랜 진화 과정에서 어떻게 사라지지 않고 남아 있을 수 있는가라는 문제는 진화생물학의 중요한 연구 주제이다. 그렇지만 이 주제는 이 서평의 초점에서 조금 벗어나 있기 때문에 여기에서는 다루지 않는다.

** Andrea Ganna et al., "Large-scale GWAS reveals insights into the genetic architecture of same-sex sexual behavior", *Science* 365(6459), 2019, p. 882.

작금과 같은 혼란스러운 시기에 종교가 더더욱 잘할 수 있는 역할이 있다. 종교는 안개가 자욱이 낀 세상에서 개개인의 삶이 지향하는 가치의 지침을 제공해 줄 수 있고, 지금 우리 사회가, 인류가 안고 있는 지난한 문제들을 해결하기 위해서 우리가 어떤 삶을 살아야 하고 무엇을 실천해야 하는가에 대한 메시지를 전해 줄 수 있다. 종교는 소수자나 이방인 같은 사람들은 물론 환경이나 자연을 보듬고 이들과 함께 살아가는 미래를 그려 줄 수 있다. 종교는 계급이나 인종과 성별은 물론, 성적 지향이나 성정체성 때문에 사람이 차별받지 않는 세상을 앞당기고, 신도들에게 성소수자를 성적인 존재만이 아니라 온전한 한 명의 인간으로 끌어안는 심성을 고양할 수 있다. 안타깝게도 한국의 교회는 거꾸로 가고 있는 것 같다. 진화학자 장대익은 차별금지법을 반대하고 코로나19 방역 지침을 무시하는 교회를 비판하면서 개신교의 유통기한이 끝났다고 일갈했는데,* 요즘 성소수자의 인권에 대한 한국 보수 개신교계의 집요한 공격을 보면 정말 그런 것 같다.** 2021년 봄

---

* 장대익, 「한국 개신교의 유통기한은 남아 있을까?」, 《경향신문》, 2020년 8월 25일 자.
** 이 글의 초고에 대해서 논평해 주신 숭실대학교의 김태연 교수(철학·종교학)에게 감사한다.

『퀴어 아포칼립스』

시우 지음, 현실문화, 2019

개신교도이자 퀴어 당사자인 저자가 교회에서 벌어지는 반동성애 운동의 기원과 양태를 해부한 책이다. 저자는 개신교 내의 반퀴어 운동이 '하느님은 동성애자를 미워한다'고 외치는 반동성애 집단과 '죄는 미워하되 죄인은 사랑하라'는 탈동성애 집단으로 나뉘어 있음을 보여준 뒤에, 비록 후자의 그룹이 조금 더 포용적이기는 하지만 이들의 '사랑'은 동성애자 그 자체가 아니라 동성애자의 변화 가능성에 대한 것임을 드러낸다.

『변이의 축제』

조안 러프가든 지음, 노태복 옮김, 갈라파고스, 2021

트랜스젠더 여성 생물학자 조안 러프가든은 진화의 역사를 통해 동성애와 트랜스젠더가 얼마나 만연한 것인가를 흥미롭게 드러낸다. 진화가 보여 주는 사실은 동성애자와 트랜스젠더가 종을 위협하는 나쁜 돌연변이가 아니라, 다양성을 확보함으로써 진화를 이끄는 중요한 힘이라는 것이다. 러프가든은 인간의 문화사를 살펴보면서 성소수자에 대한 몰이해와 편견의 역사를 드러내는데, 기독교의 성경이 결코 반동성애적이지 않았음을 설득력 있게 제시한다.

『여기는 무지개집입니다』
가족구성권연구소 기획·엮음, 오월의봄, 2022

'문란한 돌봄'의 세계로
초대합니다

서경

'돌봄'이라는 방 안의 코끼리가 발을 구르고 있다. 더 가난한 사람들, 특정 민족·인종·성별의 사람들, 가족 중에서도 가장 약한 사람에게 전가해 왔던 돌봄의 무게가 팬데믹과 함께 폭넓게 실감되기 시작했다. 영국 런던의 사회 운동 단체 '더 케어 컬렉티브'는 『돌봄 선언』*에서 시민들의 돌봄 반경이 신자유주의화 속에서 더욱 친족 중심으로 좁혀져 왔고, 가족과 시장에 맡겨진 돌봄이 불안정하고 불공평하게 이루어지고 있다고 지적한다.

   그러면서 대안으로 제시하는 가이드라인이 '문란한(promiscuous)

---

* 더 케어 컬렉티브, 정소영 옮김, 『돌봄 선언』(니케북스, 2021).

돌봄(의 윤리)'*이다. 1980-1990년대 더글러스 크림프를 비롯한 에이즈 활동가들은 에이즈의 원인을 게이 섹스에 돌리기 위해 '가벼운', '진정성 없는'이라는 의미로 사용된 '문란함'이라는 개념을, '서로에 대한 친밀감과 돌봄을 나누는 방법을 다양화하고 실험한다'는 의미로 전유했다. 더 케어 컬렉티브는 이를 인용하며 "가장 가까운 관계부터 가장 먼 관계에 이르기까지 돌봄의 관계를 재정립"하고, "광범위한 범주에서 가족" 관계를 상상할 것을 제안한다.**

『여기는 무지개집입니다』는 가족을 벗어난 돌봄 공동체를 실험하는 성소수자 15인의 주거 공동체이자 함께주택협동조합의 공동 주택 2호인 '무지개집'의 초밀착 관찰 보고서다. "(명절에 본가에 갔다가) 한껏 기가 빨린 뒤 돌아오고 나면 '여기가 진짜 내 집이다, 역시 집이 최고'라는 생각만 든다"(103쪽)는 애정 담긴 고백부터 "이 테이블만 한 게 우리 거실이라고! 이게 말이 되냐고",(79-80쪽) "(장마철 1층 거실에 비가 새어 물이 차 다 같이 양동이로 퍼내며) 다시는 집을 짓지 말자",(89쪽) "(대출금을 어떻게 갚을 것인지 논의하는 데 지쳐) 이 집 팔아 버리자"(192쪽) 등 뒷담화스러운 말까지 솔직한 언어로 가득하다.

책의 제목이나 목차, 표지 등 겉으로 드러나는 모습은 다소 밋밋하지만, 그 내용은 아주 정치적이다. 셀럽이 아닌 평범한 성소수자들이 겪기 마련인 계급 위기와 정체성의 위기를 함께 다룬다. 삶

---

* 『돌봄 선언』에서는 '난잡한 돌봄'이라고 옮겼으나 『여기는 무지개집입니다』에서는 '문란한 돌봄'이라고 옮기고 있다. 사전적 의미로나 맥락적으로나 더 적합하다 판단하여 후자를 따른다.
** 같은 책, 81-83쪽.

에서 두 문제는 분리되지 않는다. 많은 성소수자들이 정체성과 젠더 실천 때문에 노동권을 위협받고, 원가족과 관계가 단절되며 임대 계약에 곤란을 겪는 등 경제적 면에서 역량 향상과 욕구 충족을 저해당한다. 정체성 은폐는 그러한 불이익을 미리 피하기 위한 전략으로, 차별이 존재하는 한 계급 위기와 정체성의 위기는 동전의 양면과 같다.

성소수자의 지역 기반 계급·정체성 투쟁을 기록하다

무지개집은 정체성 운동인 동시에 계급 투쟁이다. 성소수자들이 온전히 자신으로 살 수 있는 주거 공동체로서 거주자의 자긍심을 추동(4장)할 뿐 아니라, 서울시 마포구 망원동이라는 지역으로도 활동 반경을 확장해 도시에 지역성을 부여하고 지역 주민들에게 성소수자 이웃이라는 새로운 관계를 선사한다.(5장) 또 이들은 집을 기획하고 구성원들과 조율하는 매 순간, 국가의 보호로부터 누락된 가난하고 퀴어한 서로를 반자본주의적 방식으로 돌본다는 지향을 잊지 않는다. 그럼으로써 그들의 주거는 계급 투쟁이 된다.

함께주택협동조합과의 계약 과정에서 법적으로 자금을 보장받을 수 있는 임대차 계약 대신, 거주자들이 모두 조합원으로 가입해 보증금을 출자하기로 결정한 이유는 자본이 충분치 못한 사회적주택협동조합의 재정 건전성을 배려한 결정이었다. 이에 따라 집값이 올라도 거주자들은 시세 차익을 기대할 수 없다. 이 결정으로 말미암아 서로 다른 비용을 감당한 여러 거주자들이 집을 팔지 말지 회의(會議)하지 않게 되었고, 이는 집을 안정적으로 유지할 수 있게 돕는다.

　이들은 입주 전 여러 차례 회의를 열어 각자 감당 가능한 비용을 확인하여 보증금(출자금)과 월세 수준을 결정했다. 그 과정에서 모두가 공간의 넓이 등에 비례하는 비용을 감당하지는 않았다. "층과 평수, 보증금의 차이가 입주자들이 혹시라도 느낄지 모르는 격차로 이어지지 않도록"(183쪽) 하면서도 "(상대적으로 적은 출자금이라는 배려가) 미안함이나 고마움의 이유가 되지는 않도록"(183쪽) 고려했다. 거주자들이 자기 방을 "테이블", "코딱지"에 비유하는 좁은 집인데도 게스트룸(쉼터)을 마련했다. 탈가정한 청소년 성소수자 등이 임시로 머물 수 있도록 빈 공간을 마련한 것이다. 거주 공간을 공공의 것으로 확장하려는 급진적인 시도다.

함께 삶으로써 홀로 설 수 있는 곳

오늘날 원가족이 보호를 철회했거나 원가족으로부터 보호받기를 거부한 수많은 청(소)년들이 열악한 주거·노동 환경 속에서 홀로 생존을 모색하고 있다. 특히 성소수자는 그들의 정체성을 거부하는 가족과 불화하고 단절을 겪기도 한다. 이를 고려해 무지개집을 기획한 세 남성 동성 커플들은 처음부터 한 층을 1인 가구를 위한 셰어 하우스로 계획했다. 보증금을 책정할 때도 청년 1인 가구가 감당 가능한 수준을 고려해 커플 가구와 차등을 뒀다. 이는 이성애 결혼이라는 '정상 생애주기'로의 이행을 독려하는 주거 정책을 펼치면서 성소수자를 돌보지 않는 국가에 맞서, 국가가 해야 할 역할을 민간 영역에서 먼저 해 보이는 방식의 저항이다.

(……) 사회적 벽에 갇혀 고립적인 생활을 해야 하는 퀴어에게 삶의 장소를 공동체로 확장하고, 특정하게 구획된 시간대에 분절되어 나타나거나 보이지 않았던 삶을 연속적인 시간성의 맥락으로 펼쳐내는 주거 방안이다. (……) 성소수자들이 노후 준비에 필요하다고 꼽는 주거 안정의 문제가 단지 집을 소유하는 방식의 안정을 이루는 데 한정되지만은 않는다는 사실이 엿보인다.(177쪽)

청년들은 신혼부부 이웃과 임대 주택에 거주하는 대신 중년의 '선배' 성소수자들과 살아가며 고유한 문화를 쌓고 돌봄 기술을 터득한다. "'성장과 성숙, 나이 듦'이라는 미래의 삶"(177쪽)을 보다 또렷이 상상하며, "지금의 나와 미래의 나 사이의 관계 또한 만들어"(179쪽) 간다. 무지개집에서 거주하던 중 일터를 그만둔 '인디'는 "무지개집에 살지 않았다면 내가 감히 직장을 그만둘 수 있었을까"(94쪽)라고 회고한다. 적어도 "회사를 그만두었을 때 발생할 수 있는 사회적 고립은 걱정하지 않"아도 되었다는 것이다.(127쪽) 나의 넘어짐을 목격하고 손 내밀어 줄 사람이 어딘가 있다는 것은 새로운 길을 걸을 수 있는 내면의 힘이 된다.

돌봄 시민들은 실패가 아닌 시도의 역사를 남긴다

보편적 돌봄은 흔히 '아무나 돌보기'로 오해되고는 한다. 그러나 '아무나 돌본다'는 말은 곧 누구와도 책임 있는 관계를 맺지 않는다는 말이기도 하다. 이는 결국 자원을 박탈당한 소수자·빈곤층의 소외 혹은 그 공동체 내부의 소진을 불러오기 쉽다. 그래서 이연숙은 『돌봄 선언』의 '문란한 돌봄' 제안을 가리켜 "'착한' 주장"이지만 "불가능한 주장"이라며 "왜 내가 더 사랑하는 사람들을 더 먼저, 더 오래, 더 열심히 돌보는 '차별'을 해서는 안 되는가? 더구나 그들이 다른 어떤 사람들보다 자주 아프고 가난한 상태에 놓여 있다면 말이다"라고 지적했다.* 나영정은 이에 이렇게 응답한다.

> 문란함이 저항적 돌봄의 방식이 되려면 소수자들이 규범과 질서를 넘어서야 한다는 부담을 전적으로 지지 않으면서도 서로의 삶을 지지할 수 있어야 한다. 세상이 잘 살기 바라지 않는 집단에 속해 있기에 서로를 돌보고 지키는 데에도 몇 배의 노력이 드는 이들에게 필요한 자원이 더욱더 주어져야 한다.**

성소수자들이 정체성과 지향을 핏줄 삼아 엮인 이 광의의 가족은 얼마나 지속될 수 있을까? 한 성소수자 활동가가 이 책을 읽고 '나는 절대 공동 주택에 들어가지 않겠다'라고 선언했다는 이야기를 전해 들었다. 여러 까닭이 있겠으나, 책을 읽다 보면 누구나 공감할 만한 어려움이 엿보인다. 집수리, 구성원의 병환, 거주자 간 갈등 등 불현듯 찾아오는 과제 앞에 각자 감당 가능한 노동과 경제적 책임의 수위를 끊임없이 가늠하면서도 공동체의 지향을 후퇴시키지 않기 위해 얼마나 많은 시간을 논의와 관계 맺기에 들였을

---

* 이연숙, 「「퀴어-페미니스트의 '돌봄' 실천 가이드」를 위한 예비적 연구」, 《문학동네》 111, 2022, 148쪽.
** 나영정, 「"행복이 들어갑니다?"—쾌락과 돌봄을 다시 발명하기」, 《문학동네》 113, 2022, 154쪽.

까. 그래서 무수히 많은 대안적 주거 공동체가 실패하고 무너졌으나, 그것은 그들의 실패가 아니다. 돌보지 않는 국가의 실패이다. 『여기는 무지개집입니다』는 이 돌봄 시민들이 국가 대신 해낸 일을 충분히 또 정직하게 조명한다. 무지개집은 영원하지 못할 수 있지만, 그다음의 시도는 그들이 남긴 유산 위에서 더 단단하게 시작될 수 있을 것이다.

혼자 살지 않기 위해, 혼자서도 살 만하게*

2023년부터 한국에서는 성소수자의 가족구성권 보장을 위한 '혼인평등' 운동이 진행되고 있다. 성별에 상관없이 결혼에 따른 법률적 효과를 평등하게 누릴 수 있게 하자는 운동으로, 동성혼 법제화 운동으로 널리 알려져 있다. 이는 개인의 법적 신분과 권리가 가족을 기준으로 증명되고 보장받는 체제에서, 개인 간의 동등한 결합 수단으로 이성애 결혼 관계만을 인정하기에 일어나는 차별과 고통을 해결하자는 운동이다.

　이러한 운동의 맥락과 함께 다른 주장을 접할 기회가 있었다. 결혼이 정말 모두를 위한 권리일 수 있을까, 지금 사회 운동의 주

---

* 이 글을 처음 발표했을 때 나는 자본주의 사회에서 결혼은 인구를 효율적으로 통치하기 위해 고안되고 갱신되어 온 수단이자, 개인에게는 계급을 유지하고 물려주기 위한 수단이기에 동성혼 법제화만으로 성소수자 일반이 겪는 차별이 해소될 수 있을지, 그 중에서 정상 규범에 비교적 부합하는 사람들만 제도 안에 통합되는 것은 아닐지 우려스럽다고 말했다. 그러나 글을 쓴 후 성소수자 운동 내에서 이러한 비판을 포함한 논의가 있었고 그럼에도 차별에 저항하기 위한 대중 운동의 수단으로써 동성혼 법제화를 포함한 '혼인평등'을 주장하기 시작했음을 인지했다. 그러한 맥락을 존중하기 위해 개고했음을 밝힌다.

장은 결혼 제도에 더 많은 사람을 포함시키기 위함이 아니라 가족 제도 자체를 향해야 하지 않는가. 이에 공감하면서, '언제나 주장은 일시적이고 맥락 위에 있는 것'이라는 말을 떠올린다. 동성혼 법제화라는 직관적인 주장이 차별에 반대하는 대중적 행동을 효과적으로 이끌어 내는 한편, 사회 운동의 연대와 상호 갱신 속에서 지향을 견지하도록 어떤 것을 함께할 수 있을 것인지 고민하게 된다.

2023년, 이 논의의 맥락을 따라가는 것과 거의 동시에 나는 퀴어 커뮤니티들에 접속하며 논바이너리 젠더 퀴어로 정체화했다. 이 과정은 살아오며 느낀 (동성) 사회로부터의 괴리감과 고립 경험을 정체성의 일부로 통합하는 과정이기도 했다. 동성 또래 집단에서 느낀 위화감, 단일 성별 학교(여중)에서 겪은 선택적 함구 증상, 타인을 대하는 데 있어 자기 기준을 갖기보다 카멜레온처럼 누군가를 모방하는 경향 등을 단지 개인적 결함만이 아닌 성별 이분법에 적응하지 못함과 내성적 성향이 상호 영향을 주고받은 결과로 인지할 수 있었다. 부적응은 고등학교 자퇴, 가정에서의 불화와 가출 등으로 이어졌고, 청소년 인권 운동에 접속하게 했으며 외롭도록 남겨지는 사람의 감각에 민감하게끔 했다.

어쩌면 내가 동성혼 법제화 운동 앞에서 망설이는 이유는, 무지개집의 시도에 감응한 이유와 마찬가지로 유년기와 청소년기를 관통한 혼자됨의 감각에서 벗어나지 못하고 있기 때문인지도 모르겠다. 나는 일생을 함께할 파트너를 선택하지 않고, 자신을 부양하거나 대리할 가족을 갖지 않은 사람들이 대표로 등장하는 운동에 함께하고 싶다. 각각 혼자로 남지 않기 위해서, 혼자서도 살 만한 사회를 상상하고 요구하고 싶다. 그 '혼자'가 알아서 스스로 일하고 돌보는, 신용과 능력이 있는 1인 가구 모델이 아니기 위해서 구체적으로 나눠야 할 말들이 있다고 느낀다.

집과 가족의 목적을 다시 질문하며

이 책을 기획한 가족구성권연구소는 가족 관계를 혈연 혹은 혼인으로만 제한하는 것이 어떻게 불평등을 심화하는지를 드러내고, 이를 어떻게 시정할 것인가를 꾸준히 한국 사회에 질문하고 있다. 이미 서로를 돌보고 있는 시민들의 존재를 인정하고 지원하라고 요구한다. 그 수단 중 하나로 시민들이 다양한 관계를 실험하고 보호받을 수 있는 중요한 제도적 틀로서 '생활동반자법'을 논의해왔다. 상속을 하지 않고, 양가를 연결하지 않으며, 한쪽의 결정만으로도 해소할 수 있다는 점에서 결혼 제도와 차별점이 있다. 2024년 2월에 열린 '체제전환운동포럼'에서는 1인 가구, 청년, 동성 커플 등에게도 주택 분양과 전세 자금 대출 기회를 요구했던 주거권 운동의 일부 과정을 비판적으로 회고하며, 가족구성권과 주거권을 가로지르는 대항적 공공성 운동을 시작하자고 제안했다. 이때 대항적 공공성이란 사적인 것, 공리에 부합하지 않는 것, 국가 성장에 저해되는 것으로 여겨 지배적 공공성 개념에 포함되지 않던 것들을 재개념화하는 개념이다.

> 집안에서, '가족' 안에서 상호 돌봄이 가능하고 민주적이고 자율적인 관계를 형성할 수 있는 조건을 형성할 책임과 역할을 '공공적인 것'으로 구성할 때 고립되고 배제된 개인과 집단이 집과 가족 안에서 존엄함을 훼손하지 않을 수 있다. 이러한 노력은 법적으로 승인된

관계만을 지원하는 질서에 도전하고, 상호 돌봄과 시민들의 유대가 왜 서로의 생존뿐만 아니라 사회 재생산에서도 절박한 실천인지를 드러낼 수 있게 한다. 생물학적 재생산을 하지 않아도 친밀한 관계에 있는 사람과 비인간 동물과 상호 돌봄을 지속하는 것, 비영리적 시공간을 가꾸는 데 참여하는 것, 정치적인 행동에 참여하는 것이 재생산이며 공공성을 확대하는 것이라는 분명한 인식이 중요하다. 가족구성권은 이러한 맥락에서 공공성을 확장하고 도전하는 데 기여하며, 그것을 위해서는 가족을 구성할 권리뿐만 아니라 원치 않는 가족, 시설, 관계, 국가를 떠날 권리와 떠난 이후에도 자신답게 살아갈 수 있는 조건이 마련되어야 하며, 이 또한 공공성의 문제로 제기하는 것이다.*

무엇을 위해 가족이 필요한가 하는 질문이, 집을 어떻게 본래 목적으로 되돌릴 것인가라는 질문과 나란히 놓여 있다. 『여기는 무지개집입니다』는 어떤 사람들이 그 질문에 나름의 답을 하려 한 과정이다. 2023년 여름

---

* 나영정, 「가족은 어떻게 '집'에 포섭되거나 배제되는가?」, 『2024 체제전환운동 포럼 자료집』, 2024. 45-61쪽 참조.

『가족을 구성할 권리』

김순남 지음, 오월의봄, 2022

'가족구성권'은 다양한 가족의 등장을 지지하는 것을 넘어서 인간의 전 생애에 걸친 불평등을 시정하기 위한 근본적인 저항의 언어다. 정상가족을 모델로 꾸려진 주거, 노동, 의료, 연금 등 사회제도 전반을 재고할 것과 이미 시민들이 실천하고 있는, 가족을 넘어선 돌봄과 유대를 지지하고 추동하는 제도와 정책을 도입할 것을 제안한다.

『시설사회』

장애여성공감 엮음, 와온, 2020

장애인, 청소년, 노숙인, 미등록 이주민, 에이즈 환자 등…… 어떤 사람들은 무능하거나 위험하거나 처벌받아야 한다고 낙인찍혀 사회로부터 분리된다. 얼핏 서로 동떨어진 문제처럼 보이지만, 이들을 낙인찍는 다양한 규범은 국가의 인구 통제 메커니즘 안에서 동시에 작동하고 있으며, 실은 그 누구도 자유롭지 못하다. 누군가는 '이런 사람도 같이 살 수 있느냐'라고 묻지만, 이 책을 읽다 보면 그 '이런 사람'들의 편에 나란히 자리 잡게 될 것이다. 인간은 필연적으로 삶의 어느 순간 취약해지며 의존할 대상을 필요로 한다. 시민은 서로의 의존에 응답할 의무와 응답할 수 있는 환경을 보장받을 권리를 지닌다.

읽기의 최전선

1판 1쇄 발행 2024년 3월 15일
1판 2쇄 발행 2024년 4월 25일

지은이   홍성욱, 이두갑, 조문영, 김홍중, 권보드래, 송지우, 박진호, 심채경, 정우현,
          박상현, 김두얼, 강예린, 박훈, 장하원, 서경
디자인   정재완
펴낸이   조영남
펴낸곳   알렙

출판등록 2009년 11월 19일 제313-2010-132호
주소   경기도 고양시 일산서구 중앙로 1455 대우시티프라자 715호

전자우편 alephbook@naver.com
전화   031-913-2018
팩스   031-913-2019

ISBN 979-11-89333-76-8 (03010)